Karl S. Guthke

GERHART HAUPTMANN

Weltbild im Werk

Job Motif for G.H. – thru' suffering man > aware of the beyond

Dichten = Kosmos machen

Kosmos > Mythos = Ausdruck des transcendenten

Mythos = human realization of limits, + attempt to assure self of the beyond durch deren Ausdruck

Leiden = at deepest point of suffering, man sinks into Mythos, becomes aware of transcendent.
ab Weber !

early works involve Auseinandersetzung mit Prinzipien des Naturalismus.

VANDENHOECK & RUPRECHT IN GÖTTINGEN

Karl S. Guthke

Geboren am 17. 2. 1933. Studierte Germanistik und Anglistik in Heidelberg, Göttingen und den Vereinigten Staaten. Promotion Göttingen 1956. Professor für deutsche Literaturgeschichte an der University of California, Berkeley.

Hauptschriften: Englische Vorromantik und deutscher Sturm und Drang: M. G. Lewis' Stellung in der Geschichte der deutsch-englischen Literaturbeziehungen, Göttingen 1958, Das Leid im Werke Gerhart Hauptmanns: Fünf Studien (mit Hans M. Wolff), Bern 1958, Schillers „Turandot" (ed.), Stuttgart 1959, J. H. Füsslis „Remarks on the Writings and Conduct of J. J. Rousseau" (ed.), Los Angeles 1960, Dichtung und Deutung: Gedächtnisschrift für Hans M. Wolff (ed.), Bern 1961, Geschichte und Poetik der deutschen Tragikomödie, Göttingen und Zürich 1961. Veröffentlichungen zur deutschen und englischen Literaturgeschichte des 17.—20. Jahrhunderts in deutschen und ausländischen Fachzeitschriften.

Aufsätze über Gerhart Hauptmann: Die Gestalt des Künstlers in GHs Dramen, Neophilologus 1955, Die Mythologie des späten GH, Monatshefte 1957, GH und die Kunstform der Tragikomödie, GRM 1957, Neuere GH-Editionen, GGA 1957, Probleme neuerer GH-Forschung, GGA 1961, GHs Menschenbild in der ‚Familienkatastrophe' „Das Friedensfest", GRM 1961, GHs Faust-Dichtung, Maske und Kothurn 1961, „Hebbel, Hauptmann und die Dialektik in der Idee", Hebbel-Jahrbuch 1961.

Kleine Vandenhoeck-Reihe 106/107/108

Manche glauben, was wir wissen,
das sei das meiste, wenn nicht alles,
und doch ist's das ganz Geringe.
Stehn wir an des Wissens Grenze,
blicken wir mit Götteraugen
wie von einer schmalen Insel
in des Urmeers Nacht hinein.
Das ist mehr als alles Wissen!
Denn dann heben sich Gesichte,
Bilder furchtbar und erhaben,
aus dem eignen Selbst empor.
Und der alte Berg der Rede
scheint sich lautlos aufzuschließen
und aus seinem Feuerabgrund
heiliges Leuchten auszuspein.

(Der Weiße Heiland)

INHALT

Jahreszahlen in runden Klammern bedeuten, sofern nicht ausdrücklich anders vermerkt,
Veröffentlichungsdaten. Band- und Seitenverweise im Text beziehen sich auf die Ausgabe
letzter Hand (1942—1943). Hervorhebungen durch Kursivdruck in Zitaten stehen
nicht im Original. Der Anhang enthält Hinweise auf Quellen und die einschlägige
Sekundärliteratur. Meinem Kollegen W. A. Reichart (Ann Arbor, Michigan) bin ich für
die sorgfältige Durchsicht des Manuskriptes sowie für zahlreiche Anregungen dankbar
verbunden.

UMRISS

DICHTUNG UND WELTBILD

Mit der Plötzlichkeit eines Naturereignisses wurde Gerhart
Hauptmanns Name ein Begriff, ja eine internationale Sensation,
als am 28. Oktober 1889 *Vor Sonnenaufgang* über die Bretter der
Berliner „Freien Bühne" ging. Mit diesem Datum beginnt ein
neues Kapitel in der Geschichte des deutschen Dramas und
Theaters, das noch heute nicht abgeschlossen ist. Jedenfalls hat
sich dieses Urteil bei den Literarhistorikern eingebürgert, und nur
allzugern hat ihm Gerhart Hauptmann selbst seine rückhaltlose
Zustimmung erteilt, ja es sogar nicht für einen Raub gehalten,
es dahin zu erweitern, daß mit jenem Stück „eine eigenartige,
kräftige deutsche *Literaturepoche* eingeleitet worden sei (XIV, 798).
„Wir halten es für das beste Drama, das jemals in deutscher
Sprache geschrieben worden ist", ließ Arno Holz schon vor der
Aufführung verlauten. Nichtsdestoweniger war die Gesamtreaktion
auf dieses Werk keineswegs einhellig, in ihrer Eigenart jedoch
symptomatisch. Die Uraufführung war ungestüm umkämpft. Man
begrüßte sie mit „Klatschen und Trampeln, Zischen und Pfeifen"
und beschimpfte den Verfasser als den „unsittlichsten Bühnen-
schriftsteller des Jahrhunderts", hob ihn aber auch als „Reformer
der Kunst" und „Erlöser der Dichtung" in den Theaterhimmel.
Fontane sprach von der „Erfüllung Ibsens" und „einem Maß von
Kunst, wie's nicht größer gedacht werden kann", während Karl
Frenzel die „Gedankenleere" bemängelte.
Im Grunde ist es immer so geblieben. Der Skandalrummel
zwar verlosch sehr bald, flackerte nur noch gelegentlich kurz auf,
1913 etwa, als das *Festspiel in deutschen Reimen* aufgeführt wurde,
auch wieder 1939, als Nazideutschland gegen die „rassenschände-
rische" Novelle *Der Schuß im Park* Sturm lief. Doch auch ohne
das blieb Hauptmann sein Leben lang heiß umstritten. Zahllose
Ehrungen regnete es auf den „König der Hochberühmten" herab.
Dreimal erhielt er den Grillparzerpreis, 1905 verlieh ihm die
Universität Oxford den Ehrendoktor als „poesis dramaticae
summus inter hodiernos artifex", was G. B. Shaw zu der Bemerkung hinriß: „Ich bewundere Deutschland sehr. Wie alle großen

Länder ist es auch bescheiden, es überläßt gern die Ehrung seiner bedeutenden Männer dem Ausland." Wenig später nahmen sich die deutschen Hochschulen das jedoch zu Herzen und ahmten das Beispiel Oxfords nach. 1912 folgte der Nobelpreis, 1932 der Goethepreis; Hauptmann war der erste, der mit dem Adlerschild des Deutschen Reiches (Friedensklasse des Pour le Mérite) ausgezeichnet wurde (1922). Reichspräsident Ebert sprach zu seinem 60. Geburtstag. Überhaupt gestalteten sich seit 1912 die Geburtstage des Dichters zu triumphalen Begängnissen der Nation und der Welt; die deutschen Städte wetteiferten um die Ehre, ihn feiern zu dürfen. Die Amerikareise anläßlich Goethes 100. Todestags war ein einziger Triumphzug grandiosen Ausmaßes, was im Lande des Puritanismus etwas bedeuten will. An seinem Sarge, zu einem Zeitpunkt internationaler Gespanntheit, sprachen ein Deutscher, ein Pole und ein Russe. Nächst der Bibel, Shakespeares, Cervantes' und Goethes Werken wurden seine Dichtungen am häufigsten in fremde Sprachen übertragen; schon vor zwanzig Jahren zählte man mehr als dreißig Übersetzungssprachen. „Noch nie hatte ein deutscher Dichter bei seinen Lebzeiten sich einer solchen Volkstümlichkeit ... zu erfreuen gehabt", stellt ein Biograph mit Recht fest. Hauptmann ist zum Schulklassiker geworden, die Literatur über ihn ins Uferlose gewachsen.

Doch das ist nur die eine Seite. Alle Ehrung war immer zugleich auch Stellungnahme in einer lebhaften Kontroverse, in deren windstillem Mittelpunkt Hauptmann unentwegt weiterarbeitete. Daß der junge Dichter beständig mit der Theaterzensur auf dem Kriegsfuß stand, daß 1894 die kaiserliche Hofloge im „Deutschen Theater" in Berlin im Protest gegen die *Weber* demonstrativ gekündigt wurde und Kaiser Wilhelm II. dem Dichter die höchste Ehrung, den Schillerpreis, verweigerte, das spricht alles eher gegen das offizielle Deutschland als gegen Hauptmann. Bedeutender war schon, daß Josef Hofmiller 1909 gegen den „ungeistigen" Hauptmann schweres Geschütz auffuhr, dessen Nachhall noch heute in der Kritik nicht verstummt ist. Aus ganz anderen Gründen mußte die expressionistische Generation im Dichter der *Weber* den advocatus diaboli sehen: sie wollte mit seiner Resignation und seinem unentschiedenen „Richtet nicht!" nichts gemein haben. „Los von Hauptmann" hieß es in diesem Sinne aber bereits um die Jahrhundertwende, während sich die Jugend später oft von Hauptmann abkehrte, um sich „schwierigeren" Autoren zuzuwenden. Als man 1922 daranging, einen Essayband zu Hauptmanns 60. Geburtstag zusammenzustellen, stieß die Aufforderung zur Mitarbeit auf viele Absagen. Und in der Tat kann sich auch der wohlwollendste Betrachter nicht der Einsicht verschließen, daß Hauptmanns Werk kein gleichbleibendes Qualitätsniveau einhält. Vielleicht fiel er seinem allzufrühen, allzu überschwenglichen Ruhm zum Opfer und ließ sich zur Selbstüberschätzung verleiten. Ein Werk wie *Wanda* z. B. ist des Verfassers des *Ketzers von Soana* nicht würdig. Während er von seinen frühen Werken geäußert haben soll, die Arbeit und Gewissensmühe hätten ihn jedesmal an den Rand des Grabes gebracht, so hat er es später, trotz oft geübter Selbstkritik, wie sie sich z. B. in dem neunmaligen Umschreiben der *Iphigenie in Aulis* äußert, häufig versäumt, letzte Hand anzulegen oder auch Werke wirklich ausreifen zu lassen; so schickte er im Vertrauen auf die Zugkraft seines Namens in doppeltem Sinne Unfertiges und Schludriges in die Welt. Die Kritik warf ihm weiter vor, er wiederhole sich, und attestierte ihm bei jeder neuen Uraufführung das Nachlassen der gerühmten Gestaltungskraft. Und vollends war seine Haltung unter den Machthabern des Dritten Reichs: sein bei aller Verständlichkeit höchst problematisches Festhalten am „Recht auf Heimaterde" trotz privater Verurteilung des Regimes dazu angetan, ihn in Mißkredit zu bringen. Alfred Kerr schleuderte 1933 seinen Bannfluch, und Thomas Mann degradierte ihn noch in seinem kalifornischen Erinnerungsbuch zur erbärmlichen Marionette des Wahns.

Und doch: So sehr man Hauptmann herabsetzte, so geschah das doch mit dem Hut in der Hand, in der Erkenntnis nämlich, daß mit seinem Namen eine der größten dichterischen Potenzen der Zeit bezeichnet war, so unbequem und verbesserungsbedürftig sie auch scheinen mochte. Kerr z. B. war einer derjenigen, die Hauptmann die Bahn gebrochen haben, aber gerade er wurde nicht müde, unerbittlich mit ihm ins Gericht zu gehen — aus grenzenloser Verehrung —, wie schon Lessing betont hatte, gerade dem wahrhaft Großen gegenüber sei scharfe Kritik nur Ausdruck der Hochschätzung. Und auch Thomas Mann hat es sich trotz der (gar nicht so boshaft gemeinten) Karikatur im *Zauberberg* und trotz späterer schwerer Vorbehalte nicht nehmen lassen, ihn mit Ehrerbietung als einen der ganz Großen zu feiern. Auch hat die Zeit ihr Urteil gesprochen: Hauptmann ist uns noch lebendigste Wirklichkeit, und sei es auch umstrittene, während Sudermann, mit dem man ihn in einem Atem zu nennen pflegte, nur noch das mitleidige Lächeln der Gebildeten herausfordert. Im allgemeinen also hielt das Publikum Hauptmann, wenn auch kritisch, die Treue, ganz gleich, ob er Schund schrieb oder Geniales, denn der Schund war zwar Schund, aber doch „von ihm".

Aber Gerhart Hauptmann selbst: ist auch er durch all die Jahre hindurch der gleiche geblieben, wie das Publikum ihm wesentlich gleichgesinnt geblieben ist? Wieweit ist das überhaupt denkbar und wünschenswert bei einem Leben, das sich über mehr als 83 Jahre erstreckt, von 1862 bis 1946? Als Hauptmann geboren wurde, nahm gerade Bismarck die Geschicke Deutschlands und damit fast die der Weltpolitik in die Hand, in Amerika tobte ein Krieg um die Sklaverei, Darwins Abstammungslehre war erst drei Jahre alt, Hebbel veröffentlichte die *Nibelungen*, Fontane dagegen hatte noch kaum zu schreiben angefangen. Zu Hauptmanns frühsten Kindheitserinnerungen gehören Episoden des preußisch-österreichischen Kriegs von 1866, doch noch drei größere Kriege zogen an ihm vorüber, bevor er die Augen schloß. Dazu umbrandeten ihn zahllose literarische und kulturelle Strömungen und Zeitmoden. Doch eins ist gewiß: Alle diese Epochen und Tendenzen sind fast ohne Spur an ihm vorübergegangen. „Einflüsse" gibt es so gut wie gar nicht, außer auf der äußersten Oberfläche der Werke. Zwar hat Hauptmann trotz der Reserve, die er lebenslang der Bildung gegenüber wahrte, mit der Unermüdlichkeit des Autodidakten und in geradezu polyhistorischer Manier Lesestoff in sich aufgenommen, gewiß haben Ibsen, Zola, Tolstoi, Schopenhauer, Plato, Böhme, Paracelsus und die Gnosis eine Rolle gespielt in der Ausprägung seiner geistigen Persönlichkeit, aber nie haben sie ihn in einer Richtung bestimmt, allenfalls latente Möglichkeiten aufgerufen, was Hauptmann selbst nicht abgestritten hätte: „Wer etwas im Dichterischen nimmt, was er nicht schon besitzt, behält selbst als Meisterdieb leere Scheuern" (XVII, 424). So klingt das Wort, das Hauptmann 1887 im Breslauer Sozialistenprozeß gesprochen haben soll: „Ich habe immer nur meine eigenen Ansichten und teile daher niemals die von irgendeinem andern" freilich überheblich, aber Gerhart Hauptmann durfte es sagen. Ähnlich spricht er im *Abenteuer meiner Jugend* von der unabirrbaren „Einzigkeit" seines „Wesens" (XIV, 753). Aber eben hier fängt das Problem eigentlich erst an. Denn was ist dieses Einzigartige?

Im Schöpferischen könne man nicht Charakter bewahren, hat der Dichter geäußert, und schon der flüchtigste Blick auf das weite Panorama seines Gesamtwerks, soweit wir es heute überschauen können, läßt eine proteische Vielfältigkeit und Vielgestaltigkeit erkennen, die sich kaum zur Harmonie fügen will und beunruhigt: krasse Wirklichkeit und Traumvisionen von ätherischer Irrealität, Märchendramen und bürgerliche Trauerspiele, vignettenhafte Novellen und monumentale Romane, Volksliedlyrik und formstrenge Sonette, Meditationen und „naive" Gestaltung, Stoffbereiche ferner, die nicht nur alle Epochen der germanischen und deutschen Kulturentwicklung umfassen, sondern sich auch von

Grönland bis zu den vorkolumbianischen Hochkulturen Südamerikas erstrecken. Von der Goldschnittlyrik Julius Wolffscher Prägung, der Butzenscheibenpoesie und der monumentalen Epigonik der Gründerzeit bis zum Surrealismus haben fast alle Zeitströmungen leicht auf Hauptmann abgefärbt; sein Instinkt für das Zeitmodische und Populäre ist gar nicht in Abrede zu stellen. Aber es ist sachlich unzutreffend, das einheitbildende Moment und damit zugleich Hauptmanns Bedeutung gerade in dieser literarhistorisch „repräsentativen" Natur des Gesamtwerkes zu sehen, da das alles — wir sagten es schon — nicht tief genug reicht. Sieht man hier nicht klar, so gerät man auch leicht in Gefahr, einzelne Werkkreise als „eigentlich" gegen andere, „uneigentliche" auszuspielen, das Frühwerk etwa gegen das Spätwerk, auch den „realistischen" Hauptmann gegen den „mystischen" oder „idealistischen", wie das auf der Ebene eines Verständnisses, dem nur seine edle Volkstümlichkeit zur Empfehlung dient, noch heute so beliebt ist. Als wenn schon entschieden wäre, daß solch ein Unterschied überhaupt existiert! Ohne Frage ist das Schaffen der frühen Jahre eingänglicher und entsprechend erfolgreicher und in weiteren Kreisen bekannt, wie das ja auch in mancher Hinsicht bei Goethe nicht anders ist, und nur allzuleicht läßt man sich von daher zu dem Kurzschluß verleiten, die Jugendleistung gegenüber der späteren entweder als die „einfachere" zu verharmlosen oder umgekehrt als das „gekonntere" und wesentliche zu verherrlichen, während doch in Wahrheit die Kenntnis des meditativeren Alterswerks uns die Augen für die unterschichtige Problematik und Eigenart der früheren Arbeiten und so für die geheime Tiefe ihres Weltbildes zu öffnen vermag.

Und doch ist diese Einheit des Werks und Wesens schwer zu fassen. Aus wie vielen Gesichtspunkten hat man Hauptmann schon seit seinem ersten Auftreten betrachtet! Vom kriminalpsychologischen und volkswirtschaftlich-sozialistischen, vom naturwissenschaftlichen und folkloristisch-märchenkundlichen, vom Standpunkt der Inneren Mission wie aus dem Blickwinkel Nietzsches. Lange galt er als Dichter des Mitleids, nicht im eigentlich nicht unpassenden Sinne Schopenhauers (der Hauptmann durchaus geläufig war), sondern in einer recht sentimentalen Bedeutung des Worts, und schnell war man dann mit dem Vorwurf der Kränklichkeit und des mangelnden Zukunftsvertrauens bei der Hand. Auch als Dichter der Sehnsucht galt er, als Dichter des Volkes, der Resignation, der ewigen Romantik, des Naturalismus und wie die Klischees alle heißen. Und bei ihnen allen lag es nahe, zu glauben, den eigentlichen Hauptmann und das einheitstiftende Prinzip seines Werkes damit erfaßt zu haben. Nur relativierten sie sich eben alle gegenseitig. Das einzig Positive solcher Vielfalt der Betrachtungsmöglichkeiten ist, daß sich darin ein Hinweis auf die Weite der geistigen Welt Hauptmanns verbirgt. Und die eröffnet sich immer neu bei jeder Begegnung mit dem Lebenswerk. Auf eine schon beinah wieder peinliche und kuriose Weise wurde man darauf auch etwa bei einem Gang durch die Villa „Wiesenstein" gestoßen, die der Dichter gern die „mystische Schutzhülle meiner Seele" nannte: Hier ein Marmortorso der Aphrodite und der Wagenlenker von Delphi, dort eine Napoleon-Maske, auf dem Schreibtisch ein Buddha, das Modell eines Kanus aus Kamerun von der Decke hängend, irgendwo die Nachbildung des Segelschiffs, das Lord Byron nach Griechenland führte, ein Stück Schilf aus Stratford-on-Avon, eine Beethovenmaske, eine Sokratesbüste, Schlesiana, dann die Schätze der welten- und zeitenumspannenden Bibliothek, die ihn besonders in den späteren Jahren zu einem wahren Universaldilettanten (im guten Sinne) gemacht haben. Da stellt sich oft eine Frage ein: ist *ein* Grund für Hauptmanns wahre Volkstümlichkeit nicht in dem Umstand zu suchen, daß er so unglaublich verschiedene, ja konträre Strebungen in seiner Wesensstruktur und seinem Schaffen zu vereinigen imstande war, die, zusammengenommen, vielleicht so etwas wie die geistige Signatur seines Landes zu seiner Zeit ausmachen? War er vielleicht *deshalb* „a national figurehead", wie man gesagt hat, „Repräsentant deutscher Kultur"? Hier ist Vorsicht geboten. Doch soviel darf man gewiß sagen: daß viele Züge dieses Persönlichkeitsbildes konzentrierte Rückspiegelungen von Faktoren darstellen, die das kulturelle Werden im deutschsprachigen Raum damals entscheidend mitbestimmt haben.

Schon im Elternhaus wirkte sich ein in diesem Sinne bezeichnender geistiger Konflikt auf Hauptmann aus: der Vater ein kühler Verstandesmensch von fortschrittlicher Aufgeschlossenheit und heiterer Welt- und Bildungsfreude, die Mutter pietistischer Herzensfrömmigkeit und Weltverneinung zugetan, deren Gefühlsabgründigkeit Hauptmann schon früh an sich selbst als Gefährdung erfuhr (XIV, 57, 781). Überdies bot das schlesische Salzbrunn, wo der Dichter am 15. November 1862 geboren wurde und seine Kindheit verbrachte, reiche soziale Schichtung, so daß der Junge sowohl unter Angehörigen der polnischen, russischen und deutschen Hocharistokratie verkehrte, die in seines Vaters fashionablem, doch schon bald glanzlosen Kurhotel „Zur Preußischen Krone" Wohnung nahm, wie auch unter den dialektsprechenden kleinen Leuten der unmittelbaren Umgebung und in bürgerlichen Kreisen, denen die Gründerzeit einen problematischen Aufschwung zu fürstlichem Lebensstil beschert hatte. Traf sich in solcher Umwelt also städtisch-höfische Kultur mit ländlich-idyllischer Einfachheit, so kam als drittes noch die industrielle Zivilisation hinzu, der gegenüber sich besonders Vater Hauptmann aufgeschlossen verhielt. Ganz in der Nähe lag der Waldenburger Bergwerksbezirk, wo die schäbigen Bauern von Weißstein und Hermsdorf wie in *Vor Sonnenaufgang* über Nacht schwerreich geworden waren und sich in eine bedenkliche soziale Lage manövriert hatten. Dennoch wuchs der junge Gerhart fast als Landkind auf, zur Natur „strebend", wie er mit mißverstande-nemRousseauismus gesagt hat, „wo sie unverbildet, ursprünglich und einfach ist" (XIV, 75). Das Gymnasium in Breslau durchlief er nur bis zur Quarta, und auch das als schlechter Schüler. Gegeben hat es ihm wenig, außer daß durch den Unterricht eines freidenkerischen Hilfspfarrers der stark religiöse Zug seiner frühen Erziehung einen Einschlag ins selbständigere Verhalten bekam. Als er dann anderthalb Jahre als Landwirtschaftseleve auf den Gütern seines Onkels im nahgelegenen Lohnig und Lederose verbrachte (1878—1879), gewann der Geist von Herren-hut allerdings wieder, und zwar in fatal hintersinniger Form, eine gefährliche Macht über ihn, die ihn an den Rand des Wahnsinns trieb. Indes bestärkt ihn sein Bruder Carl, der den damals gerade zur Weltanschauungsmacht erstarkenden Naturwissenschaften zugeneigt war, in seiner kritischen Haltung, und als er vom Herbst 1880 an zwei Jahre lang die Breslauer Kunstschule besuchte in der Absicht, Bildhauer zu werden, intensiviert sich dieser Einfluß. Denn Hauptmann geriet da (nachdem ihm schon in Lederose das soziale Problem zu Bewußtsein gekommen war) in das Fahrwasser der utopistisch-sozialreformerischen Ideen des studentischen Kreises der „Ikarier". Diese nannten sich nach Étienne Cabets *Voyage en Icarie* (1840), lasen Marx, Engels, Karl Kautsky und gingen in ihrem jugendlichen Idealismus so weit, daß sie einen der ihren, den späteren Rassenhygieniker Alfred Plötz (Loth in *Vor Sonnenaufgang*) mit dem Auftrag nach Amerika schickten, die Überbleibsel der nach solchen Ideen gegründeten Muster-Siedlungen der Cabetschen Produktionsgemeinschaften zu studieren, die man allen Ernstes irgendwo nachahmen wollte. Hauptmann schwelgte um diese Zeit (bis zu seiner Typhus-erkrankung in Rom, im Frühjahr 1884) in Weltverbessertum prometheischen Stils. Im Winter 1882/83 mag sich die im Sinne der Zeit aufgeklärt-fortschrittliche Wesensrichtung noch weiter vertieft haben: damals hörte er als „stud. hist." zusammen mit seinem Bruder Carl naturwissenschaftliche und philosophische Vorlesungen an der Universität Jena, u.a. bei Haeckel und Eucken und schloß sich, obwohl schon angehender Dichter, Carls Freundeskreis an, der unter dem Stern Haeckels, Darwins und zeitgenössischer Soziologen stand. Ähnliche Geistigkeit umgab ihn noch in den zwei Berliner Studiensemestern (1884—1885), als er Dubois-Reymonds Vorlesungen hört, und später, als er in dem wissenschaftlichen Verein „Durch" mit Leuten wie Wilhelm Bölsche und Bruno Wille in Austausch tritt, schließlich auch noch im Sommer 1888, den er mit seiner jungen Frau bei seinem Bruder in Zürich verbringt, wo er in den Bann der Naturwissenschaftler August Forel und Richard Avenarius gerät. Doch charakteristisch für die lebenslange Vielseitigkeit Hauptmanns ist, daß er sich in diesen Jahren vorwiegend antireligiöser, modern-naturwissenschaftlicher Interessenrichtung in ein Buch wie Schleiermachers *Reden über die Religion* vertieft und sich für Buddhismus interessiert. Denkbar ist, daß Marie Thienemann, mit der er sich noch in der Breslauer Zeit, im Herbst 1881, verlobt hatte, ihn gerade in diesem Zug zum Irrationalen bekräftigt hat, stammte sie doch nicht nur aus dem Großbürgertum patrizierhafter Prägung, das zu Hauptmanns damaligen elenden Lebensumständen und Gefallen an den Wonnen der Gewöhnlichkeit in seltsamem Widerspruch steht, sondern auch aus der Atmosphäre zinzendorfscher Mystik, in der auch die Familie von Hauptmanns Mutter beheimatet war.

Man darf sagen, daß alle diese Erfahrungen, die der junge Hauptmann macht, in gewisser Hinsicht zeittypisch sind für jene kulturgeschichtliche Umbruchsituation des ausgehenden 19. Jahrhunderts, als die säkulare „Moderne" mit der geistigen Überlieferung zu brechen droht, darüber hinaus aber auch für das geistige Bild Deutschlands überhaupt bedeutend sind. Aber damit sind Hauptmanns Jugendtendenzen noch keineswegs erschöpft. In Breslau z. B. hatte er einem pangermanischen Geheimbund mit bei Felix Dahn angelesenen Blutsbrüderschaftsgebräuchen angehört, dessen Mentalität noch in Jena nachwirkt. Zugleich, ihm selbst „ein Rätsel" (XIV, 553), gewinnt während seiner Studentenzeit die lebenslange Sehnsucht nach Hellas als dem Idealraum der schöpferischen Phantasie bestimmende Macht über ihn.

Doch es sind nicht nur solche geistigen Bildungsfaktoren, die Keime in Hauptmann entfalten und so durch ein ganzes Leben hindurch ihre Wirksamkeit bewahrt haben. Unser Überblick wäre unvollständig, wenn wir im gleichen Atem mit dem hochfliegenden Idealismus und Platonismus, zu dem Hauptmann sich geradezu geboren glaubte (XIV, 450), nicht auch jenes Urerlebnis des jungen Hauptmann betonten, das vielleicht das kennzeichnendste ist, nämlich die Erfahrung des Tragischen als einer Grundbedingung alles Menschlichen: der Tod seines Spiel-

12

kameraden, des Wunderkinds Georg Schubert (1877) ist ihm eine „jähe Schicksalserfahrung", die ihn zu „einer neuen, stärkeren Form des Bewußtseins erweckt": Er begegnet den „über uns waltenden Mächten in ihrer unberührbaren Furchtbarkeit und furchtbaren Unberührbarkeit" und gelangt schon jetzt zu der Einsicht: „Je ungeheurer die Macht, die über uns waltet, je stärker der Mensch, der sich unter sie beugt" (XIV, 280 f.). Später, besonders in der römischen Bildhauerzeit (Herbst 1883 bis Frühjahr 1884) macht sich noch ein weiterer originärer Zug geltend: der Sinn für das Gestalterische, für die bildnerische Bewältigung der Wirklichkeit. Und schließlich der Drang zum Elementaren, zum „voraussetzungslosen Natursein", „gedankenlos ... Urinstinkten hingegeben" (XIV, 697, 703), der Zug zum Leben in seiner urwüchsigen Gewalt, das den Menschen seiner zivilisatorischen Verbildung enthebt und in das Erlebnis des Vor-Rationalen, Dionysischen, des Eros als *der* seinerhaltenden Kraft hinabtauchen läßt, — diese Wesensrichtung, immer schon stark, wird neubelebt durch die Berührung mit dem Boden der Antike auf der Griechenlandreise des Jahres 1907, die er in seinem Tagebuch *Griechischer Frühling* beschrieben hat.

Und noch viele andere Facetten dieses komplizierten Wesens könnte man beleuchten, Widersprüche überall. Die beliebte Formel vom allerheidnischsten und zugleich allerchristlichsten Dichter der Deutschen, wobei unter christlich eine mystische Weltabkehr und Verketzerung der Sinnenfreude zu verstehen ist, erschöpft sie keineswegs. Der Dionysiker, der das Chaos liebt, war zugleich im täglichen Daseinsstil auch der „Philister", der, nachdem er als Student die Gefahr der „Verbummelung" am eigenen Leibe erfahren hatte, große Lobesworte für die Lebensform der Ordnung und Regel, der äußeren und der inneren Form gefunden hat, der er seine Arbeit lebenslang unterstellte. (*Nulla dies sine linea* war sein Hausspruch.) Er war — wollen wir noch ein paar Widersprüche herausgreifen, die jeden Betrachter befremden und neugierig stimmen — schon von seinen frühsten Anfängen an der Visionär und Träumer, der der Wirklichkeit in eine Phantasiewelt entflieht und seinem Orplid nie entfremdet ist (XIV, 43), aber noch im hohen Alter versagte seine realistische Gestaltungskraft nicht, die auf exakter Welt- und Menschenbeobachtung gründet und die ihm ebenfalls von Kindheit an eine Selbstverständlichkeit war (XIV, 4), auch wenn er die Zolasche Notizbuchmethode, die er z.B. in Zürich trieb, bald wieder aufgegeben hat. Er war ein Mensch von naivem Geselligkeitsdrang, einfacher Lebensfreude und kindlicher Fähigkeit zum Genuß, der Ehrungen und „Festivitas" mit Christbaumseligkeit

13

genießen konnte, und doch auch wieder der pessimistische Grübler in der Mönchskutte, der die Einsamkeit suchte und dringend brauchte. Er war ein Freiluftmensch, der im Schaffen aus dem vollen Leben schöpfte, ohne viel zu fragen, und doch wieder als Autodidakt dem Literarischen im schlechten Sinne allzuleicht verfallen wie besonders in der *Versunkenen Glocke*, die vielleicht nur darum die Welt erobert hat, weil ihre Märcheneinfalt nur scheinbar ist, einen Stich ins rousseauistische Talmi hat. Er sprach von seinem Schaffen gern mit wachstümlichen Begriffen, und auf diese organische Weise sind ihm einige der gediegensten Dichtungen in deutscher Sprache gelungen, das bezaubernde Requiem auf den Vater etwa, zugleich aber hat er Verse geschrieben, die wegen ihrer Literarität mit zu den schlechtesten in deutscher Sprache gehören, nichtsdestoweniger aber z.B. Goethe bescheinigen, *sein* Werk sei „Plunder". Manches klingt sogar wie unfreiwillige Selbstparodie der autodidaktischen Bildungsattitüde und könnte, wenn man es eben nicht als ernstgemeint auffaßt, bei Thomas Mann stehen, so die Bemerkung, er sei als Kind ein Euphorion gewesen, weil er bei Arm und Reich aus und ein ging (XIV, 45) oder die, daß er schon als Dreikäsehoch „dem Begriff des Kantischen Dinges an sich" nahegekommen sei (XIV, 50); und bei manchem Leser mag auch folgendes recht instruktive Wort gelindes Staunen erregen: „Ernst ist das Leben, heiter die Kunst. Wir sind zusammengekommen, damit wir nicht in dem schlammigen Meer der Sorgen untergehen wie alte Waldelefanten im Schlamm, wie es im Moksha-dharma heißt" (XVII, 145). — Aktiv teilnehmend und mitwirkend stand Hauptmann in der Zeit als Mahner und Rufer, trat z.B. in den Jahren des ersten Weltkrieges mit patriotischen Bekundungen und Tendenzgedichten hervor und hielt es auch im Alter nicht für unter seiner Würde, die Festansprache zu Veranstaltungen wie der Berliner „Sommerschau für Anbauhaus, Kleingarten und Wochenende" zu halten (1932), wo er ein *Faust*wort als Auftakt wählte und u.a. auch die Idee vertrat, man müsse den Kindern beibringen, wie Kaffeetassen hergestellt werden (XVII, 236ff.) — aber dann rankte er sich doch immer wieder aus der Zeit empor in die Ewigkeit, wie ein Aphorismus sagt, d.h. ins zeitlos A-Historische, das sein liebstes Zuhause war. Ganz ähnlich war er ein eminent schlesischer Dichter, der sein Leben lang aus dem Bezug zur Heimaterde zehrte, wie er selbst gern zugegeben hat (XIV, 789ff.), und doch auch wieder geradezu das Gegenteil von einem Heimatdichter, wie man ihn sich allgemein — etwa im Gedanken an Namen wie Löns, Frenssen, Rosegger, von Fritz Reuter ganz zu schweigen — vorstellt. Auf dem Mutter-

14

boden, ohne den er nicht sein zu können glaubte, lebte er einem festen Lebensrhythmus entsprechend denn ja auch jedes Jahr nur wenige Monate, auf der Durchreise gleichsam zwischen Hiddensee in der Ostsee und Oberitalien, weil ihm, wie er zu betonen pflegte, Ortsveränderung „Voraussetzung geistigen Schaffens" war. Trotz alledem aber ist ihm, der mit den Großen seiner Zeit verkehrte, wiederum die echte Weltläufigkeit und Weltbürgerlichkeit, wie ein Thomas Mann sie besaß, zeitlebens nicht gegönnt gewesen und ebensowenig die urban-herzliche Verbindlichkeit eines Hugo von Hofmannsthal. Weiter: Als Deutscher und Schlesier fühlte Hauptmann sich als „versprengter Grieche" (XIV, 536) und wertete den Süden, Italien, als ein Urerlebnis (XIV, 588). Aber nicht immer fügen sich ihm seine Widersprüche in das Daseinsgesetz von Dichte und Weite, Systole und Diastole, obwohl er das als Goetheleser auch für sich in Anspruch nahm (XIV, 688, 729). Und so könnte man fortfahren. Naivität und Primitivität im besten Wortverstand, wie sie aber den geistigen Umständen der Gegenwart kaum noch angemessen ist, und höchste Kultur; Tiefsinn und Platitüde mit Aplomb; Unbefangenheit und Drang nach Repräsentation und und schauspielerischem Sichdarstellen, was die Zeitgenossen oft und wohl nicht immer zu Unrecht als „attrappenhaft, bedeutsam nichtig, maskenhaft" und „majestätische Unzulänglichkeit" berührte; echtes soziales Gefühl und beinah ängstliches, auch als Aristokratismus verbrämtes Distanzhalten; grenzenlose Unartikuliertheit, mit der er „leidenschaftlich Halbvollendetes, vom Weine Zerflocktes" hervorstieß, und dann wieder das druckreife, gleichsam eine Geisterschrift ablesende tagtägliche Diktieren; erst recht die Formvollendung und fast unwirkliche Vollkommenheit, die seinen Dichtungen gelegentlich beschieden ist, die in merkwürdigem Kontrast steht zu der Tatsache, daß Hauptmann kein produktives Verhältnis zur Sprache hatte, stilistisch erschreckend versagt und meistens seine Maxime befolgt hat, dergemäß das „Fertigmachen selten künstlerisch" ist.

Was für ein Mensch und was für ein Werk! Wie reimt sich soviel Widerspruch zusammen? Hauptmann selbst war sich seiner Vielspurigkeit durchaus bewußt und faßte sie als ernstes Problem. Fast keins seiner Werke ist ohne Selbstdarstellung, die nur dem Verlangen nach Klärung entsprungen sein kann; und besonders die ausdrücklich autobiographischen Schriften, von denen nur ein Teil zu Ende geführt und veröffentlicht wurde, haben ihre Wurzel im Versuch zur Selbstvergewisserung. *Das Abenteuer meiner Jugend,* das das erste Vierteljahrhundert, also die Zeit bis zum Beginn der schriftstellerischen Karriere behandelt, reicht

zwar an der auf das Exemplarische verallgemeinernden Durchdringung des eigenen Lebensstoffes nicht entfernt an *Dichtung
und Wahrheit* heran, und auch auf das *Buch der Leidenschaft*, in dem
Hauptmanns mehr als zehnjährigen Ehewirren, die ihn 1894 auch
nach Amerika führten, mit recht zumutungsvoll detaillierter Selbstanalyse erzählt werden, trifft das gleiche zu, trotz der Absicht,
„im Persönlichen das Allgemeine" auszusprechen (XII, 3). Ja, am
Ende des *Abenteuers*, das geschrieben wurde, um „das innere Gesetz" seines Jugendlebens aufzudecken, wird sogar eingeräumt,
es blieben nicht zu vereinende Gegensätze und Widersprüche
bestehen, man solle sich aber nicht zu sehr davon „anfechten"
lassen, denn „wir leben ja schließlich immer nur für einen Tag,
den der Gegenwart" (XIV, 769)! Nicht zufällig begegnen in den
Dramen und Erzählungen denn auch immer wieder jene zerrissenen, unberechenbaren Figuren, die eine disparate Fülle in der
Seele beherbergen, die sich nicht zur Einheit fügen will: Kühnelle
in der *Hochzeit auf Buchenhorst*, Baron Degenhart im *Schuß im Park*,
die Künstlerfiguren, und vor allem die kaum kaschierten Selbst-
darstellungen: Erasmus Gotter in dem späten Theaterroman und
namentlich Friedrich von Kammacher in *Atlantis*, der von sich sagt:

Ich bin ein echtes Kind meiner Zeit und schäme mich deshalb
nicht. Jeder einzelne Mensch von Bedeutung ist heut ebenso zer-
rissen, wie es die Menschheit im ganzen ist. Ich habe dabei allerdings nur die führende europäische Mischrasse im Auge. In mir
steckt der Papst und Luther, Wilhelm der Zweite und Robes-
pierre, Bismarck und Bebel, der Geist eines amerikanischen
Multimillionärs und die Armutsschwärmerei, die der Ruhm des
heiligen Franz von Assisi ist. Ich bin der wildeste Fortschrittler
meiner Zeit und der allerwildeste Reaktionär und Rückschrittler.
Der Amerikanismus ist mir verhaßt, und ich sehe in der großen
amerikanischen Weltüberschwemmung und Ausbeuterherrschaft
doch wieder etwas, was einer der berühmtesten Arbeiten des
Herkules im Stall des Augias ähnlich ist (VII, 184).

Wenn sich so auch keine Lösung des Problems bietet, so bleibt
doch immerhin der Versuch zur Selbstklärung von Interesse,
sofern er seine Notwendigkeit bestätigt.
An anderen Stellen hat Hauptmann jedoch weniger nonchalant
von seinen vielen „Möglichkeiten" gesprochen: nur dank „größter innerer Ruhe" könnten sie zusammenbestehen; zu dieser sei
er herangereift, und so habe er auch „in Gemessenheit und Über-
legenheit im Laufe der Zeit unbeirrt ein vielgestaltiges, viel-
seitiges Werk aufbauen" können. Trotz des geheimrätlichen Tons
berührt daran etwas als wahr. Unbeirrt wovon? fragt man, und

überlegen worin? Eine Antwort auf diese zentrale Frage hat uns Hauptmann nicht gegeben; das Theoretisieren lag ihm ja überhaupt wenig. In den zahlreichen Entwürfen des Geleitwortes zur Ausgabe letzter Hand hat der Hochbetagte zwar in immer erneuten Ansätzen zu einer rational zusammenfassenden Selbstdeutung seiner geistigen Existenz und seines Gesamtwerkes dieses Problem umkreist, von der „Einheitsformel" seines „Wesens" gesprochen, die gewiß bestehe und die aufzuspüren sein müsse. Aber er bekennt freimütig, das sei seinem eigenen Abstraktionsvermögen nie recht gelungen, und auch eine „symbolische", d.h. künstlerisch gestaltende „Zusammenfassung meiner *im Werk geäußerten Wesenheit*" habe er nur „oft geplant und nie durchgeführt". Wollen wir hier etwas klarer zu sehen versuchen, so muß die in Rede stehende Frage zunächst recht verstanden sein, wenn sie überhaupt eine Antwort ermöglichen soll: ein weltanschauliches *System*, das alle Gegensätze in Werk und Person ineinsfaßt, darf man nicht erwarten, wie Hauptmann auch selbst in den Entwürfen betonte. Alle Versuche, die mehr als 40 Dramen, 23 Erzählungen, Romane, Essays und Lyrik auf einen solchen gemeinsamen Nenner zu bringen, sind gescheitert. Auch die Feststellung eines Nebeneinanders etwa von *drei* Weltanschauungen, der modern-naturwissenschaftlichen, der dionysisch-heidnischen und der christlich-sittlichen, oder von Mystik, Romantik, Hellenismus, oder auch von Bildungsfaktoren, Heimat und Natur führt schließlich doch wieder in die Frage hinein, und sei es nur, daß man sich fragt, was genauer mit jeder einzelnen gemeint sei und wie sie sich zueinander verhalten, und wenn man dafür zur Formel des Relativismus greift, wird die Konstruktion noch fragwürdiger, weil sich damit ja schon die einzelnen Komponenten selbst wieder aufheben. Und ebenso drängt sich die Frage auf, wenn man sich vergegenwärtigt, wie eklatant auch hochangesehene Hauptmann-Kenner in ihren Urteilen über wesentliche Elemente von Hauptmanns Credo noch in neuester Zeit voneinander abweichen können: einer behauptet etwa, in Hauptmanns tragischem Menschenbild gründe alles Schicksalhafte ausschließlich in der Charakteranlage, ein anderer findet es dagegen nur in transsubjektiven Wirkensgewalten. Beide haben etwas für sich. Aber man darf sich deswegen noch nicht damit zufrieden geben, daß man meint, Gerhart Hauptmann sei eben im Gegensatz zu Goethe der Dichter der (naturgemäß verschiedenen) *Einzelfälle*, der nicht nach höherer Verbindlichkeit, nach Gesetz und Typus fragt bei seiner Beschäftigung mit dem je Individuellen. Dieser Ausweg ist allzu bequem. Er wird der echten Problematik nicht gerecht, und damit meinen wir, daß hier nicht esoterisch

17

literarische Quisquilien in Rede stehen, sondern lebensmäßig Fundamentales: das Problem der schöpferischen Existenz. Und das muß erst einmal als solches verstanden werden, bevor es sich lösen läßt, wenn man denn unbedingt auf „Lösung" dringt.

Der Weg dazu hat von der Überlegung auszugehen, daß Hauptmann seine Ansichten, soweit man sie aus den Werken und gelegentlichen Äußerungen ermitteln kann, nicht ständig wechselt (wie man anzunehmen geneigt sein müßte), daß er in seinem Schaffen vielmehr überhaupt nicht von Ideen, Tendenzen und Problemen ausgeht. Die Überlegung ist nicht neu, aber es gilt, sie recht einzuordnen in den Gesamtkomplex von Persönlichkeitsbild, Schaffensprozeß und Kunstprodukt; sonst gerät man auch von dieser Voraussetzung aus auf Sandbänke. „Bilde, Künstler, rede nicht" war eins von Hauptmanns Lieblingsworten. Er hat sich gewiß nicht immer daran gehalten — zum eigenen Nachteil, doch besteht es im allgemeinen für ihn zu Recht: Das Menschengestalterische, der „Bildtrieb" (XIV, 647) ist ohne Frage der primäre Impuls in seiner Schaffensstruktur. Die anfängliche Hinwendung zur Bildhauerei war kein Umweg, sondern sinnrichtige Wesensäußerung; so hat denn auch der *Dichter* Hauptmann das Modellieren bis ins hohe Alter nicht aufgegeben, ja: noch in den zwanziger Jahren faßte er (allen Ernstes?) den Entschluß, endgültig als scultore nach Rom zurückzukehren! Als Menschengestalter war es, daß er sich 1889 einen Namen machte, nicht als Dogmatiker des „consequentesten" Naturalismus, dem sein Werk doch gewidmet war und dem es eben durch das Geschick in der Menschengestaltung so täuschend ähnlich sah. Denn gerade auf jenes Bildnerische hatte sich die klassizistisch verknöcherte oder auch zur sentimentalen Heimatkunst hinabgesunkene Epigonendramatik der Zeit durchaus nicht verstanden; *darum* war sie so wirkungslos und Hauptmanns *Vor Sonnenaufgang* mit so erfolgreich. Die freundliche wie die unfreundliche Kritik ist nicht müde geworden, Loblieder anzustimmen auf die geniale Gabe Hauptmanns, mit ein paar Worten und Andeutungen lebensechte, überzeugende Menschen vor uns hinzustellen, Menschen, die nicht aus Abstraktionen leben oder Theaterblut, sondern aus pulsierender Vitalität. Viele seiner Gestalten, Mutter Wolffen etwa und Rautendelein, um zwei aus durchaus verschiedenen Werken zu nennen, sind, wenn nicht in „die deutsche Volksseele", wie Hauptmann im Vorwort zur Ausgabe letzter Hand meinte, so doch unvergänglich in den elementaren Erfahrungsbestand jedes Gebildeten eingegangen wie Falstaff und Shylock in England, Tartuffe in Frankreich und Don Quixote überall. Daß Hauptmann mit diesem Talent vorwiegend zum Bühnenautor prädestiniert war, liegt auf der Hand. In den Aphorismen spricht er in solchem Zusammenhang einmal davon, der Dramatiker müsse „psychischen Akt" zeichnen können, sein Gegenstand sei „die nackte Seele, der nackte Mensch" (XVII, 427, 432). Das ist also immer der Ausgangspunkt: statt der Freude an der Sprachbeherrschung die Lust am Bilden, am Bannen seiner konkreten Vorstellungen, die aus Vision und Beobachtung gewonnen werden. So enthält der Nachlaß denn auch eine große Fülle von solchen fragmentarischen Menschenskizzen, allenfalls noch eingelagert in ebenso plastisch und spontan geschaute volle Lebenssituationen, Handzeichnungen, die sich z.T. vielleicht, wäre ihm die Zeit gegönnt gewesen, zu Dramen oder Erzählungen zusammengeordnet hätten. Wahrhaftig: es lag bei ihm, wie bei Prospero in *Indipohdi*, „Gestalten aufzurufen". Seinem Schöpfertum scheinen da überhaupt keine Grenzen gesetzt zu sein. Von dem kaum schon menschlichen alten Huhn in *Und Pippa tanzt!* bis zu dem in Weisheit abgeklärten, fast schon nicht mehr irdischen alten Wann umfaßt es „die ganze Menschheit", wie man in der Goethezeit gesagt hätte: Da ist der Webermeister Hilse und der naturalistische Fanatiker Loth, das Hannele und Hanne Schäl im *Fuhrmann Henschel*, Dorothea Angermann und Rose Bernd, ähnlich und doch durch Welten getrennt, und wieder Menschen wie der Amtsvorsteher Wehrhahn, die prachtvolle Galerie der Großstadttypen in den *Ratten*, und noch zuletzt die zu Werkzeugen der Götter degradierten Atriden, — alles Menschen von ungewöhnlicher erlebnismäßiger Echtheit, Intensität und Einmaligkeit und doch mehr als nur Einzelfälle; Menschen, in deren Umwelt man zu leben glaubt, und sei sie noch so verschieden. Dies Aufrufen von Gestalten ist, wenn man will, ein *naives* Verhalten. Doch liegt hier ein Problem verborgen, das man meistens übersieht. Es fängt damit an, daß es dem Dichter ja keineswegs um photographische Abschilderung zu tun ist. „Ich verspüre auch nie ... sozusagen bloß photographische Gelüste", schrieb er an den Züricher Wanderprediger Johannes Guttzeit, der sich durch den *Apostel* getroffen fühlte (20. Juli 1890). Auch wäre solches Verfahren ja gar nicht möglich, wie gerade der Versuch der Naturalisten erneut bestätigte, da Wirklichkeit jeweils nur individuell kategorial geformt und überdies in willkürlicher oder unwillkürlicher Auswahl verfügbar ist. So hat sich Hauptmann schon in einer seiner frühsten Veröffentlichungen, in den „Gedanken über das Bemalen der Statuen" aus dem Jahre 1887 eindeutig gegen ein naturalistisch-kopierendes Stilwollen ausgesprochen: Als Zweck „der Kunst" beansprucht er da statt „absoluter Nachahmung der Natur" (angenommen, die wäre denkbar) den „Ausdruck der innersten, zum Typus erhobenen Wesenheit des dargestellten Gegenstandes"; indem aber dieses „innere Wesen . . . zum Typus verallgemeinert offenbart" werde, entstehe *„Wahrheit"* (XVII, 282f.).

Man spürt sofort: das ist ein schwacher Nachhall der klassischen Dichtungsontologie. Der Dichter ist auf eine höhere Wahrheit verpflichtet, die ihm vermittels seiner besonderen Erkenntniskräfte zugänglicher ist als dem Normalmenschen, und so steigert sich seine Funktion weit über das bloß äußerliche Abklatschen der Wirklichkeit hinaus zu einem menschheitlich-existentiellen Vermittlungsauftrag: Der Dichter deckt Sein auf, oder wie es bei Hauptmann heißt: Nur „im göttlichen Licht der Kunst (wird) diese ganz seiende und nichtseiende Schöpfung . . . erkennbar" (XVII, 328). Aber was ist diese Wahrheit des Seins? Als Aristoteles die klassische Auffassung vom Wesen der Kunst formulierte, konnte er sich auf Werke beziehen, für deren Verfasser solche Wahrheit mit einer gewissen Fraglosigkeit vorweggegeben war: in den griechischen Mythen. Hauptmann aber kann gemäß seinem geistesgeschichtlichen Standort nicht mehr einfach „unter Helden und Götter führen", wie Lessing es nennt. Vielmehr muß er die Wahrheit selbst erst ergrübeln und im Bild produktiv realisieren, und auch dann noch bleibt sie dem Zweifel ausgesetzt, da allgemein verbindliche Glaubenstatsachen, und sei es auch nur in ihrer säkularisierten Form, in der sie der deutsche Idealismus noch besaß, nicht mehr selbstverständlich sind. So muß der Dichter geradezu „neue Inhalte" schaffen (XVII, 42). Der Gestalter ist als Gestalter zugleich auch Deuter, Kunst als Kunst an einen ihr immanenten Gehalt, an „Aussagen" gebunden (XVII, 422). Mit der Menschenskizze allein ist es nicht getan.

Um diesen Punkt gravitiert Hauptmanns künstlerische Selbstvergewisserung. Er ist nicht müde geworden, fast peinlich beredt für die Überzeugung von der göttlich inspirierten höheren Intuitions- und Divinationskraft des Dichters einzutreten. Kunst ist ihm „die eigentlich metaphysische Tätigkeit" (XVII, 413). Denn „unter der Oberschicht von Gestalten und Bilder ruhen die Schauer der Ewigkeit" (XVII, 35). Der Dichter ist vor allen Menschen durch seinen Kontakt mit dem Göttlichen ausgezeichnet, das er als Mittler allererst zu Bewußtsein bringt: „Kunst gebiert dem Menschen das Göttliche" (XVII, 286). Als Vates ist der Dichter „wahrhaft durchdrungen vom Göttlichen" und erfüllt in seinem medialen Schaffen „eine köstliche lebendige Mission, die ihn zum dogmenfreien Priester macht" (XVII, 35). Kunst ist geradezu Religion, Hauptmann hat es seinem Michael Kramer gern nachgesprochen, und als solche „ein tief humanes, tief verbindendes

20

Fluidum ... jenes soziale Element, ohne das wir geistig zu sein und zu atmen nicht fähig sind" (XVII, 254). Im Künstler spricht Gott, Werke sind Göttergeschenke (XVII, 415). Das Theater, das Hauptmanns eigentlichstes Wirkungsfeld ist, soll entsprechend wieder die Sanktion des Gottesdienstes erhalten, die es bei den Griechen besaß (XVII, 431), — natürlich ohne daß es die Dichtung sich, wie bei Calderón etwa, direkt in den Dienst einer Religion stellte oder auch nur explizit auf religiöse Thematik schlechthin eingeschworen wäre.

Fast unbegrenzt kann man solche Äußerungen zur Bedeutung der Kunst, und namentlich der Dichtkunst, aus Hauptmanns Reden und Tagebuchnotizen zusammensuchen. Doch verfolgen wir statt dessen das zentrale Problem des Hauptmannschen Schöpfertums etwas weiter, um den peinlichen hohepriesterlichen Anspruch, wenn nicht zu rechtfertigen, so doch zu klären.

Der Dichter soll deuten. Als Deuter ist er aber, und sei sein mystisch-pseudoreligiöser Rang als „Offenbarer" noch so groß, zum Denker berufen — sofern man das Wort nicht allzu fachwissenschaftlich verengt, wie es geschieht, wenn vom „ungeistigen" Hauptmann die Rede ist, der nichts „zu sagen" habe und „nur" gestalten wolle. Nur gestalten? Vielmehr hat man es im Gestalten, in den Werken (die so merkwürdig frei sind von Sätzen, die das Zeug zu geflügelten Worten haben) mit einem konkret-dynamischen Denken zu tun, das schon jeweils eingegangen ist in die Figuren und die Konstellation, die sie miteinander bilden und die das Werk konstituiert: ein lebendiges Denken gleichsam, Denken in actu, das die Gesamtgestaltung selber ist. Hauptmann sagt „erlebtes Denken" (XIV, 556). Bildtrieb als die eine Wurzel des Hauptmannschen Werks und „Eristik" als die andere (XIV, 650) kommen somit zusammen und finden sich im „Denken" als geistigem Intuieren und Schaffen zugleich statt in einem logisch-verstandesmäßigen Verfahren. Und daß Hauptmann dies Ineinander von Objektivationskraft einerseits und Denken, Sinnieren, Vertiefen ins Religiöse bis an die Grenzen des Wißbaren (was sein schlesisches Erbe ist) andrerseits gelungen ist, darin besteht, schon vor aller Sinnfrage, seine grundlegende bedeutende Kunstleistung: Ein Blick hinüber auf den Landsmann Stehr oder den Bruder Carl, den „schwierigen" und „philosophischeren" Hauptmann, der sich tiefer in letzte Probleme vergrübelte und darüber nicht mehr den Aufschwung zur befreienden Fixierung im Bildnerischen fand, läßt die Gefahren erkennen, an denen Gerhart vorbeizusteuern vermochte — wenn auch vielleicht gewaltsam und daher auf Kosten geringeren „Erkenntnisgewinns". Aber was heißt das überhaupt! Zwar hegt

man solche Befürchtungen, wenn man liest: „Viel Chaos emp-
finden, heißt weise sein" (XVII, 480). Indes ist der Dichter gerade
berufen, „aus dem Chaos Kosmos zu bilden" (XVII, 265), also
sich gerade auf jenes letzte Unergründliche, Unendliche zu
beziehen; und so darf er, obwohl er es als Erkennender niemals
mit dem Philosophen aufnehmen will, durchaus von sich sagen,
er habe als Dichter „das rätselhafte Schicksal der Menschenwelt"
immer „im ... Ausdruck begriffen", oder allgemeiner und die Identität des scheinbar Gegensätzlichen betonend: „Dichterische Intuition ... ist Gestaltungskraft" (XVII, 253, 346). Das ist also
ein ganz anderes Erkennen als das philosophische, ein mythisches
könnte man sagen, doch darauf ist später noch zurückzukommen.
Entscheidend bleibt für unseren Gedankengang vorerst die Ver-
pflichtung des Dichters auf Wahrheit und Wesen, die er im Gestalten aufzudecken hat. So wird Gerhart Hauptmann zum letzten
großen Repräsentanten einer im Gefolge der abendländischen
Säkularisation auftretenden Dichtungtradition, die in der Gegenwart bereits tief im Abend zu stehen scheint. Er schreibt
Dichtung, die bei aller — scheinbaren — Präponderanz des Bildnerischen zugleich als Leistung des intuitiven Erkenntnisver-
mögens verstanden sein will, das er gern mit einem erhabenen
Nimbus umgibt. Er schreibt wesentlich noch nicht Literatur,
die, wie etwa bei Benn, Winkler und vielen anderen, bloß sein
will, ohne einen Sinn zu beanspruchen, weil jeder Sinn von vornherein suspekt geworden ist und damit auch sein bloßer Begriff.
Fast banal wirkt es im Gegensatz dazu, wenn Hauptmann sich
gegen die „riesenhafte Skepsis" wehrt mit der Begründung, der
„Riese des Positiven" solle besser nicht niedergeworfen werden
(XVII, 381). „Durch den Hauch des Zweifels erblindet die
Scheibe" (XV, 10). Man spürt: Er ist kaum berührt von unseren
spätzeitlichen Befürchtungen, daß in der geistigen Situation des
20. Jahrhunderts Kunst „auf fromme, nüchterne Weis, mit
rechten Dingen" nicht mehr möglich sei, sondern vielleicht nur
noch als „Parodie" und damit als Infragestellung ihrer selbst,
und daß sie vielleicht gar „nihilistisch" sei „von Natur". Ist es ein
durchgebildeter Instinkt zur Selbstbewahrung, der Hauptmann
vor solchen Konsequenzen zurückhält? Oder ist es wirklich eine
schöpferische Naivität und angeborener mystischer Sinn für den
Allzusammenhang? Noch in der größten Erschütterung bleibt er
jedenfalls dabei: „Das Menschengeschlecht hat eine erhabene
Bestimmung" und: „Wir lassen uns von dem Gedanken nicht
abbringen, daß ein erhabener, hoher und höchster Sinn im Menschendasein verborgen ist" (XVII, 340, 194). Aber anders als in
den „gläubigen" Zeiten und Kulturkreisen, wo der Dichter

22

diesen auf sich beruhen lassen kann und reinen Gewissens Poesie als Schmuck des Lebens und heiteres Spiel erzeugen darf, ist es gerade der Künstler, der Hauptmann zufolge diesem „Sinn" auf der Spur sein muß und kann. Er ist es, und kein anderer, der „dem Leben auf seine unzähligen ... Fragen Antwort" gibt (XVII, 227). Die kulturelle Führerstellung des Dichters und Künstlers rechtfertigt sich also für Hauptmann gerade auch in der Moderne nicht aus den verzweifelt abenteuerlichen, doch keineswegs leichtfertigen Erkundungsflügen des Geistes, wie sie eben knapp angedeutet wurden; denn diese verleugnen das „Mysterium". Das Denken und Tun des Künstlers soll sich vielmehr, in umgekehrter Richtung gleichsam, auf das menschlich Elementare zurückbeziehen, denn das ist sein eigentlicher Funktionszusammenhang:

Der Künstler, das ist der ursprüngliche Mensch und der das Ursprüngliche in sich kennt. Dem, der es nicht kennt, kann man es rauben; dem, der es kennt, hingegen nicht mehr. Das Ursprüngliche muß doch auch göttlich sein: so ist der ursprüngliche Mensch auch göttlich. Ursprünglich sein, das Göttliche anschauen und schließlich ihm ganz zu Diensten stehn, das alles zusammen macht erst den Künstler.

Ein solcher Dichter sagt mehr aus durch Gestaltung, als ihm selbst bewußt gegenwärtig ist. Als Hauptmann nach der *Pippa*-Premiere gefragt wurde, „was er mit dieser Dichtung eigentlich habe ausdrücken wollen", soll er ungefähr geantwortet haben: „Wenn ich das wüßte, hätte ich doch die ganze Geschichte nicht aufschreiben brauchen." Er sagt auch mehr, als durch Abstraktion einzufangen und bewußt zu machen ist. So erledigt zwar nach dem Wort Hofmannsthals die Gestalt das Problem, aber sie ist nicht imstande, es im Sinne einer eindeutigen Antwort zu *lösen,* die nach Tiefe und Vollständigkeit alles enthielte, und das eben weil *das Problem* für Hauptmann nicht das Wesenszentrum des Werkes ist. „Formel für ein Problem des Lebens" darf man allenfalls suchen, doch nicht mehr (XVII, 41). Denn „auf die letzte Frage" gibt es, wie Kerr 1932 in seinem saloppen Geburtstagsgedicht ganz treffend gesagt hat, nur den „philosophischen Bescheid: Nu jaja, nu neenee", Hauptmannscher: omnia in mysterium exeunt. Anders als das Nichts, auf das andere Denker und Dichter an genau dieser Stelle des gleichen Weges stoßen, bewirkt das Mysterium aber keine Zersetzung, und der „ehrenhafte Schlaflosigkeit" (Tschechow) verursachende und naheliegende Verdacht mancher Romantiker, daß sich das „Unendliche" vielleicht als das absolute Nihil — natürlich nicht im Schopenhauerschen Sinne — entlarven könne, hätte Hauptmann nicht überzeugt.

Wenn sich Hauptmann aber als Selbstinterpret, wie das gelegentlich geschehen ist, nicht mit dem Hinweis aufs Unsagbare begnügt und sich als Deuter eines eigenen Werks versucht, so handelt es sich doch nur um unbeholfene, ja triviale Rationalisierungen dessen, was in der ursprünglichen künstlerischen Intuition und ihrer Gestalt im Werk ungleich reicher, tiefer und unausschöpflicher lebt. Er hat ja selbst oft das begrifflich-logische Denken, nicht aber das Denken und den Geist schlechthin, aus dem Reich der Dichtung verwiesen und betont, solches Vorgehen allein stoße nicht zu ihrem innersten Wesen vor: „Begriffe sind ganz unzulänglich, wenn es gilt, das Mysterium des Seins auch nur zu berühren" (XVII, 379), und da Dichtung für Hauptmann ein „echter, reiner läuternder und aufklärender Spiegel" des Seins ist (XVII, 133), trifft für sie das gleiche zu: Obwohl dieser Spiegel „elementare Dinge und Schicksale, ... das Ewigkeitsschicksal der Menschen, ... das Universell-Menschliche" statt des Einzelnen offenbart (XVII, 41, 88), bietet er nie ein restlos geklärtes Bild. Denn „Zweck aller Kunst ist, das große Schweigende schweigend auszusprechen" (XVII, 415) — trotz aller „Antworten", denn der Dichter verwaltet letztlich doch das „Urmysterium" (XVII, 323). Eigentlich umkreist er als Schaffender immer nur das Unsagbare, drängt immer wieder zum „Unendlichen", sucht das Unmögliche möglich zu machen: das Geheimnis zum Sprechen zu bringen wie der Magier, als den er sich dargestellt hat. Die Unerschöpflichkeit gehört somit bei Hauptmann unabdingbar zum Wesen des Kunstwerks; verliert es sich an das Tendenziöse und plan Moralische, so degradiert es seinen Wert, meint er, bis zur Nichtigkeit (XVII, 419).

Gerade dieser Gefahr der Trivialisierung durch das klare, abstrahierende Nennen fällt aber der Hauptmann-Deuter allzuleicht zum Opfer, und sucht er ihr zu entgehen, so manövriert er sich oft in die entgegengesetzte Gefahr und erklärt alles Unkonturierte, Unklare, mit Hauptmann zu reden: Mystische als solches a priori für tief und wertvoll, demgegenüber jeder *klärende* Hinweis von vornherein Sakrileg wäre.

Entgehen kann er solcher doppelten Gefahr nur, wenn er sein Verfahren dem besonderen Werkcharakter anpaßt, der sich bei Hauptmann aus dem Miteinander von Bildnerischem und Grüblerischem ergibt: Die einzelnen Figuren, Situationen und Ereignisse, die dem Gestalter zunächst lebendig werden als menschlich wahre, bedeutsame Ausschnitte aus dem Wesentlichen, ordnen sich, sobald sie sich zum Werk integrieren, in ganz bestimmter Weise zusammen, und sei es auch nur unter dem Zwang der epischen oder dramatischen Form; sie treten in Beziehungen

24

zueinander, die übergreifende Ordnungsgefüge stiften; sie bilden eine Konstellation, eine Struktur, die das Werk als sinnhaltiges, gegliedertes Gestaltganzes ausmacht. Kurz, was entsteht, ist nicht eine diskursive Problemanalyse, auch kein vager Gefühlsausbruch oder „lebenswahrer" Abklatsch, sondern eine dichterische Welt, die „bedeutet" durch die Wertigkeit ihrer Einzelelemente und deren Konfiguration. *Derart* also wird Dichtung „eine der vielen Bemühungen des Menschen, aus dem Chaos den Kosmos zu bilden". Diesen Kosmos des dichterischen Werks hat Hauptmann im Sinn, wenn er, selbst unter die Kritiker gehend, die „transzendente Gestalt" und die „Logik der Gestalt" eines Werkes sucht wie etwa im *Hamlet*. „In der Dichtung bedingt wie in der Architektur alles der Grundriß" (XVII, 416). Chaotische Szenenführung ist für den Dramatiker vom Übel: „Vermögt ihr die Schönheit der inneren Linie im Drama zu sehen?" fragt er statt dessen (XVII, 436), und an anderer Stelle führt er diesen Gedanken weiter aus: „Das ist das große Geheimnis den meisten. Die Form im Kunstwerk ist das letzte Formale, das also das Göttliche ist, das also Schönheit heißt, es wird von den wenigsten überhaupt empfunden" (XVII, 419). Darauf, auf den Gebildecharakter des Werks also, zielt offenbar sein dichterischer Ehrgeiz, und das vielzitierte Wort vom Fertigmachen, das selten künstlerisch sei, ist gerade hier *nicht* anwendbar. Hier ist er unerbittlich: „Jedes Kunstwerk hat eine prästabilierte Harmonie zum Grunde: von ihr abweichen heißt irren" (XVII, 416). Und darauf hat sich der Deuter zu richten.

Dieser poetische Kosmos aber ist vom Dichter geschaut als Bild der Welt, wie sie ihm wesentlich, wirklich und wahr ist (XVII, 316). Das „ihm" zu betonen, steht keineswegs im Widerspruch zu Hauptmanns Selbsteinschätzung. Denn wo immer Dichtung Erkenntnisfunktion übernimmt, also dem Intuierten Gültigkeit vindiziert, ist die Subjektivität der Sache nach nicht auszugrenzen. Nicht im geringsten wird dadurch aber ihr Wert und Rang gemindert, denn Wahrheit kann, so weiß Hauptmann (XVII, 310), immer nur im Modus der Vielgestaltigkeit lebendig und wirksam sein; und lebendig und wirksam sind Gerhart Hauptmanns Werke ja noch im Kulturleben der Gegenwart. Wenn sich der Deuter also auf dieses poetische Weltgefüge richtet, wird ihm zwar nicht ein auf Figur gebrachtes Weltanschauungssystem faßbar, wohl aber in der gestalteten Welt eine „Welt-Anschauung" sichtbar, aus der eben dieses „bedeutende" Abbild geschaffen wurde, wie auch umgekehrt das Bilden *sie* erst aktualisiert, — eine „Welt-Anschauung" also im ganz ursprünglichen Sinne der totalen Lebensbegegnung, wo sie die Anschauung ist, die nach einem

25

Kosmos > Myth?

Hauptmannwort allem Denken zugrunde liegt (XVII, 302), doch so, daß sie es potentiell in sich begreift, — eine Weltanschauung, deren Begriff in der Gegenwart, wie Hauptmann meinte, in Gefahr sei, verlorenzugehen:

Sie war da, als man sich statt scholastisch durch bildende Kunst ausdrückte. Die Primitiven der Südseeinseln, die Vorstellungswelt der Inder baute den sogenannten Weltberg auf, in den sie Symbole aller Art bis zu einem Höchsten hinauf gestalteten. Sie umspannten damit im Kleinen die Welt, alle Gottheiten in sie einbegriffen, und trennten sie durch Begrenzung von der Unendlichkeit.

Diese geschaute Welt aber besitzt bei Hauptmann eine Geschlossenheit, deren Eigenart im interpretierenden Wort nur andeutbar wird; aber gegenüber einer runden Formel ist das ein weitaus lohnenderer Gewinn.

Tastet man sich an diesem Faden durch Hauptmanns Riesenwerk hindurch, so stellt sich uns die weiter oben gestellte grundlegende Frage nach der Einheit schon präziser und sinnvoller: ist das Welt-Bild im Werk in all diesen Jahren das gleiche geblieben? In den Grundzügen gewiß. Eine Entwicklung, so hat man gelegentlich betont, gibt es kaum in diesem Lebenswerk, und jede Periodisierung bleibt mehr oder weniger willkürlich. Der beliebte Vergleich mit dem ähnlich umfänglichen Oeuvre Goethes muß hier zur Konstatierung eines krassen Widerspruchs führen: im Leipziger, auch im Frankfurter Goethe erkennt man noch nicht den Weisen von Weimar, im frühen Werk Hauptmanns ist dagegen die Jagd nach der Klaue des Löwen durchaus nicht ohne Erfolg geblieben. Z.B.: Symbole und Ansätze zu privaten Mythologien gehen von den Anfängen bis zum Alterswerk durch (Licht, Höhe, Insel, Meute), Motive, Themen, Konflikte und Entscheidungen kehren immer wieder, und über Jahrzehnte hin hängen viele Werke thematisch zusammen. Über Jahrzehnte kann sich auch die Entstehung von Werken hinziehen, ohne daß sich Bruchlinien erkennen ließen. Diese Konstanz gibt dem 75jährigen durchaus recht, der bekannte, sein erstes Vierteljahrhundert habe ihm mehr Erfahrungsschatz und dichterische Substanz geschenkt, als er je auszuschöpfen imstande sein werde. So wäre Hauptmanns Werk denn wesentlich „autobiographisch"? Er spricht allgemein vom „konfessionsartigen Wesen des ... Schöpfertums" (XVII, 178), und in den Tagebuchblättern liest man: „Es konnte mir nichts Besseres passieren, als daß der Antagonismus der Welt mich immer auf mich und in mich zurückwies" (XVII, 367). Doch hieße es das Wesen solcher Konfession total verkennen, sähe man individuelles Selbstbekenntnis darin, wie das ja manche allzu offensichtlich autobiographische Werke nahelegen (und in einigen auch zutrifft), eher handelt es sich Hauptmanns Selbstverständnis zufolge um Erhellen von Welt und Sein am Paradigma des Selbsterlebten. Nur so kann er auch rückblickend das Junktim „die Treue gegen sich selbst und die Liebe zur Wahrheit" für sich in Anspruch nehmen (XVII, 40) und behaupten, in seinem scheinbar bekenntnishaften Werk drücke sich „das Urdrama des Seins" aus (XVII, 266). Schon die durchgehenden Motive haben also eine größere als nur lebenschronistische Relevanz.

Entscheidender, weil übergreifender als Themen, Motive und Symbole ist jedoch eine andere Konstante des „Weltbilds", sein Rahmen sozusagen. Was wir meinen, oder jedenfalls das Korrelat dazu in der Persönlichkeitsstruktur, hat Wilhelm Bölsche schon 1887 beschrieben, zu der Zeit also, als Hauptmann allem Anschein nach mit den Naturalisten gemeinsame Sache machte. Er sagt über seine erste Begegnung mit dem Dichter: „Mir fiel an ihm zunächst das Goetheprofil auf und das seltsame Blicken der wasserblauen Augen, ein Gemisch von Beobachtung und melancholischer Träumerei — als ob eine Seele, die im Innersten daheim ist, von Zeit zu Zeit hinausspäht in die umgebende Wirklichkeit." Ähnlich Max Baginskis Eindruck: „Versunkener Träumer, dabei nicht irrezuführender Beobachter des Menschlichen und Allzumenschlichen." Analog umfaßt Hauptmanns Weltbild im Werk denn auch schon von Anfang an gleicherweise die landläufig als wirklich bezeichnete Realität in Raum und Zeit wie auch jene überreale Welt, die Phantasie und Traum erschließen. „Geh an der Welt vorüber, sie ist nichts" steht bereits in einem der frühsten Gedichte (1881; XIV, 524), und dem „Atheismus", will sagen der dogmatischen Verengung der naturwissenschaftlich aufgeklärten Weltanschauung auf die reine Immanenz, will er nie gehuldigt haben (XIV, 699). Beide Bereiche gelten ihm als gleich „wirklich", und als Dichter lebt er stets in beiden, aus Beobachtung und Jenseitsintuition zugleich schöpfend und schaffend, wenn sich auch ganz selten, wie in den drei frühen „naturalistischen" Dramen, unter dem Oberflächeneinfluß der Zeitströmung die Ausweitung der Weltordnung in das Metaphysische gar nicht oder nur durch barste Andeutung herstellen will. Das ist nicht mehr als Akzentverschiebung. Wichtig ist nur, daß diese Ausweitung nicht erst im Laufe einer Entwicklung auftritt, sondern von Anfang an da ist, z.B. schon in den „naturalistischen" Novellen, die noch vor den „naturalistischen" Dramen liegen. Will man dennoch einen Unterschied zwischen frühem und spätem Werk kenntlich machen, so besteht der von diesem Zusammenhang aus einzig darin, daß jene Ausweitung des menschlichen

Lebens- und Schicksalsraums progressiv expliziter wird. Mystisch, magisch, Mysterium wird dann Hauptmanns zweites Wort, Träume werden immer mehr die primäre Quelle, bis endlich im unvollendeten Terzinenepos *Der Große Traum* der Fuß die Erde kaum mehr berührt. Doch schon zu den frühsten Erlebnissen des Dichters gehören kosmische Traumvisionen von der Verlorenheit des Menschen im All, beglückend und beängstigend zugleich (XIV, 43 f.; XII, 338), Visionen, wie sie ihm auch entstehen, wenn er sich in der Wunderwelt des Himmels verliert, die das Spiegelbild eines Teiches bietet. Noch der alternde Dichter kommt auf solche Kindheitserlebnisse ausdrücklich zurück und wertet sie aus als symptomatisch für seine bleibende Weltsicht. Im Vorwort zum *Großen Traum* sagte er 1927:

Wie man über dem Spiegel des Teiches eine obere Welt und, ohne daß die Feste der Erde irgendwie sichtbar wird, unter ihm eine zweite ungeheure Raumwelt ins Auge faßt, verliert die Seele gleichsam den Boden und begreift im Bodenlosen eine höhere Realität. Sie gewahrt überdies mit Staunen, daß die untere Welt des Scheins mit der oberen des Seins für das Auge durchaus dieselbe ist, und somit eine Wirklichkeit von Raum, Farbe, Form und Gehalt bestehen kann, die nur für die Seele eine ist (*Neue Rundschau*, Januar 1927, S. 12).

Hiesige und jenseitige Welt, „Realität" und Transreales, deutet Hauptmann in diesem Bild an, sind ihm wesentlich identisch; und als Dichter ist es ihm gegeben, das Vertrauteste als Mysterium zu entfremden und Geheimstes als Alltäglichstes vertraut zu machen wie der Magier Prospero, in dem er sich selbst dargestellt hat. Wie dessen Dasein, so ist auch seins „auf zweien Ebenen" gegründet (VII, 594). Das entspricht seiner Auffassung vom Künstler, aber auch der Mensch schlechthin ist ihm potentiell durch diese doppelte Beheimatung im Kosmos geradezu definiert; er betont wiederholt, „jeder Mensch lebe in einer doppelten Realität" (IX, 505).

Doch ist der „Rahmen" des Welt-Bildes mit diesen Bemerkungen erst ganz vage skizziert. Die doppelte Welt ist für Hauptmann nie eine fraglose Gegebenheit, in der man sich ein für allemal beruhigt und geborgen fühlen könnte wie mancher religiöse Mensch im Gehäuse seiner Glaubensgewißheiten. Lägen die Dinge so, dann wäre Hauptmann kaum Dichter geworden. Vielmehr ist er eben darum so ungeheuer produktiv, weil diese doppelte Welt je und je neu gewonnen werden muß im existentiellen und schöpferischen Vollzug. Das Verhältnis der „Welt" zur „Überwelt" (um es einmal so simpel zu formulieren) muß sich ständig neu und in neuer Weise stiften: ist es eine Realität, so aktualisiert es sich doch nur durch je neue Verwirklichung, die Hauptmann im Schaffen vollzieht. Daher die unendliche Vielheit seiner dichterischen Welten bei grundsätzlicher Gleichheit. Hat man das gefaßt, so lassen sich indes noch ein paar weitere Allgemeinbestimmungen machen. Das Hier ist für Hauptmann die Stätte des Leids, das allem menschlichen Leben wesensmäßig zukommt. Davon gibt es kein Entfliehen. Es ist der Unfreiheit des Willens, der restlosen Determination ausgesetzt. „Leben ist gleichbedeutend mit Erleiden", Tragik der Existenzmodus des Menschen. Aber diese Tragik ist, eben weil sie kein Zufall ist, sondern Daseinsbedingung, in der Struktur der „ganzen" Welt angelegt: bereits im Jenseitigen verankert. Sie ist Auswirkung von unerforschlichen Übermächten, deren Antagonie der Mensch unterworfen ist. Schon in seinem frühsten Erlebnis des Tragischen, auf das wir bereits verwiesen, ging Hauptmann diese Erkenntnis auf, und bis zur *Atridentetralogie* hin, die sein Lebenswerk abschließt, ist er ihr treu geblieben. Die Paradoxie ist also, daß sich für Hauptmann die Betrachtung des Irdischen als diesseitig als unmöglich erweist, daß sie über sich hinausgewiesen wird, da das höhere „Wirkliche" sich gerade in den für Hauptmann typisch irdischen Erfahrungen, in Leid und Not und Scheitern kundgibt. Und das heißt: gerade so wächst der Mensch zur Erfüllung seiner höchsten und eigentlichsten Möglichkeiten, indem er im Leid das Göttliche erfährt, und ohne diesen Bezug ist für Hauptmann menschliches Leben nicht denkbar. Traum, Vision, Imagination und ähnliche Entrückungszustände sind als welterschließende Kräfte gar nicht zu entbehren. Denn „inneres und äußeres Gesicht, sie erzeugen, vereint, unser Weltall", wie es im *Till Eulenspiegel* heißt (X, 604). Das Sein, das *keines* Traums bedarf, so lautet eine vielzitierte Stelle im *Hirtenlied*, heißt *Tod*, nicht Leben. Und an anderer Stelle liest man sogar die Aufforderung: „Entbinden wir unsere Phantasie und machen sie zum Erkenntnisorgan: das ist der höchste und letzte Sinn unseres Lebens" (XIII, 119), — jedoch nur, solange der Mensch nicht der Sehnsucht nachgibt, durch Resignation im freiwilligen Tod (wie so oft bei Hauptmann) der allerletzten Initiation in das Mysterium teilhaftig zu werden.

Soweit betrachtet, scheinen die Grundzüge von Hauptmanns Weltbild noch recht einfach, um nicht zu sagen banal. Gelegentlich findet man sie mit dem Hauptmann-Wort umschrieben, „Erdenpein" werde „Himmelsseligkeit" (an Kalbeck, 8. April 1894), und Behl hat mit Zustimmung Hauptmanns dafür die Formel von der immerwährenden Himmelfahrt der Phantasie des Dichters gefunden. Formuliert und zitiert man aber derart,

Kosmos > Myth = tragische Struktur des Lebens

so verschwimmt alles bisher von uns Festgelegte auf Nimmer-
wiedersehen im Ungefähren. Auch wäre daran wenig Interessan-
tes, das Anspruch auf gesteigerte Aufmerksamkeit verlangen
dürfte. Vielmehr stellt sich hier gerade ein Problem von zentraler
Bedeutung für unsere weitere Erkenntnis Hauptmanns und seines
Werks, dessen Lösung jenes nichtssagende, unendlich vieldeutige
Ungefähr zu klären geeignet ist, das man aber bisher nicht als
solches gefaßt hat. Die Frage ist: welcher Grad verbürgbarer
Beglaubigung kommt in Hauptmanns Denken und Gestalten
denn der dichterischen Intuition der Überwelt, oder auch der
„ganzen" Welt, wie Hauptmann sie versteht, eigentlich zu?
Wieso ist das Welt-Bild *wahr* und menschlich verbindlich? Müssen
sich solche grundsätzlichen Zweifel nicht besonders einstellen,
wenn man sich erinnert, daß Hauptmann die Hilfestellung der
Fachphilosophie ausdrücklich verschmäht, trotzdem aber ihr eben-
bürtige, ja überlegene Einsichten zu gewinnen sich anheischig
macht? Und im Werk selbst, das doch als „Spiegel" in überlegener
Fraglosigkeit dastehen soll, stößt man immer wieder auf tiefe
und irritierende Doppeldeutigkeit und Unentschiedenheit in
dieser Hinsicht. Man denke an *Hanneles Himmelfahrt*: der Text
gibt nicht den geringsten absolut zweifelsfreien Anhalt dafür
her, ob es sich hier um eine rein psychologisch zu verstehende
kindliche Phantasietätigkeit handelt und der Titel mithin ironisch
zu nehmen ist, oder aber darüber hinaus um die Andeutung des
Eingehens in einen höheren Wesensbereich objektiver Existenz,
den die Phantasie erschließt. Und dementsprechend sind die
Deuter seither in zwei Lager getrennt, desgleichen in Hinsicht
auf den *Emanuel Quint*: ist der Giersdorfer Heiland Epiphanie
des Göttlichen oder Opfer einer Selbsttäuschung? In anderen
Worten und verallgemeinert: ist es nicht doch eher so, daß Einbildungskraft und Traum zwar effektiv Weltüberhebung bieten,
diese aber nur Opium ist, wie Hauptmann einmal sagte (XIV,
247), Täuschung also und Illusion, nicht aber Realerfahrung
eines höheren Existenzbereichs? Oder ein Drittes? Zu letzter
Klarheit ist hier nicht zu gelangen aus dem einfachen Grund,
daß Hauptmann selbst keine Entscheidung hat treffen können,
aber daß er um dieses Problem gerungen hat, das muß allererst
einmal anerkannt werden, wenn man Hauptmanns Wesen in
Sicht bekommen will, ohne sich mit landläufigen Platitüden zufrieden zu geben. Aber mehr noch: aus der Art der Beschäftigung
Hauptmanns mit diesem Problem ist jedenfalls *die Richtung seines
Lösungsweges zu erfahren*.
Was wir hier berühren, ist das Phänomen des Mythischen, das
wir auf den vorstehenden Seiten bereits manches Mal unwillkür-

lich gestreift haben, zuletzt in dem Zitat über die primitive Welt-
bergvorstellung. Hauptmann hat sich lebenslang mit dem Mythos
befaßt, und wie könnte es anders sein, denn letztlich handelt es
sich dabei doch um nichts geringeres als die Rechtfertigung
seines dichterischen Tuns. „Vollender des Mythos" hat ihn
Mimus-Reich deshalb genannt und damit ins Schwarze getroffen,
was man von Fontanes Formel „Vollender Ibsens" nicht sagen
kann. In Griechenland fühlt Hauptmann sich denn auch vor allem
darum so „zu Hause", weil ihm die Welt des Mythos in Hellas
noch lebendig ist, während sie im sonstigen Europa verschüttet
ist (V, 166f.). „Mythos, große Heimat" (XVII, 413) — das
Wort wird zwar gern angeführt, aber was es für Hauptmann bedeutet, hat man bisher nicht zu erhellen versucht. Gewiß ist bemerkt worden, daß Hauptmanns Vermischung von Traum und
Wirklichkeit, die Ineinssetzung beider und das Schaffen aus solcher Bewußtseinslage ihn in die Nähe des vorrationalen, vor-
wissenschaftlichen Denkens des „urtümlichen" Menschen bringt,
dem diese Zweiteilung noch nicht gegenwärtig ist, und mit Recht
hat man solches Bewußtsein mythisch genannt. Auch das bei
der Erwähnung des Tragischen schon angerührte Wissen um
das Ausgesetztsein des Menschen an unbegreifliche Schicksalsgewalten—„wir sind alle eher Objekte als Subjekte der Mächte"—
stellt Hauptmann ohne Frage dem mythischen Inderweltsein nahe,
und wie stark in seinem Schaffen die mythenschöpferische und
mythenumbildende Gestaltung von früh an ins Spiel kommt,
das ist dem oberflächlichsten Betrachter ersichtlich. Aber was *die
Dignität des Mythischen und damit des Dichterischen* für Hauptmann
ausmacht, ist damit noch nicht entschieden: Ist die „große
Heimat" Chimäre oder lebensnotwendige, selbstgeschaffene Illu-
sions- und Idealwelt oder Zuhausesein im Göttlichen, das das
Menschliche umgibt?
Wichtig ist da zunächst einmal, daß das mythische Sehen sich
nicht willkürlich einstellt, sondern immer in einer menschlich
extremen Situation: ähnlich wie C. G. Jung bei einem primitiven
Völkerstamm die typische Erfahrung gemacht hat, daß erst in
der Dunkelheit, im Ausgesetztsein an das Namenlose „die ganze
Mythologie los" ist, so bricht der Hauptmannsche Mensch vornehmlich im Kairos des extremen Leids, wo ihm Numinoses
präsent wird, zum Mythos durch. Eine höhere, zweite Welt, das
Göttliche wird ihm auf einmal gegenwärtig, und er wird eins
mit ihr und ein volleres Wesen. Im mythischen Bild erhellt derart,
was man die heilspädagogische Notwendigkeit der Existenzqual
nennen könnte. Aber gerade weil es sich bei den Durchbruchs-
momenten um menschliche Extremsituationen handelt, wird der

31

Leid bringt durchbruch zum Mythos

Gehalt der Erfahrung wieder suspekt: wie, wenn er lediglich Evidenz des *Willens* zur Erlösung bekundete, also wesentlich Produkt der Sehnsucht wäre? Man weiß: die Sehnsucht spielt im Werk Hauptmanns eine so große Rolle, daß er zuweilen noch heute als „Dichter der Sehnsucht" gilt. Sehnsucht in diesem Wortverstand wäre nichts weiter als eine Vorstellungsbetätigung, die eitel und sinnlos bleibt angesichts des „blinden" und „vernunft-losen", chaotischen Lebens, dessen immer neues Erlebnis gerade den Tragiker Hauptmann nicht zur Ruhe kommen läßt. Oder ist die Sehnsucht nicht doch statt einer *rein* psychischen Reaktions-erscheinung ein metaphysisches Erkenntnisvermögen wie weithin in der deutschen Romantik? Das weidlich zu Tode gehetzte Wort „A jeder hat halt ane Sehnsucht" ist in dieser Beziehung völlig unergiebig. Lebenerhaltend und -fördernd ist sie gewiß in jedem der beiden Wortverständnisse, es fragt sich nur, mit welchem Grad von Wesentlichkeit und welchem Wahrheitsgehalt, und es ist symptomatisch für die Hauptmannforschung der Gegenwart, daß dies nicht nur ungeklärt ist, sondern nicht einmal als Problem erfaßt ist. Sehnsucht, Glaube, Mythos, Utopie, menschlicher Seinsmodus in der Welt fallen überdies in Hauptmanns Denken nahezu zusammen, wodurch die Frage noch komplexer wird. Doch versuchen wir, zu erfahren, was sie ihm bedeuten.

Blättert man die Tagebuchnotizen des 17. Bandes der Ausgabe letzter Hand daraufhin durch, so stößt man auf allerlei Wider-sprechendes. Jedenfalls muß es zunächst so scheinen. Als oberstes Feststehendes kann für den Anfang nur dieses gelten: daß der Glaube und damit auch das mythische Bewußtsein „die stärkste Macht im Menschen" darstellt (383). „Ich glaube, der Mythos und seine Schöpfung ist das Höchste, was Menschen gegeben ist", sagt entsprechend der Bergpater im *Neuen Christophorus*, und das ist durchaus „out of character" zu verstehen, da der Alte Sinnfigur des ganzen Buchs ist und Hauptmann ihm die Ergebnisse seiner Altersweisheit so rücksichtslos in den Mund legt, daß der Roman darüber seine gebildhafte Formeinheit zu sprengen droht. Ja, die Existenz in mythischen Vorstellungswelten gehört geradezu zu den Faktoren, die den Menschen als geistiges Wesen überhaupt bestimmen. „Kein Mensch ohne Utopie" (*NC*, 380; XII, 102). „Der Mensch besteht ganz aus Glauben" (*NC*, 384). Naturnotwendig also bildet der Mensch sich Kosmos aus dem Chaos, das ist die primäre Grundbedingung seiner Existenz, denn so entdeckt er sich Sinn und Bestimmung.

Aber in dem zu Beginn des Absatzes zitierten Tagebuchausspruch heißt es nun verwirrenderweise gleich weiter: „Die geglaubte Substanz übertrifft die des Weltalls." Damit wird doch viel von den positiven Bestimmungen zurückgenommen und der Fata-Morgana-Charakter des Mythischen entlarvt, wie auch, wenn Hauptmann sagt: „Die Welt und der Himmel bauen sich auf aus unseren Denkfehlern" (ebenda) und: „Einbildungen sind die Unterjocher der Menschennatur" (382). Er neigt sogar dazu, die Geschichte der Menschheit als tragische Verfallenheit an solche als Wahrheit und Offenbarung geltenden Wahnvorstellungen und Halluzinationen des mythenbildenden Menschen zu verstehen (406), als „ungeheures Totenfeld von Illusionen", die ohne „Zweck" waren und „aussichtslos" (393; *NC*, 371): Die Menschen spinnen sich in eine Welt ein, bauen sich durch „Imagination den Himmel und seine Gestirne" (XVII, 407). Das ist etwas unvermeidlich Menschliches, aber a posteriori gesehen ist diese Welt eine falsche (vgl. V, 178).

Doch, so sinnt Hauptmann weiter, ist sie darum absolut wertlos? Das kann sie doch kaum sein, wenn das Mythenbilden so wesentlich zum Existenzmodus des Menschen hinzugehört. So ist die moderne Mythenforschung denn ja auch zu der Einsicht gekommen, daß mythische Vorstellungen zwar objektiv, wissenschaftlich unrichtig sind, nichtsdestoweniger aber einen gewissen Wert und Wahrheitsgehalt besitzen, der jedoch gerade innig verbunden ist mit der im technischen Zeitalter vermeintlich antiquierten Bildsprache des Mythos. Auch „uns" habe der Mythos also noch etwas zu sagen. Und wäre es *nicht* so, wie könnte denn das Mythische statt nur primitivzeitliche Denkstufe noch in der Gegenwart eine lebendige Kraft sein? In der Tat finden sich bei Hauptmann eine ganze Reihe Äußerungen über die positive Bedeutung des Mythos. Einige, periphere, klingen ganz nach Nietzsches Auffassung von der lebenspraktischen Brauchbarkeit der Illusion oder gar nach Vaihingers gemütlich-gefälligem Fiktionalismus: „Welche große Wahrheit hat nicht Unheil angestiftet in den Köpfen der Menschen? Welche große Lüge hat nicht Segen gebracht?" Zwar heißt es auch weiter: „Wahn ist wichtiger für uns Menschen als Wahrheit" (383), und im *Neuen Christophorus* taucht am Rande der weiterführende Gedanke auf, daß Fruchtbare am Mythos sei, daß er geistiges Leben in einer von unerklärlichen Gewalten umgebenen Welt in würdiger Form möglich mache. Hinter solchen Einsichten lauert der Nihilismus, dem Hauptmann gerade darum immer wieder nahekommen muß, weil, wie wir bemerkten, sein Welt-Bild immer wieder neu gewonnen und vollzogen werden muß. Aber verfallen ist er ihm nicht. Wenn man etwa im gleichen Zusammenhang liest: „Der Denktraum ist höchste menschliche Kraft, Bedingung höchsten menschlichen Adels, in seinen höchsten Auswirkungen *Gotteswort*"

(383), so deutet sich schon *mehr* an als der Lebenswert der Täuschung. Man spürte ja bereits vorher: der bloße Begriff der Illusion setzte in Hauptmanns Äußerungen immer schon den der Wahrheit voraus, denn er wurde noch *nicht* unter der Voraussetzung gebraucht, daß Illusion nur ein anderes Wort für Wahrheit ist, d.h. Wahrheit keine erreichbare Realität und Erkenntnis nur die anmaßliche Forderung des Naiven ist. „Außer dem Begriff der Wahrheit", sagt Hauptmann entsprechend an anderer Stelle, hätten wir nichts vom Verständnis der Illusion (393). Was garantiert nun aber, daß dieser Begriff der Wahrheit nicht einfach wieder eine neue Illusion ist, die als solche eben noch nicht durchschaut wird? Genauer: Welche Art ist die Wahrheit des Mythos, jene Wahrheit, die Hauptmann offenbar für durch den Mythos und im Mythos faßbar hält?

Hauptmanns Antwort, soweit wir sie aus Bemerkungen und Werken erschließen können, ist: Es kommt zunächst überhaupt nicht darauf an, nach einem, *dem* d.h. dem „wahren" Mythos zu fahnden. Entscheidend ist vielmehr, das Wesen der Mythenbildung und des Mythenglaubens zu *verstehen*. Kurz gesagt, ist das die Selbstvergewisserung des Menschen in seiner Welt. Diese aber ist für Hauptmann immer nichts geringeres als das All, die Unendlichkeit; wie Friedrich von Kammacher fängt er in seinem Weltbild also da an, „wo Schopenhauer das Loch gelassen hat" (VII, 287), und der Mensch bestimmt sich für ihn erst in der Erfahrung jenes Bodenlosen, Unsagbaren, das sich dem erkennenden Zugriff auf immer entzieht. Als „ins Geheimnis mitten hineingestellt" kennzeichnet Hauptmann z.B. in einer späten Mediation die menschliche Grundverfassung (XV, 3), aber auch sonst finden sich vielfach z.T. bis zur Wörtlichkeit ähnliche Formulierungen. Dabei kann dieses Geheimnis bald mehr als ein beglückendes „Wunder" (XVII, 317), ja, als „Wollust" (XVII, 404) empfunden werden, bald als „das Grauen der Abgründe, in die wir hineingeboren sind" (XII, 106). Und wenn Hauptmann einmal den nach seinen Voraussetzungen völlig undenkbaren Gegenfall, ein absolut a-mythisches Lebensbewußtsein, konstruiert und es als ein Existieren „nur durch sich und für sich" (*NC*, 381) bezeichnet, so wird noch unmißverständlicher, was gemeint ist: Mythisches Denken ist Ausdruck einer menschlichen Grenzerfahrung, Ausdruck des Erlebnisses des Transhumanen, der Transzendenz, des Umgreifenden, kurz der menschlichen Grenze, sei es im erkenntnistheoretischen oder allgemeiner im lebensmäßig konkreten Sinn. Beidesfalls ist sie conditio hominis. Das ist es, was Hauptmann schon als Kind in den kosmischen Träumen erlebt, das ist auch, was Till Eulenspiegel in dem großen Epos

34

im Abenteuer des Kentaurenritts erfährt, in seiner Weltraumfahrt bis an jene kosmischen Grenzpunkte, von wo aus eben nur noch die absolut nicht faßbare grenzenlose Erstreckung des Seins, die ewige Unwißbarkeit des Metakosmischen erkennbar wird. Das gleiche wird in dem Schiffbruchroman *Atlantis* Hauptmanns Double Friedrich von Kammacher bewußt, dem sich das Meer symbolisch erhöht zur Chiffre des gleichen Umgreifenden:

Der Mensch ist dem Unerforschlichen immer allein gegenübergestellt: das gibt ihm die Empfindung von Größe zugleich mit der Verlassenheit ... Da draußen im Meer und über dem Meer webte das Grauen der Einsamkeiten, darin der Mensch, der alles sieht, ein Ungekannter, Ungesehener, von Gott und Welt Verlassener bleibt ... der Mensch, dieses insektenhafte Gebilde, dessen Sinnesapparat und dessen Geist ihn gerade nur zur Erkenntnis seiner ungeheuren Verlassenheit im Weltall befähigt.

(VII, 202, 274)

Aus Stellen wie dieser wird schon deutlich, wie solches Erleben, das Hauptmann als für die Erkenntnis des Menschlichen wesentlich ansieht, in den Nihilismus führen kann; so ist denn auch Kammacher wenigstens zeitweise von dem Eindruck überwältigt: der Mensch ist Spielzeug „unsichtbarer Machthaber" (234), es herrscht der „stumpfe Unsinn", kein Gott, nur „blindzerstörende, taube und stumme Mächte" sind am Werk, „Mächte des Abgrunds" und auch andere, die antinomisch zu ihnen gestellt sind — und der Mensch ist ihrem Konflikt als Leidender ausgesetzt (301, 261, 410). Als Tragiker ist Hauptmann natürlich mit solchem Erleben der menschlichen Grenze durchaus vertraut, aber den Schritt zum Nihilismus unternimmt er auch von hier aus nicht; denn zwar ist es Nichtigkeit, die dem Menschen in solchen Grenzerfahrungen bewußt wird, aber es ist, wie im Falle Hiobs, der Hauptmann als Sinnfigur, als repräsentativ für die Situation des Menschen gilt, eher eine „Nichtigkeit vor Gott" (XII, 245). Auch im zeitlichen Sinne ist dieses überall zugrunde liegende Unendlichkeitserlebnis zu fassen, nämlich als Verständnis des Einzellebens als eines kurzen Intervalls zwischen unendlichem Sein vor der Geburt und unabsehbarem Sein nach dem Tode, und so gewinnt es eine weitere Bedeutungsschattierung, die besonders im *Neuen Christophorus* stark betont ist:

Die inneren Sinne, die hier in Kraft traten, ... ließen es nicht mehr zu, daß irgend etwas, scheinbar auch ganz Reales, ganz Gegenwärtiges voraussetzungslos ... betrachtet wurde. Die Wirklichkeit des eigenen Lebens nun noch herauszuschälen, nachdem der Mystagog ... Reales und Irreales verbunden, das Vor und

Nach der Geburt zur Einheit gestaltet hat, ist ein Ding der Unmöglichkeit. Und so sind wir, die strenge Forschung nicht ausgenommen, nolens volens alle in den großen Mythos des Daseins hineingestellt. Nun sind wir, geistig genommen, nicht mehr zehn, zwanzig, dreißig oder siebzig Jahre alt, sondern tausend, zehn-, ja hunderttausend, ja wir werden mit der Erdgeschichte der Herren Geologen Millionen von Jahren alt. Mit der Astronomie noch unendlich viel älter. Auch damit haben wir kein Genügen und beschenken uns mit der Ewigkeit (377f.).

Wenn Hauptmann aber in diesem Absatz gleich fortfährt mit der Bemerkung, dies sei das „mystische Wesen" des Menschen, das den Mythos notwendig erzeuge, so zeichnet sich das Wesen des Mythos bereits klar ab. Mythos ist zwar nicht die totale Erkenntnis im Unendlichkeitserlebnis (die wurde ja ausdrücklich als unmöglich bezeichnet), sondern eine Orientierungsgeste in diesem „Chaos", die dem Menschen Welt und „Kosmos" schafft (V, 192, 217). Mythos ist somit in der bezeichneten Situation eine geradezu unwillkürlich sich ins Werk setzende bildlich-gestalthafte oder auch schon fabelmäßig ausgeführtere Abbreviatur der Erfahrung dessen, was sich dem erkennenden, auch dem verstehenden Zugriff immer entzieht (V, 102). Als Symbol (noch nicht Mythos) dessen stellt sich Hauptmann gelegentlich das Phänomen des „grünen Strahls" ein. Aber vor allem hat er die Geburt des *Mythos* aus solchem Bewußtwerden des Ausgesetztseins des Menschen an das Unendliche immer wieder beschrieben: etwa wie das mythische Nennen sich einstellt im Erlebnis des Meeres oder im Erfahren terrestrischer Elementarkräfte am Kraterrand eines Vulkans (XII, 78, 229). In dem philosophischen Roman *Die Insel der Großen Mutter* geschieht kaum etwas anderes als fortgesetzte Mythenbildung. Ein gutes Beispiel findet sich auch im *Till Eulenspiegel*. Als sich Till auf dem Kentaurenritt ins All die Frage nach dem Geheimnis des Ursprungs alles Lebendigen aufdrängt, wird ihm keine Antwort zuteil, sondern nur ein mythisches Bild: Zeus in Schwanengestalt und Leda, und der weise Kentaur fügt hinzu:

Denke nicht, dieses zu erfahren! Erweiterte Frage
und nicht mehr war dies magische Bild, doch umwittert von
Ahnung. (X, 640)

Selbst die Götter, von denen die Mythen berichten, indem sie das Namenlose, Gestaltlose, Unsagbare in Bild und Handlung fassen, haben natürlich nicht teil an der totalen, der „tiefsten Erkenntnis", am Unendlichen (X, 643), denn sie bevölkern ja nur ein *Zwischenreich*, wie Hauptmann den Raum des Mythischen in seinen späten Schriften zu nennen liebt. Aber *durch* die Götter, wenn der Mensch ihre Gegenwart gestalthaft erlebt wie Hauptmann in Griechenland, geben sich die inkommensurablen „Urmächte" geheimnisvoll magisch kund (V, 170). — Am eindrucksvollsten hat der Dichter aber Ursprung und Sinnbedeutung des Mythos, von dem sein ganzes Schaffen getragen ist, in jenen schönen Worten ausgedrückt, die der Gelehrte im *Weißen Heiland* spricht:

> Manche glauben, was wir wissen,
> das sei das meiste, wenn nicht alles,
> und doch ist's das ganz Geringe.
> Stehn wir an des Wissens Grenze,
> blicken wir mit Götteraugen
> wie von einer schmalen Insel
> in des Urmeers Nacht hinein.
> Das ist mehr als alles Wissen!
> Denn dann heben sich Gesichte,
> Bilder furchtbar und erhaben,
> aus dem eignen Selbst empor.
> Und der alte Berg der Rede
> scheint sich lautlos aufzuschließen
> und aus seinem Feuerabgrund
> heiliges Leuchten auszuspein. (VIII, 479)

Solche mythischen Bilder können nun aber sehr voneinander abweichen; so betonte Hauptmann schon im Anschluß an die vorhin zitierte *Christophorus*-Stelle, „ein solcher (d.h.: ein Mythos) schwebte über Ägypten, ein solcher über dem Griechentum. Und so über Rom . . . Ein solcher auch über dem Mittelalter" (378), dessen christliche Heilslehren Hauptmann also auch als Mythologie versteht.

Das sich relativierende Nach- und Nebeneinander solcher sehr verschiedenen Mythologien scheint nun aber auf den ersten Blick gegen ihre veristische Evidenz zu sprechen, und der Gesprächspartner, Pastor Pavel, wendet denn auch sofort ein, dies sei eben „nur ein Mythos", als gläubigem Christen sei ihm die „einfache Wahrheit" lieber, „einen Mythos als Mythos nehmen", befriedige nicht, wobei mit Mythos offenbar urzeitliche Märchenphantasie gemeint ist. Aber dies Entweder-Oder von Illusion und Wahrheit hat in Wirklichkeit gar nicht statt, wie denn Pavel überhaupt immer die Rolle hat, den Bergpater (Hauptmann) zur Klärung seiner eigenen, entgegengesetzten Ansichten zu bewegen. Denn obwohl der Bergpater um die psychologisch zu erklärenden „anthropomorphischen Reflexe" beim Zustandekommen der „doppelten Welt" weiß, also um das Subjektive des Mythos, weiß er auch, daß psychologische Erklärung über das Wesen der Sache nichts Entscheidendes aussagt, und hält unbedingt an einem Wahrheitsgehalt des Mythischen fest. Die Paradoxie ist also: gerade wenn man, wie der Christ, *einen* „Mythos" als *die* „Wahrheit" schlechthin nimmt, trägt man der vollen Wahrheit des Seins nicht Rechnung, da man seine Unendlichkeit unterschlägt: „Sie haben sich ins Enge gezogen, Herr Pastor, ein für allemal Ihre Welt verkürzt bis nach Christi Geburt" (379). Positiv gewendet lautet die Paradoxie: wer sich „mythischen Kräften" anheimgibt, mythische Weltbilder verschiedner Art trotz ihrer gegenseitigen Relativierung gelten läßt, indem er eben *nicht* eine ein für allemal wahre Maxime daraus abstrahiert, dem werden „Erkenntnisse höherer Art" zuteil (387). Wie ist diese Paradoxie der Wahrheit des Mythos zu erklären? Erkenntnisse „höherer Art" werden verheißen, das heißt: sie entziehen sich logisch-rationaler Nachprüfbarkeit und Formulierbarkeit. Ja, Gerhart Hauptmann schreckt nicht vor dem scheinbar absurden Extrem zurück, daß er sagt: „wäre es ein Irrtum in plumper Realität, so wäre es doch im Geiste keiner" (387). Und weiter:

Lassen wir uns doch die fruchtbare Trübe, die um solcherlei mythische Dinge schwebt, nicht anfechten! Pochen wir auch nicht, wie auf das Zweimaleins ist zwei, mit eigensinniger Rechthaberei auf sie! Es ist auch nicht nötig, sie nackt zu predigen; denn sie haben im Grunde keine Übertragbarkeit. Sie müssen sich intuitiv im Inneren gebären! (387)

Mit dieser Formulierung scheint wieder alles ins Ungreifliche und Unverbindliche, wenn nicht gar abstrus Okkulte zu verschweben. Aber das ist nur Schwäche der Formulierung. Keineswegs will Hauptmann nämlich hier das Schopenhauersche Argument erneuern, das er sich in den Gesprächen mit Chapiro zu eigen gemacht hatte, demzufolge der „metaphysische Trieb", wie er sich gewiß im Mythenschaffen betätigt, der „Beweis" dafür sei, „daß wir die Substanz der Unsterblichkeit in uns tragen" (199). Die Wahrheit des Mythos ist eine andere. Sie hängt eng zusammen mit der Besonderheit seiner „Sprache": Als Ausdruck der Erfahrung der menschlichen Grenze unternimmt er die Gestaltung von Gestaltlosem, das Bannen des jenseits allem menschlichen Zugriff Liegenden, — das ist aber von vornherein ein unmögliches Unterfangen, denn Hauptmann ist überzeugt, daß „das Gestaltlose des Göttlichen nicht durch Gestaltetes wiederzugeben sei" (*NC*, 397). Trotzdem aber ist ihm gewiß: der Mensch kann sich des „Geheimnisses" nur im Gestalten, im

Mythenbilden, vergewissern, und nur im Gestalteten, im Mythos, kann es sagbar, unverlierbar und damit eigentlich *wirklich* werden. Das ist es, was der Bergpater meint, wenn er sagt, in religiösen Dingen gehe es ohne Vermenschlichung nicht ab (399), denn „Vorstellbarkeit ist . . . das wesentliche Glück menschlicher Erkenntnis . . . Wir können irdische Götter nicht entbehren . . .“ (V, 168); „Erkennen ist Sehen an sich und nichts weiter“ (X, 428). Hauptmanns großer religiöser Roman *Der Narr in Christo Emanuel Quint* stellt von hier aus gesehen die Tragödie der Unmöglichkeit des a-mythischen Verhaltens dar, denn daß Quints gegen jede sinnliche Konkretisierung gerichtete These „Gott ist Geist“ zum Scheitern am Bild- und Gestaltwollen der menschlichen Natur verurteilt ist, das macht den geheimen Angelpunkt des Buches aus. Der Mensch bedarf also des Mythischen und der Dichtung. Selbst ein theologischer Fachmann auf diesem Gebiet, der Kirchenvater Dionysius Areopagita, bemerkt Hauptmann durch den Mund des Bergpaters, konnte nicht umhin, Gestalten des Göttlichen zu bilden, nämlich die himmlische Hierarchie mit den Engeln usw., obwohl er das Göttliche ausdrücklich „allen körperlichen Seins und aller Formen entkleidet“ hatte. „Es wird fortgesetzt materialisiert“ (398).

Jetzt versteht man, warum den Pater das Vorhandensein so vieler und so verschiedener Mythen unbesorgt läßt, obwohl es ihm um „Wahrheit“ geht. Die Lösung ist in dem bereits erwähnten Hauptmann-Wort von der Vielgestaltigkeit der Wahrheit beschlossen. Beides ist dabei voll zu betonen: Wahrheit und ihr verschiedenes Zurhandsein. „So viele Gedanken über Gott! Warum nicht auch zahllose Bilder von Gott“ lautet eine ähnliche Bemerkung (XVII, 407), die das stärker klärt: Bilder von Gott — das sind wesentlich Mythen, Erzählungen von Göttern, die objektiv, wissenschaftlich falsch sein mögen, ja es ohne Fragen sind, wie das strenggenommen schon in der Natur des Bildes und der Vorstellung liegt, aber Hauptmann läßt keinen Zweifel daran, daß es um „*Gott*“ seine Wahrheit hat, und das auch dann noch, wenn man, wie logisch, den Ausdruck Gott selbst wieder als mythische Figuration für letztlich Seiendes, die Transzendenz auffaßt. Denn verfügbar ist die Wahrheit des Seins nur in solchen gestaltenden Orientierungsgesten des Menschen als Antwort auf das unendliche All, in das er hineingestellt ist. Und der Mythos hat seinen Wahrheitsgehalt genau darin, daß er Bildwerdung und Wortfassung des Erlebnisses jener menschlichen Grenze (Transzendenz, Gott, letzte Weltkräfte) ist, ohne das der Mensch sich nicht voll realisiert. Solche mythische Chiffre der Wahrheit ist objektiv und subjektiv zugleich, weil die Grenze, die eine objektive, existentielle Realität ist, an der sich der Mensch de-finiert, nur je subjektiv erfahren werden kann. Anders ausgedrückt: im Mythos tut sich im Gestalthaften, das je individuell ist, doch Wahrheit des Seins kund, die entsprechend auch im Aufnehmenden nicht als empirische, sondern nur als je existentielle erfahren werden kann. Darum ist Mythos auch keine Angelegenheit einer historischen Entwicklungsstufe der Menschheit, und so wird das beständige Fortleben des Mythos zu allen Zeiten und in allen Kulturen dem Bergpater direkt „Beweis" jenes Göttlichen, in dem sich das Menschliche vollendet (403). Gerade durch die Bildwelt der Mythen, in der er lebt wie kein anderer, lebt er, lebt auch Hauptmann in Wirklichkeit „hinter Göttern und Gott, im Unendlichen, aber zuweilen auch hinter ihm" (407) — hinter dem Unendlichen, damit will er sagen: sofern auch diese Formulierung für das, was jenseits des mythischen Bildes, jenseits des „Zwischenbereichs" des Mythos ist, noch von sprachbedingter konkretisierender Vorstellungsweise behaftet und insofern ihrerseits wieder Mythos ist. Das überzeugt sogar den orthodox protestantischen Pfarrer Pavel, der schließlich bekennt, er spüre die Nähe des Göttlichen nicht nur vor der Pietà des Michelangelo, sondern auch bei der Betrachtung der Marmorbilder in den Giebelfeldern des Apollontempels zu Olympia (405).

Von hier aus wird noch zweierlei einsichtig. Einmal Hauptmanns Vorliebe für die *Mythensynthese*, in der durch Ausfilterung des Peripheren auf die geheime Identität des Wesentlichen und weiter auf ein höheres tertium, das die Bildebene im Sprachlosen durchbricht, verwiesen zu werden scheint.

Und zweitens: was ist für Hauptmann das *dichterische Werk* anderes als Mythos, den der Künstler teils schafft, teils erneuert aus der Kraft des eigenen gesteigerten Welterlebens? Das Wort Nietzsches über den Mythos scheint gerade auf einen Dichter wie Hauptmann und sein (oben beschriebenes) Verfahren gemünzt: „Dem Mythos liegt nicht ein Gedanke zugrunde, ... sondern er selber ist ein Denken; er teilt eine Vorstellung von der Welt mit, aber in der Abfolge von Vorgängen, Handlungen und Leiden." Die *Künstler* überzeugen denn im *Neuen Christophorus* auch den Geistlichen, der griechische Bildhauer und der nachantike. Expressis verbis steht denn auch im gleichen Roman: in Kunst und Dichtung sei „die mythenbildende Kraft noch da" (366; vgl. V, 167). Mit den Worten eines modernen Mythenforschers:

Wenn der große Dichter spricht, dann rührt auch die Spätgeborenen noch etwas von der Seinsoffenbarung des alten Mythos an, und wir werden in einem flüchtigen Augenblick, ohne es selbst zu wissen, Gläubige... Nur weil die Dinge im Grunde ihres Wesens so *sind*, wie der Mythos sie begriffen hat, kann auch die Dichtung noch, als verhüllter Mythos, überzeugend, ja erschütternd auf uns wirken. Die Urzeit... ist in gewisser Weise auch jetzt noch und immer.

In diesem Licht ist auch zu verstehen, was oben über Hauptmanns Auffassung von der Nähe des Dichters zum Göttlichen gesagt wurde. Denn in diesen Zeilen kann man geradezu Hauptmanns, in seinen eigenen Worten etwas hohepriesterlich umnebelte Apologie der Dichtung in geklärterer Form wiederfinden, gleichsam eine „wissenschaftliche" Begründung und Rechtfertigung seines Anspruchs, daß das Weltbild seiner Werke, namentlich dessen Ausweitung ins Übersinnliche, verbindlich und „wahr" sei. Nur in der Dichtung, die wie der Mythos ist, in der bildlich-gestalthaften Abbreviatur spricht er „das große Schweigende", das „Absolute" *„schweigend"* aus, denn *als solches* hat dies wie im Mythos so auch in der Dichtung „keinen Ausdruck" (XVII, 433). Auch dieser Sachverhalt selbst kann im Mythos kündbar werden, und zwar einem, der an die Hauptmann so geläufige Gorgonenvorstellung erinnert:

... Die Macht, die uns will, sie verbirgt uns den Anblick,
eben weil sie uns will: wer möchte ihn auch zu ertragen? (X, 680)

Die Grenze gehört zum Begriff der Dichtung wie des Mythos: „Dichten ist ein großes Erleiden, ... lebendiges Wissen vom Nichtwissen, das einzige wirkliche Wissen, das es gibt" (XV, 26). So ist wahre Dichtung für Hauptmann immer mythisch, die klassische Ästhetik hätte gesagt „symbolisch", sofern auch da die Unausschöpfbarkeit in die Definition aufgenommen ist: „Die Symbolik verwandelt die Erscheinung in die Idee, die Idee in ein Bild, und so, daß die Idee im Bild immer unendlich wirksam und unerreichbar bleibt und, selbst in allen Sprachen ausgesprochen, doch unaussprechlich bliebe." Gerade die erwähnte „Trübe", die Unauslotbarkeit durch das rein Abstraktive, die Bezogenheit auf das Intuitive verleiht der Dichtung für Hauptmann einen höheren geistigen Rang, als der Wissenschaft zukommt, da sie diese allererst anregt und mehr als deren potentielle Ergebnisse in sich birgt. Und wie nach den bisherigen Zitaten die *Vielfalt* der Mythen der Menschheit eine Notwendigkeit war, dergemäß Hauptmann im *Neuen Christophorus* und vorher im *Griechischen Frühling* (V, 166) für seine geschichtliche Weltstunde, wie früher schon Friedrich Schlegel, einen *neuen* Mythos verlangen durfte, so kommt auch dem dichterischen Tun analog nicht nur Würde und Sinn, sondern auch trotz des auch noch so großen je vorfindlichen Bestands an Dichtung eine unabsehbare *Zukunft* und immerwährende Aktualität zu: Mögen auch Werke, Mythen, überholbar sein, so doch keineswegs die imaginative Kraft, die jene ins Leben ruft. Und auch das ist ein Vorzug des Mythischen, daß jedem dichterischen, mythischen Weltbild als Orientierungshinweis und Erlebnissubstanz *bildende Kraft* innewohnt. An jener zitierten Stelle, wo davon die Rede war, ein Mythos könne in plumper Realität ein Irrtum sein, im Geiste aber Wahrheit, fährt Hauptmann daher fort: „Und das umfassende Wesen, das (der Geist) mit (einer mythischen Vorstellung) gewinnt, ist eben nur durch (sie) zu erreichen" (387). Von Mythos zu Mythos hat sich die Menschheit so vom tiernahen Urzustand zum Menschsein emporentwickelt, zu immer höherem Geistesleben (V, 161), und der selbst mythenschöpferische Pater Christophorus sagt in diesem Zusammenhang: „Nein, ich gebe die Hoffnung nicht auf, daß wir noch einmal zu Göttern werden, da wir doch in Jahrmillionen, die hinter uns liegen, zu Menschen geworden sind" (408), und ähnlich, im Protest gegen die a-mythische Seinsweise des „wahrheits"bedürftigen Orthodoxen: „Ich lege die Hände nicht in den Schoß im Gedanken, daß die Menschenerlösung vor zirka zweitausend Jahren schon geschehen ist. Sie ist bis heute noch nicht geschehen" (379). Durch seinen eigenen „neuen" Mythos von der Wiedergeburt des Gotteskindes, in dem er selbst als „der neue Christophorus" figuriert, unternimmt er einen Schritt in diese Richtung, oder vielmehr unternimmt ihn eigentlich sein Schöpfer: Gerhart Hauptmann selbst, der — 1942 — in die düstere Zukunft blickt und, in diesem Mythos, über sie hinaus. Erst in solchem Verständnis des Mythos erfüllt sich für Hauptmann die Apologie der Dichtung.

Blicken wir zurück auf diesen Gedankengang, so ist überraschend, wie sehr sich Hauptmann in seinen Einsichten mit den Ergebnissen der modernen Mythenforschung berührt. Daß Mythos eine wesentliche Seinserkenntnis enthält, die mehr ist als primitivzeitliche und also überholte Welterfahrung und damit auch niemals in gleicher Tiefe und Vollständigkeit im Medium der Ratio und Abstraktion ausgedrückt werden kann, daß es eine höhere Realität ist, die im Mythos erlebbar wird, indem nämlich Mythos nur aus der Erfahrung der menschlichen Grenze, aus der Begegnung mit den „Urmächten" erwächst, daß die Wahrheit des Seins, die im Mythos gestalthaft gegenwärtig ist, immer über sich hinaus ins Gestaltlose zurückweist, in dem der Mystiker zu Hause ist, daß es dem Menschen *wesensnotwendig* ist, in der Geste des Mythos über sich hinauszugreifen, daß vom Mythos eine schöpferische, bildende Kraft ausgeht, daß Mythen sich nur gegenseitig interpretieren, daß schließlich der Mythos in der Dichtung ein Analogon besitzt — all das (was der Romantik schon geläufig war) hat uns die moderne Forschung erneut zu Bewußtsein gebracht. Modernes Denken, das auch dort, wo es nicht spezifisch auf den Mythos gerichtet ist, wie sonst selten auf die „Grenze" bezogen ist, einerseits und dichterische Intuition andererseits sind sich, scheint es, spontan nahegekommen und haben sich im Mythischen gefunden, — genau wie Friedrich Schlegel es bereits 1800 voraussehen zu können glaubte. Hierzu stimmt es auch, daß sich Mythenforschung (W. F. Otto) und Philosophie (Heidegger) gerade in unserem Jahrhundert auf die Dichtung zurückbeziehen. Und dabei wird Dichtung nicht auf einen philosophischen Gehalt, eine Idee hin angesehen, sondern gerade als eigener Zugang zur Wirklichkeit gewertet, wie das ja auch in Hauptmanns Meditationen über Dichtung und Mythos impliziert ist. Fast hat es den Anschein, als sei in der Dichtung, die dieser Weise „auf der Höhe der Zeit" ist, das „unendliche Bewußtsein", von dem Kleist im Aufsatz über das Marionettentheater sprach, kündbar geworden.

Ein Wort der Beruhigung zum Schluß. Nach dem Bisherigen könnte man befürchten, im folgenden von Hauptmann als einem Künder kosmischer Visionen zu hören, von kosmologischen Mythologemen und poetischen Weltraumspekulationen. Doch der Anschein trügt, *so* ist das Welt-Bild nicht zu verstehen. Denn wohl ist Hauptmanns Dichten grundsätzlich von jenem Bezug zum Unendlichen und der Grenze her zu verstehen, von dem, was „jenseits der Grenze der Sprache, jenseits der Vorstellungswelt und ebenso jenseits alles Begreifbaren" liegt, und wohl verläßt er sich als Dichter entscheidend auf die „Ahnung", die allein „den möglichen Grad und Abglanz eines Wissens davon" hat (XV, 17), doch seine Blickrichtung ist immer dem *Menschen* zugewandt und ihm allein. Und das ist kein Widerspruch, denn die Grenze hat für ihn nur darum Bedeutung, weil sich nur an ihr und von ihr aus die Natur des Menschen nach Wesen und Sinn bestimmt. Oder umgekehrt: indem Hauptmanns Interesse letztlich nur auf den Menschen gerichtet ist, bekommt er ihn vornehmlich sub specie aeterni in den Blick. So kann er denn auch an der eben zitierten Stelle über die „Grenze" gleich fortfahren, die „höchste menschliche Aufgabe", und besonders natürlich die des Dichters sei „*trotzdem*" die Selbsterkenntnis, Menschenkenntnis also, denn die „schließt jede Art von Erkenntnis ein", „. . . der Mensch, gibt es ein höheres Studium, . . . eine höhere Aufgabe?" (*NC*, 409).

Damit hat sich der Kreis geschlossen: wir sind zurückgekommen auf das Menschenbildnerische im dichterischen Verfahren und sein zunächst Fragloses hat im Laufe unseres Gedankengangs die tiefe Sanktion erhalten, der es bedarf und würdig ist. So haben wir einen Standort gewonnen, von dem aus Gerhart Hauptmanns Werk gesehen und gewertet werden kann.

VORSPIELE: BIS ZUM WELTERFOLG VON 1889

Das Jahr der Uraufführung von *Vor Sonnenaufgang*, das unsere Betrachtung zum Ausgang nahm, markiert den Beginn von Gerhart Hauptmanns umstrittenem Ruhm, nicht aber den seiner dichterischen Karriere. Doch hat das Werk aus der Zeit vor 1889 mit Ausnahme der Novellen so ausgeprägt lehrlingshaften Charakter, daß es sich empfiehlt, schnell darüber hinwegzugehen und erst dem Dichter der späten achtziger Jahre volle Aufmerksamkeit zu schenken. Gewiß man hat recht, wenn man betont, schon in den Pennälerpoesien und studentischen Reimereien klängen Motive an, die erst im späteren Hauptmann zur vollen Entfaltung gelangen: das Gerechtigkeitspathos etwa, das Mitgefühl für die Erniedrigten und Beleidigten, auch das Höhen- und Lichtmotiv, der Zug zum Hirtenromantischen und zu den religiösen Grübeleien, die Vorliebe für den passiv-hamletischen Helden und, wenn es denn sein muß, auch bereits ein fast drei Generationen später erschienenes Drama; der spekulativen Spitzfindigkeit sind da kaum Grenzen gesetzt. Weit überraschender ist aber, daß diese frühen Dichtungen, soweit sie uns erhalten sind, kaum ein Anzeichen dafür geben, daß ihr Verfasser einmal ein bedeutender Mann der Feder werden könne. Denn der da spricht in diesen Gedichten und Dramen, die man bis in die frühe Breslauer Realschulzeit zurückverfolgen kann (1875), vermag nur sehr linkisch mit der deutschen Sprache umzugehen, läßt es sich aber andererseits echt anfängerhaft nicht nehmen, mit denkbar großer formaler Vielseitigkeit zu experimentieren und auch sonst seinem Ehrgeiz die Zügeln schießen zu lassen. Wie zu erwarten, kam dabei allenfalls Unselbständiges, Imitatives heraus, das sich vermutlich nicht von dem unterscheidet, was jeder einmal in seinen Schüler- und Studentenjahren „gedichtet" und nach dem Examen verbrannt hat. Coopersche Indianerromantik, mondbeglänzte Zaubernacht, Verherrlichung der germanischen Frühzeit nach Jordan und Dahn, Weltschmerzlertum als modische Mache, konventionelle Poesiealbenverse, Nachahmungen Kellers, Kerners, Bürgers, Heines, Schillers — es ist alles da.

Recht gut aber paßt zum Geist der wilhelminischen Ära der gründerzeitlichen Saturierung des Bürgertums außer der Schmuckpoesie auch die teils fragmentarische, teils fragmentarisch erhaltene Heroendramatik jener Jahre, deren monumentaler Vorwurf und pathetisch-deklamatorischer Redestil sich allem Anschein nach im Banne Wildenbruchs und Wilbrandts bewegen: *Ingeborg* (nach Tegnér, 1879), *Falkner* (1880), *Konradin* (1880), *Athalarich* (1880), *Das Erbe des Tiberius* (1884), vor allem aber das Blankversdrama *Germanen und Römer* aus der Breslauer Kunstschulzeit (1881—82). Dies ist aus einem von Wilhelm Jordans patriotischer Vorzeitromantik angeregten unvollendeten Stabreimepos, dem *Hermannslied* (1879—1881), hervorgegangen; die Schlacht im Teutoburger Wald bildet seinen Handlungshintergrund. Diesem (noch unveröffentlichten) Stück hat Hauptmann offenbar unter allen frühen Dramen das größte Interesse entgegengebracht, und es gilt als das bedeutendste. Der Stoff faszinierte ihn noch in der römischen Bildhauerzeit (1884), in der sein Hauptwerk die Kolossalfigur des Cheruskerhäuptlings war, „wie er von den Höhen eines Berges mit geschwungenem Speer gegen die Kohorten des Varus zu Tale stürmt", und daß Hauptmann gerade diesen Stoff aufgriff, ist durchaus nicht überraschend, da es bei der patriotischen Hochstimmung im ersten Jahrzehnt nach der deutschen Reichsgründung geradezu Mode geworden war, Arminius als den Befreier und Einiger Deutschlands zu feiern und in ihm eine Art germanischen Bismarck zu sehen. Doch nach den Berichten der Kenner zu urteilen, tritt dieser Zug bei Hauptmann denn doch recht in den Hintergrund. Was ihn interessiert, ist mehr die menschliche Problematik, die sich aus der Situation des Kampfes um die nationale Selbstbefreiung ergibt: der Konflikt in Hermann selbst, der um des Wohls seines Volkes willen seinen väterlichen Freund Varus hintergehen muß, und auf der Gegenseite dann noch der Zwiespalt in dem jungen römischen Dichter Severus, der mit dem Herzen bei den Germanen ist und sich schließlich auch zu denen schlägt, „die Unrecht leiden". So sehr sich in solchen originellen Zügen schon der spätere Menschengestalter ankündigt, ist das Stück als Ganzes mit seiner schwerfälligen, episodisk verworrenen Handlungsführung und rhetorischen, ja schwülstigen Überladung doch das Werk eines unbeholfenen Anfängers, das sich nicht über das Niveau der schwertrasselnden Populärdramatik der siebziger und frühen achtziger Jahre erhebt.

Kaum Besseres läßt sich über die Lyrik sagen, der wir auch das kleine allegorische Festspiel *Liebesfrühling* zurechnen wollen, das der Neunzehnjährige für die Hochzeitsfeier seines ältesten Bruders, Georg, schrieb. Sie liegt uns vor allem in zwei Büchern vor, deren Veröffentlichungsschicksale unter keinem guten Stern standen: in dem byronisierenden Stanzenepos *Promethidenlos*, das Hauptmann zurückzog, kaum daß es erschienen war (1885), und im *Bunten Buch*, das eigentlich überhaupt nicht erschien, da der Verleger kurz vor Abschluß der Drucklegung Konkurs machte (1888), so daß die wenigen Exemplare außerhalb des Freundeskreises nie recht bekannt wurden, bis 1924 jedenfalls, als dann ein Privatdruck herauskam. Beide eröffnen jetzt aber die Ausgabe letzter Hand, wurden mithin vom Autor als der gültige Beginn seiner literarischen Laufbahn angesehen, was der Historiker gern bestätigt, indem er hier Keime des Späteren freilegt, die für die künstlerische Entwicklung des Dichters interessant sind. Nichtsdestoweniger darf man aber im Zweifel bleiben, ob er sich nicht selbst geschadet hat, indem er diese halbvergessenen Jugendwerke wieder ans Licht der Öffentlichkeit zerrte. Denn sein lyrisches Talent ist gering und ist es zeitlebens geblieben. Ferner stellte die Formbestimmtheit der gewählten lyrischen Strukturen Ansprüche an Wendigkeit der Diktion und Beherrschung der klanglich-rhythmischen Nuance der Sprache, denen Hauptmann einfach nicht gewachsen war. So fällt er im höchsten Schillerschen Schwung unversehens immer wieder in prosaische Plattheiten oder geschmacklose Drastik, füllt die Zeilen notdürftig mit Spreu, nachdem das Reimwort glücklich gefunden ist, und schreckt auch vor einem gelegentlichen Kalauer (I, 83) nicht zurück; er forciert und verschränkt die Bildlichkeit bis sie sich völlig verwirrt, das Vokabular wimmelt von konventionellen Klischees und den phrasenhaften Requisiten des Bildungsprotzes und was dergleichen Anfängerstilzüge mehr ist.

Besonders gilt das natürlich vom *Promethidenlos*, in dem Hauptmann Erinnerungen an seine Mittelmeerreise des Jahres 1883 poetisiert. Karl Bleibtreu hatte keine Bedenken, es in der *Revolution der Literatur* (2. Aufl. 1886, xxxiv) über den grünen Klee zu loben: „an Größe der Konzeption, Adel und Schwung der Sprache" überrage es „das verkrüppelte Knieholz der üblichen Poetasterei titanenhaft". Titanenhaft — das stimmt gewiß. Denn sofern wir in diesen Versreihen Hauptmanns einzigen größeren Versuch im Genre der Ideendichtung vor uns haben, läßt sich der intendierte Gehalt treffend so beschreiben, wenn man allerdings zugleich im Auge behält, daß es dem Dichter um das *scheiternde* Titanentum zu tun ist. Das ist schon gleich aus dem Titel zu entnehmen: den

Ausdruck „Promethide" hatte Siegfried Lipiner 1876 in seinem Epos *Der Entfesselte Prometheus* für die Kinder des Prometheus geprägt, dekadente Ästheten, denen im Gegensatz zu Prometheus, wie Hauptmann ihn durch Aeschylos kennengelernt hatte, der idealistische Reformwille in der eigenen Schwäche versandet. Hauptmann kannte dieses Werk, verließ sich in der Ausgestaltung seines eigenen Epos aber ganz auf die eigenen Erlebnisse in den Mittelmeerländern, und die berühren nicht die malerischen Reize des Südens, im Gegenteil: Die Verkommenheit der Menschen, ihr Elend und ihr Leid entflammt den Dichter zu jugendlich kämpferischer Begeisterung „für Wahrheit und für Licht", wie es in der Widmung an seinen Jenaer Weltbeglückerkreis heißt. Zum Erlöser mit menschheitlicher Mission fühlt er sich angesichts der Leidverfallenheit alles Lebens berufen, und damit wirft er einen langen Schatten voraus auf die Erlösergestalten, die in Hauptmanns Werk immer wiederkehren. Doch das in solchem Sendungsbewußtsein implizierte Weltbild wird im *Promethidenlos* gerade in seiner Problematik gesehen. Denn zwar erfährt Selin, wie der halbmythische Held heißt, wie fast alle Hauptmannsche Tragödienhelden in der Tiefe des Leids den Kairos, in dem sich ihm eine höhere Seinssphäre offenbart:

> Nun aber war ein neuer Gott mit Prangen
> Ins Heiligtum der Brust ihm eingegangen.
> Aus Lasterfluten, die an ihm zerstoben,
> Hat er den neuen Gott herausgehoben. (I, 42)

Den Gott aber nennt er

> Den Gott der Wahrheit oder Gott der Tugend,
> Den Gott der Sitte oder Gott der Jugend, ...
> Den Gott des Mitleids oder Gott der Liebe. (45)

Indem jedoch der Gott so nicht der rätselvolle deus absconditus des Mystikers ist, wie er später das Weltbild des Dichters bestimmt, sondern eine bildungsaufklärerisch konstruierte Hypostase moralphilosophischer Wertbegriffe, kann er freilich (auch das im Gegensatz zum verborgenen Gott) den Aufschwung zu sozialreformerischem Kämpfertum im Geiste der optimistischen Zukunftsgläubigkeit des Breslauer und Jenaer Freundeskreises des Dichters gewährleisten. Doch man kann sich nicht verhehlen, daß es um diese Ausweitung des Weltraums in das Göttliche selbst höchst problematisch bestellt ist: ist der Gott in seiner banalen und exakten Wesensbestimmtheit doch nichts weiter als bildliche Konkretion des eigenen Gesinnungspathos. In Wirklichkeit ist Selin keine religiöse Existenz; insgeheim geht sein Gedankenflug in morbider Selbstanalyse denn auch so hoch, daß er sich selbst für den Gott hält, den er der Menschheit bringen will. Man sieht: die Leistung des jungen Hauptmann liegt im *Promethidenlos* darin, daß er in solchem Messiaswahn die Fragwürdigkeit alles dessen erkennt, was den programmatischen Naturalismus jener Jahre beflügelt, denn dessen sozialem Wollen steht Selin grundsätzlich nicht fern. So läßt Hauptmann seinen Promethiden scheitern: am eigenen Übermaß nicht nur, sondern auch an der entgötterten Welt, der der enttäuschte Idealist verfällt, als er erkennt, daß er die Götter, unter die er zu gehen glaubt, selbst geschaffen hat. In bodenloser Desillusion stürzt sich der Dichter und Sänger Selin ins Meer, nicht in der Gewißheit, dort einen tragenden Seinsgrund zu finden, wie es später bei Gabriel Schilling sein wird, sondern in bloßer Verneinung: „über Menschenliebe und Weltschmerz hinaus zur Weltflucht" (XIV, 761). Das ist die Bahn, die der Promethide durchläuft, und für Hauptmann ergibt sich daraus, obwohl er sich in Selin selbst dargestellt hat, die brennende Notwendigkeit, sich, auf sich selbst zurückgeworfen, seiner Welt von neuem zu vergewissern.

Das geschieht im *Bunten Buch*, der nächsten „Veröffentlichung", noch kaum. Hier ist vielmehr ein Großteil der Gedichte der achtziger Jahre zusammengestellt, ohne dem Anspruch auf weltanschauliche Klärung Rechnung zu tragen, Stimmungslyrik in traditionellen Strophenformen und manchmal schon recht gelungen überwiegt, und zwar sind es die trüben, herbstlichen, todesumdüsterten Stimmungen, die hier vorherrschen. „Alles will zusammenstimmen in einen einzgen Sterbelaut" (I, 111). In Anbetracht der berührten weltanschaulichen Frustration, der verzweifelten, doch immer wieder vergeblichen Suche nach einem Halt, ist solche Schwermut wohl nicht als Zufall zu verstehen. So kehrt denn auch das Selbstmördermotiv wiederholt wieder. Doch vor solchem Stimmungshintergrund ist diese Gedichtsammlung von einer eigentümlichen geistigen Dialektik bestimmt, die zugleich die Signatur ihres Welt- und Menschenbilds ausmacht. „Das Weltweh ist die Wurzel der Himmelssehnsucht" (85), heißt es gleich in dem einleitenden Gedicht, das den Topos „Wie eine Windesharfe sei deine Seele, Dichter" abwandelt. Jene Worte sind gewissermaßen Programm. Dem Weltweh gibt Hauptmann in manchen, allerdings im Gesamt fast verschwindenden Gedichten in einer Weise Ausdruck, daß man sich an die *Modernen Dichtercharaktere* erinnert fühlt, von denen Hauptmann auch in der Tat behauptet hat, sie seien eine Zeitlang Geist von seinem Geist und Fleisch von seinem Fleisch gewesen. Da sind etwa die Verse „Der Wächter" über Leiden und Tod eines der

Mühseligen und Beladenen der modernen Gesellschaft; das Gedicht „Der Nachtzug" (133 ff.) tritt, ähnlich wie, in eine parallele geschichtliche Situation transponiert, die Ballade vom „Tod des Gracchus", direkt mit der Forderung an den Dichter heran, „das Lied, so finster und doch so schön, das Lied von unserm Jahrhundert" zu singen, nämlich das Lied von der sozialen Not und Ungerechtigkeit. Aber charakteristisch ist, daß dieser Ton, der sich dem Dichter auf einer nächtlichen Eisenbahnfahrt unwiderstehlich aufdrängt, in ständiger Spannung steht zu jener anderen Neigung des Reisenden: seinem Sehnen in die Fernwelten der Phantasie, einem Träumen, das ihm die draußen vorbeisausende Landschaft mit Märchengestalten bevölkert. (Und im ganzen „zweiten Teil", in den Sagen und Legenden, ist dann diese Welt lebendig.) Am Schluß des Nachtzug-Gedichtes deutet sich freilich als Möglichkeit an, daß der „Gesang von unserem Jahrhundert" als Zukunftsverheißung vielleicht *zusammenklingt* mit dieser Sehnsuchtsmelodie, „wie Hymnengesänge, bezaubernd mein Ohr, in erdenverklärender Schöne", doch die Gespanntheit zwischen beiden bleibt das wahre Kennzeichen des *Bunten Buches*. Hauptmann sucht den im *Promethidenlos* bezeichneten Tiefpunkt der Verfallenheit an das Leid (das bis ins höchste Alter sein eigentliches Thema bleibt) gleichsam tastend durch die Sehnsucht, die Vorstellung eines übermenschlich Höheren zu überwinden; aber noch bleiben ihm Gültigkeit und Beglaubigung dieses Höheren völlig in jenem Unklaren, wo Illusion und visionäre Realerfahrung sich verwirrend ineinander verschränken. Vor allem in dem für diesen Zusammenhang repräsentativen Gedicht „Die Mondbraut", das, deutlich auf *Hanneles Himmelfahrt* voraufdeutend, von der winternächtlichen Entrückung eines armen leidenden Stiefkindes in eine unbekannte Höhenwelt erzählt, ist diese Frage in der märchenhaften Atmosphäre ganz offen gelassen: das Mädchen wird die Braut „des Schönen am Himmel", doch man findet sie „zerschmettert, verröchelnd im rieselnden Blut" am Fuß einer Föhre: gewiß „auf ewig dem Jammer entflohn", aber, wenn die Frage erlaubt ist: in welchem Sinne? Offen läßt das auch das große Schlußgedicht „Das Märchen vom Steinbild", in dem Hauptmann bereits eine neue dichterische Selbstvergewisserung versucht: er stellt sich dar als einen, der nach den Stürmen der Jugendjahre Frieden im Bewußtsein von etwas Höherem, Unbekanntem gefunden hat:

> Sinnend haftete am Boden
> stets sein Auge oder hob sich
> hoffnungsstrahlend in die Sterne. (188)

Auch hier ist es aber eben nur Hoffnung, und wie ist es zu verstehen, daß er dann „in die Sterne" entschwindet, „Abend war's — und im Gestrüppe / fand man morgens eine Leiche" (189)? Diese Unentschiedenheit weist den Dichter immer wieder auf die melancholischen Stimmungsbilder zurück, die also durchaus sinnvoll den Hintergrund des *Bunten Buches* bilden. Und noch eins ist beachtenswert: die Konsequenz, mit der Hauptmann schon in diesen in die frühste Zeit gehörenden Gedichten zur Orientierung am mythischen Bild Zuflucht nimmt. Der Sonnenmythos geht durch den ganzen Band; mit der Gedichtüberschrift „Ahasver" stellt sich einmal in einer ganz konkret gesehenen Situation der mythische Bezug her; der ganze zweite Teil ist vom Märchen- und Mythenhaften bestimmt und natürlich auch die letztgenannte poetische Selbstvergewisserung, die immer neu um das real-irreale Steinbild einer göttlichen Frau kreist, die alles Hoffen und Sehnen des Erdensohnes verkörpert. Mit diesen Spuren des Mythischen sind wir bereits auf die wertvollsten Werke dieser frühen Jahre verwiesen, auf die beiden Novellen, sofern nämlich hier, trotz aller naturalistischen Oberfläche, die ewige Leidsituation des Menschen im mythischen Bild gestellt und zugleich schon weiter geklärt wird.

Die Erzählung *Fasching*, 1887 in der obskuren Zeitschrift *Siegfried* erschienen, dann verschollen und erst in den zwanziger Jahren wiederentdeckt, hat viel weniger Beachtung gefunden, als ihr als Vorspiel zukommt. Denn tatsächlich kündigt sich der spätere Hauptmann hier schon viel deutlicher an als in dem zwei Jahre später veröffentlichten Drama *Vor Sonnenaufgang*. Der Beginn freilich ist ganz im Kalendergeschichtenstil gehalten und läßt nicht viel erwarten:

Segelmacher Kielblock war seit einem Jahr verheiratet. Er besaß ein hübsches Eigentum am See, Häuschen, Hof, Garten und etwas Land. Im Stall stand eine Kuh, auf dem Hofe tummelten sich gackernde Hühner und schnatternde Gänse. Drei fette Schweine standen im Koben, die im Laufe des Jahres geschlachtet werden sollten. (I, 195)

Doch bestätigen sich die Befürchtungen nicht, die man bei einem solchen Auftakt spürt. Die Fabel, die in der märkischen Landschaft spielt, die Hauptmann um diese Zeit vorübergehend Heimat wurde, ist wie immer bei seinen Erzählungen schnell erzählt: Der junge Segelmacher und seine Frau sind die Lebenslust und Genußsucht in Person, kein Wunder, daß ihre Gedanken immer wieder an dem Geldkasten der steinalten und geldgierigen Großmutter hängen, auf deren Tod sie kaum warten können, denn das wäre „der Höhepunkt" ihres Lebens. Dabei sind sie durchaus nicht „Faulenzer von Profession" (197). Doch nur im Verjubeln des Erlöses finden sie die Erfüllung ihres Lebens, und eine solche unersättliche Vergnügungsraserei greift Hauptmann nun aus dem Leben der Kielblocks heraus. Mit einem provinziellen Maskenball fängt es an, es geht hoch her, man kann sich noch im Morgengrauen nicht zum Aufhören entschließen, setzt die Festivitäten vormittags im Heidekrug fort und verbringt schließlich den Nachmittag und Abend bis spät in die Nacht hinein auf einem Spiel- und Trinkgelage bei Verwandten jenseits des zugefrorenen Sees. Auf dem nächtlichen Heimweg über die Eisfläche verlieren die Kielblocks die Richtung, da plötzlich das Licht vom Fenster ihres Hauses verschwindet, sie gelangen auf dünnes Eis, brechen ein und ertrinken. Im ersten Moment könnte man, wie das ja auch geschehen ist, an eine moralische Pointe der Geschichte denken, zumal sich ja auch am Schluß herausstellt, daß die Großmutter die Lampe vom Fenster entfernt hat, um sich zu ihrem Schatz zu schleppen und förmlich im Geld zu wühlen. Aber mit dem Fluch der Lebenslust und Geldgier bleibt man erst ganz an der Oberfläche dieser Erzählung. Eine schicksalhafte Atmosphäre ist nur allzudeutlich, ja mit anfängerhafter Aufdringlichkeit vergegenwärtigt: von Anfang an fallen Andeutungen, die das Unheil vorwegnehmen und als unvermeidlich erscheinen lassen. Der Segelmacher versucht eines Tages das Eis, und es bricht ihm unter dem Fuß, ein Fischer sagt ihm halb im Scherz voraus „rin fällst de sicher", das Ehepaar hört die dumpfen Geräusche des Wassers, das unterm Eis wühlt, noch bevor es sich zu dem Ball auf den Weg macht, auf dem Tanzboden ist Kielblock mit seiner Totenkopfmaske der Held des Abends, und nichts scheint ihm „schöner", „als so en bißken den toten Mann machen", man hört, jemand sei beinah im See ertrunken, und der Segelmacher mimt daraufhin in ausgelassener Festfreude den Ertrinkenden usw. Das alles ergibt, als sich die Tragödie dann tatsächlich ereignet, gewiß einen schauerromantisch-fatalistischen Eindruck, der an Ironie des Schicksals denken läßt, und in den gebrochenen Augen des Segelmachers glauben die Dörfler denn auch zu erkennen, daß sie „die Tücke des Himmels" anklagen. Doch sähe man schon in solchem faulen Zauber den Kern der Geschichte, so ließe man sich durch die beflissene Überdeutlichkeit des Erzählers irreführen, denn was er in Wirklichkeit mit den präfigurativen Anspielungen erreicht, ist die Suggestion einer Welt, in der der Mensch, der es sich durch seinen mit so viel Bewußtheit geregelten Lebensstil darin „behaglich" eingerichtet hat, in Wahrheit doch geheimnisvollen, unberechenbaren Gewalten ausgesetzt ist, denen er jederzeit tragisch verfallen kann. Noch in den *Einsamen Menschen* geht von dem Wasser eine magische Gewalt aus, und besonders wird Hauptmann ja das Meer zum Symbol solcher elementaren Schicksalsgewalten. In *Fasching* ist dieses Bild der Dämonie des Elementaren aber noch durch eine zweite mythische Verbildlichung überhöht: Als die beiden Kielblocks in der Nacht über das Eis gleiten, heißt es von dem dumpfen Aufbrüllen des Sees unter dem Eispanzer:

Die Gewöhnung hatte Kielblock gegen das Unheimliche dieser Erscheinung abgestumpft; jetzt war es ihm plötzlich, als stünde er auf einem ungeheuren Käfig, darin Scharen blutdürstiger Raubtiere eingekerkert seien, die, vor Hunger und Wut brüllend, ihre Tatzen und Zähne in die Wände ihres Kerkers knirschend eingruben. (214)

Und auch dieses Bild wird später immer wieder bei Hauptmann auftauchen. Als Fassung des Erlebnisses der Un-heimlichkeit des Menschen im Kosmos hat er sich direkt einen kleinen Privatmythos zurechtgelegt von dem Menschen, der von einer geifernden Meute gehetzt wird; dieser Vorstellung gleicht er z.B. noch in der *Atridentetralogie* die Erynien an, die den Muttermörder Orest verfolgen. So ist der Mensch schon in dieser frühsten Novelle nicht mehr geborgen und gesichert in seiner Welt, sondern ausgesetzt an die Dämonie der Naturgewalten. Und im Menschen selbst entspricht diesem Inkommensurablen eine offenbar ebenso unbezwingliche Triebkraft, ein Dämon — als ein vom Dämon Besessener ist Kielblock gezeichnet, nicht als bürgerlicher Handwerksmann, der sich in der märkischen Einöde harmlos nach Abwechslung sehnt.

Es liegt nun nahe, diese dämonisierende Naturauffassung als Indiz dafür zu werten, daß Hauptmann schon hier denkbar weit vom Naturalismus entfernt ist, so sehr er sich, und auch das aus eigener Wesensrichtung, stilistische Züge wie das exakte Festhalten des Landschaftlichen zu eigen gemacht hat. Denn es handelt sich ja in dieser Novelle nicht um die naturalistische *coin de la nature*, wie sie aus Holz und Schlaf in den Momentskizzen des *Papa Hamlet* zu geben versuchten; vielmehr ist alles mit größter poetischer Ökonomie auf die „unerhörte Begebenheit" konzentriert, auf die auch das kleinste Detail funktional bezogen bleibt; ein ausgeprägter Form- und Kompositionswille ist hier am Werk, zu ausgeprägt vielleicht schon, wie die Bemerkungen über die Vorausdeutungstechnik gezeigt haben; und sinnstrukturell gesehen, richtet sich diese Konzentrierung ja unverkennbar auf

die Entlarvung dessen, was als Kern der naturalistischen Weltanschauung zu gelten hat: auf die Entlarvung der Natur als
eines bis ins letzte berechenbaren kausalen und beherrschbaren
Mechanismus. Aber nun kommt eine eigenartige Paradoxie in
Sicht: daß Hauptmann im *Fasching* gerade das Natürliche im
Sinne des Naturalismus mit dem Naturhaften im Sinne des Dämonischen verschränkt und geradezu identifiziert. Das aber läßt uns
vermuten, daß — unter solchem Gesichtspunkt — seine Leistung
hier darin besteht, daß er die Voraussetzungen des wissenschaftlichen Naturalismus im Medium der Dichtung konsequent
bis zu dem Punkt durchdenkt, wo sich ihm die total erklärte
und erklärliche Welt unheimlich ins Gegenteil verkehren
muß, in die entgötterte Welt der unendlichen Leere (die
auch Kielblock einmal klar empfindet [209]), die Grauen erregt
und sich rasch mit mythischen Dämonen erfüllt. Denn ohne
Zweifel läßt sich am Untergang der beiden alles ganz natürlich
und logisch erklären: der Mond verschwindet, die Lampe er-
lischt, sie verlieren die Orientierung und geraten in der Finsternis an jene in der Novelle bereits vorher erwähnte Stelle des
Sees, die der Wasserbewegung halber auch im strengsten Winter
nicht zufriert. Und doch aktualisiert Hauptmann mit allen Mitteln
die „Unheimlichkeit" des Vorgangs und seinen exemplarischen
Charakter für die Situation des Menschen in einer Welt un-
berechenbarer Naturgewalten. Das Natürlichste ist zugleich das
Ungeheuerlichste. Ob Hauptmann es nun direkt als Zeitkritik
beabsichtigt hat oder nicht: das rational gesicherte Weltbild, wie
es dem Naturalismus geläufig ist, enthüllt sich hier in seinem
Scheincharakter und seiner wahren Abgründigkeit, und daß sich
diese Enthüllung dem tiefer Denkenden von naturalistischen
Voraussetzungen her logisch und notwendig ergibt, das geht
sehr schön hervor aus Wilhelm Bölsches im gleichen Jahr er-
schienener Programmschrift *Die naturwissenschaftlichen Grundlagen
der Poesie*, wo ein Satz wie der folgende das Denken in diese
Richtung lenkt:
Wir hören täglich mehr auf, die Welt und die Menschen nach
metaphysischen Gesichtspunkten zu betrachten, die Erscheinun-
gen der Natur selbst haben uns allmählich das Bild einer uner-
schütterlichen Gesetzmäßigkeit alles kosmischen Geschehens ein-
geprägt, *dessen letzte Gründe wir nicht kennen*, von dessen lebendiger
Betätigung wir aber unausgesetzt Zeuge sind. (3)
Gerade ihre Berechenbarkeit verunheimlicht in letzter Konsequenz die Welt des Naturalisten, da die wissenschaftliche Erkenntnis immer an die *Grenze* des Erforschlichen und dort zur
„Fernsicht in ein Zweites" gelangt, von dem absolut nichts zu

wissen ist (44—46). Und sollte nicht auch Bleibtreu ähnliches gespürt haben, als er in seiner *Revolution der Literatur* schrieb: „Der wirkliche Realist wird die Dinge erst recht sub specie aeterni betrachten" (32)?

Ähnlich ist es in der bekannteren Novelle *Bahnwärter Thiel*, die gleich nach *Fasching* entstand und 1888 in der *Gesellschaft*, dem Organ der Münchner Naturalisten, erschien. Sie spielt ebenfalls in der märkischen Gegend um Erkner, wo Hauptmann seit 1885 mit seiner jungen Frau als freier Schriftsteller lebte. Doch wird der Mensch in dieser zweiten Erzählung nicht allein von den Mächten des Natürlichen überwältigt, sondern zugleich auch von denen der Technik, die hier nicht als tote und durch das intellektuelle Kalkül des Menschen geschaffene und berechenbare Mechanik gefaßt ist, sondern als Steigerung des Vitalen und Dämonischen der Natur und so mit dem Natürlichen einen merkwürdigen Bund eingehen kann. Noch deutlicher als in *Fasching* wird hier, wie alle menschliche Ordnung, die das Leben regelt und der Kontrolle unterwirft, zerbricht vor der geballten Kraft dieser inkommensurablen Mächte. Wieder aber sind sie mit der schon bemerkten Zwielichtigkeit und Paradoxie auch als kommensurabel dargestellt. Denn beim ersten Hinsehen ist es gewiß etwas Alltägliches, was hier geschildert wird: eine schlechte Ehe und ein Zugunglück, und beides verkettet sich logisch. Seit zehn Jahren versieht Thiel mit größter Regelmäßigkeit und Genauigkeit seinen monotonen Dienst an einer Bahnstrecke bei Berlin. Seine erste Lebensgefährtin, mit der ihn eine tiefe geistige Gemeinschaft verband, ist vor längerer Zeit gestorben, seine zweite Frau, Lene, dagegen hat ähnlich der bekannteren Hanne Schäl im *Fuhrmann Henschel* etwas animalisch Triebhaftes, und der Mann ist trotz des Todes der ersten Frau noch in die Spannung zwischen Vergeistigung und Sinnlichkeit hineingestellt, da ihn mit seiner ersten Frau noch eine Art mystische Nähe verbindet. Seine Bahnstrecke weiht er „den Manen der Toten", und indem sich sein Leben zwischen Haus und Arbeitsstätte teilt, teilt er also auch „die ihm zu Gebote stehende Zeit ... gewissenhaft zwischen die Lebende und die Tote". Doch greift man entschieden zu kurz, wenn man in diesem Konflikt schon den Kern der Sinnstruktur erkennen zu müssen glaubt.

Bedeutender ist, wie Thiels Dasein, in dem alles „regelmäßig", „mechanisch", bis auf den kleinsten Handgriff „geregelt" vor sich geht und auch durch die Kraft seiner christlichen Innerlichkeit an das Maß gebunden ist, unterwühlt wird von transsubjektiven Gewalten. Diese sprechen sich einmal in der Sinnlichkeit der Frau aus: „Eine Kraft schien von diesem Weibe auszugehen, unbezwingbar, unentrinnbar, der Thiel sich nicht gewachsen fühlte" (I, 236). Aber indem er der dämonischen Triebexistenz seines Weibes immer willenloser verfällt, gewinnt zugleich die noch viel inkalkulablere Dämonie Gewalt über ihn, der er im Berufsleben Tag für Tag ausgesetzt ist. Die Züge, die täglich an ihm vorüberdonnern und an deren Zeitgesetz sein Tageslauf an der Strecke gebunden ist, sind nicht nur Maschinen, sondern sie erscheinen, dargestellt als Eindruck auf den Bahnwärter selbst, im mythischen Bild als „schwarze, schnaubende Ungetüme", Dämonen, Chiffren eines Unfaßlichen, das sich aller Berechnung zum Trotz nicht beherrschen läßt. Daß dies aber das gleiche Unfaßliche ist wie das des Naturhaften, deutet die Bildersprache eindeutig genug an. Die Technik ist etwas Lebendiges, Vitales, die Telegraphendrähte erscheinen als Riesenspinne, die Geleise als „feurige Schlangen", der Zug als „heranbrausendes Reitergeschwader" und „kranker Riese"; umgekehrt wirkt das Naturhafte wie Zubehör der technisierten Welt: sonnenbeschienene Kiefernstämme sind glühendes Eisen, Lene ist eine „Maschine" (247). Während Thiel nun spürt, wie er diesen vereinten Kräften des Elementaren immer höriger wird, sucht er in Vision und Denktraum mystische Zwiesprache mit seiner ersten Frau, aber der Kontakt wird immer schwächer. Er glaubt sich sogar zurückgewiesen von ihr, weil er es unter dem Bann Lenes nicht verhindern kann, daß sein Söhnchen aus erster Ehe, Tobias, der ihm ein Unterpfand der geistigen Nähe seiner ersten Frau bedeutet, von der Stiefmutter mißhandelt wird. So bricht denn das Dämonische unaufhaltsam auf ihn herein: Als den Thiels an der Bahnstrecke ein Stück Ackerland zur Verfügung gestellt wird, dringt Lene zum erstenmal in Thiels geheiligten Bezirk ein, um — was könnte natürlicher sein — das Feld zu bearbeiten. Während sie aber damit beschäftigt ist, gerät in einem Augenblick der Unachtsamkeit der kleine Tobias unter die Räder des Zuges. Eigentlich ist es jedoch Thiel, den dieses Ereignis trifft. Es wirft ihn nieder. „Es war, als hielte ihn eine eiserne Faust im Nacken gepackt, so fest, daß er sich nicht bewegen konnte, so sehr er auch unter Ächzen und Stöhnen sich frei zu machen suchte" (253). Darunter zerbricht seine ganze Welt. Vergebens kämpft er mit Phantomen, verfolgt ein „unsichtbares Etwas" — in einem kurzen Lichtmoment, bevor die Nacht des Wahnsinns sich über ihn senkt, schaudert er zusammen „im Bewußtsein seiner Machtlosigkeit" (256). Doch zum Schluß noch, schon im Zwielicht der Geistesverwirrung, zwingt er mit lallender Stimme ein mythisches Wissen ins Bild, das ihm in diesem Zusammenbruch Erlebniswirklichkeit geworden ist: er erinnert sich an die

kindliche Frage seines Sohnes beim Anblick eines Eichhörnchens:
ob das der liebe Gott sei; gerade jetzt aber huscht das gleiche
Tier zum zweitenmal über die Strecke, und Thiel stellen sich ganz
unvermittelt die Worte ein: „Der liebe Gott springt über den
Weg", die er öfters wiederholt und deren Bedeutung ihm jetzt,
meint er, aufgegangen ist (256). Verstehen wir diese ebenso
absichtsvolle wie mysteriöse Anspielung ganz falsch, wenn wir
darin den letzten Hinweis spüren auf die vitalen Kräfte im Menschlichen wie im Technischen, die hier die Tragödie heraufbe-
schworen haben?

Die Kräfte der Innerlichkeit in Thiel sind also dem elementar
Dämonischen erlegen. Inwieweit aber leben auch sie auf eine
überweltliche Realität zu? Wie ist es bestellt um den Gegenpol
des Abgründigen in der transsubjektiven Welt? Gewiß war das
Zerstörerisch-Dämonische in der Bahnwärternovelle als fast
alleinherrschend zur Geltung gekommen; dennoch hatte es dort
bereits sein Gegenspiel in einer Kraft, die sich besonders im
Sonnenuntergang an der Bahnstrecke symbolisierte: eine ver-
klärende, heiligende Gewalt, die den Menschen der Welt überhebt.
Im Spannungsfeld solcher gegensätzlicher übermenschlicher Potenzen existieren Hauptmanns Menschen also bereits in diesen
frühen Anfängen. Und zwar ist die bisher nur am Rande in Sicht
gekommene zweite Kraft dieses Urdramas, wie Hauptmann es
zu nennen pflegte, in der novellistischen Skizze *Der Apostel*
weiter durchdacht. Sie ist freilich erst im Frühjahr 1890 entstanden, aber sie geht motivisch auf Anregungen des Züricher
Sommers (1888), vielleicht sogar der Mittelmeerreise zurück,
gehört auch in engsten Zusammenhang mit den Jesusstudien,
also wesentlich in die späten achtziger Jahre und somit in die
nächste Nähe zum *Bahnwärter Thiel*, d. h. nicht so sehr zu den
Dramen, zwischen denen sie geschrieben wurde. Will man das
geistige Zentrum von Hauptmanns Beschäftigung mit dem historischen Christus mit einem Wort bezeichnen, so ist es die Problematik des Verhältnisses des Menschen zum Göttlichen: wieweit, wenn überhaupt, ist. Epiphanie des Göttlichen in einem
Menschen möglich? Hauptmann hat dieses Problem mit wechseln-
den Graden von Unentschiedenheit jahrzehntelang verfolgt, von
den Christusstudien der achtziger Jahre über das unveröffent-
lichte fragmentarische Jesus-Drama (1894 ff.) bis hin zum Quint-
Roman (1910). Im *Apostel* ist die Entscheidung jedoch unmiß-
verständlich negativ gefällt, aber *wie* das geschieht, ist in unserem
Zusammenhang äußerst aufschlußreich. Denn ganz im Gegensatz zu der in *Fasching* und *Thiel* vorherrschenden Auffassung
wird hier *die Natur* als Quelle gerade der lichtvollen, höheren,

göttlichen Kräfte gesehen, unter deren Gewalt der Mensch ebenso steht wie unter der des Dämonischen, die sich, wie wir gesehen haben, ebenfalls in der Natur auswirken. Hier heißt es nun,
man betrete den „Weg zum Frieden", d. h. den Weg aus dem Leid
der Welt zum Seelenfrieden im Göttlichen „durch ein Tor mit
der Aufschrift: Natur" (I, 461). Natur wird also, nimmt man die
drei frühen Novellen zusammen, eigentümlich zwiespältig als
Schauplatz widerstrebender Gewalten, als Schauplatz des Urdramas. Der junge Mann freilich, der als Apostel durch die
Gegend zieht, glaubt sich lediglich den lichten Gewalten nahe,
die als Gott im Sinne des Christentums bezeichnet werden, aber
mit der charakteristisch Hauptmannschen Mythensynthese auch
als die Sonne (die hier als Symbol des Dionysischen jedoch kaum
ins Gewicht fällt). Ihm träumt sogar, daß sich die Gestalt Christi
in die seine auflöst, so daß er nun selber ein wiedergekehrter Jesus
wird, der mit dem „großen Wissen", das ihm „angebrochen" ist,
die ganze Menschheit zu erlösen bestimmt sei.
Aber all dies, so wird fortlaufend klarer, ist nichts weiter als
Psychopathologie der Eitelkeit und des Geltungsdranges; und
was Hauptmann hier, wohl auf den Spuren von Büchners Lenz-
Novelle, die ihn um diese Zeit interessierte, schildert, ist die
krankhafte Phantasietätigkeit, die dem Irrsinn vorausgeht. Durch
diese psychologische Entlarvungstechnik bleibt also die Frage,
wie es um jene lichten göttlichen Kräfte steht, als deren Träger
sich der „Apostel" wähnt, noch offen. Ein Geisteskranker ist
es, der sich ihnen nahe glaubt. Bestehen sie aber darum überhaupt
nicht? Ganz zu verneinen ist die Frage nicht. Davor muß uns
schon die Symbolik der Thiel-Novelle warnen, und im *Apostel*
selbst ist die berühmte Stelle: „Bluteruch lag über der Welt . . .
Kampf . . . Bruder- und Schwestermord . . . hinzuweisen auf
den Weg zum Frieden war eine Forderung des Gewissens"
(461) zu bedenken: Sie klingt zu echt, zu Hauptmannsch, als
daß man sie ganz auf das Konto des Wahns stellen könnte. So
eindeutig Hauptmann also die Epiphanie im Falle des „Apostels"
verneint, so ungeklärt bleibt doch das lichte Göttliche selbst, wie
es denn auch schon in der vorangehenden Erzählung im Dunkel
blieb. So kann man als Ergebnis nur festhalten, daß Hauptmann
sich auf dieser Stufe immer noch über die Kategorien seines
Weltbilds ins reine zu kommen sucht. Diese Kategorien aber
sollten ihm noch bis in jene späten Tage bestimmend bleiben,
wo es ihm zur Gewohnheit wurde, vom oberen und vom unteren
Zeus zu sprechen.

AUSEINANDERSETZUNG:
DIE „NATURALISTISCHE" TETRALOGIE

Nach Thema und erzählerischer Technik ist Hauptmann im *Apostel* dem Naturalismus und seiner aufgeklärten Wissenschaftsgesinnung verhältnismäßig näher gekommen als in allen anderen Werken. Aber wir betonten bereits das Tastende und Fragende an der Art, wie er sich seines Weltbilds vergewissert. Auf diesem Wege war offenbar nicht weiter zu kommen. Vielleicht aber auf dem Weg über die Auseinandersetzung mit den naturalistischen Glaubensgewißheiten? Instinktiv mußte Hauptmann denen zwar mit äußerster Reserve gegenüberstehen, aber in seiner Berliner Zeit umgaben ihn, vor allem durch seine Verbindung mit dem Verein „Durch" und der „Freien Bühne", diese Tendenzen auf das engste, so daß sie sich kaum einfach ignorieren ließen, und Interesse hat Hauptmann ihnen ja nachweislich entgegengebracht. Ob er nun bewußt zu einem solchen Vorsatz zur Auseinandersetzung gekommen ist oder sich die kritische Spitze mehr beiläufig ergeben hat (was einleuchtender ist): die häufig als naturalistisch, ja als exemplarisch naturalistisch bezeichneten ernsten Dramen, die in diesen Jahren entstehen und Hauptmann schlagartig zur europäischen Berühmtheit machen, kann man sämtlich — über ihre Eigenwertigkeit hinaus — *auch* als solche indirekte Auseinandersetzung mit verschiedenen Aspekten der naturalistischen Geistigkeit interpretieren und mithin die Negationen zugleich als Meilensteine des Positiven auf Hauptmanns Weg zu weiterer Klärung seines Weltbilds.

Diese Stücke sind *Vor Sonnenaufgang* (1889), *Das Friedensfest* (1890), *Einsame Menschen* (1890—1891) und *Die Weber* (1892).

Nun ist der Begriff „Naturalismus" keineswegs eindeutig, — trotz aller Programmatik, die die deutschen Naturalisten entfalten. Mit dem Eifer der Zuspätgekommenen greifen sie fast wahllos alle Tendenzen des Auslandes auf, die ihnen irgendwie zukunftsträchtig scheinen, können sich aber kaum über mehr als das einigen, daß das kulturelle Deutschland ihrer Zeit in ein Stadium der Erschöpfung getreten sei. Was sie vorzufinden glauben, ist Konvention und pathetisches und geblümtes Epigonentum, billige Unterhaltungsmache und dekadente Raffinesse. Man glaubt die Literatur besonders von der „Tyrannei der höheren Töchter" und dem „Verlegenheitsidealismus des Philistertums" befreien zu müssen, wie *Die Gesellschaft* in ihrem Programm verkündete, und nimmt den Mund sehr voll, wenn es gilt, dem neue Ideale entgegenzusetzen: „Alles wahrhaft

Große, Schöne und Gute" oder auch „Intime, Wahre, Natürliche, Ursprüngliche, Große und Begeisternde", wie die Herausgeber der *Modernen Dichtercharaktere* mit „grandiosem Protestgefühl" und zukunftsgewisser Rhetorik verheißen. Man sieht: auch aus dem Affront zeichnet sich keine klare Linie ab. Und diese Unbestimmtheit wächst, wenn man die verschiedenen Gruppen des Naturalismus auf ihr Credo hin befragt. Bleibtreus byronisierendes Weltschmerzlertum steht da neben der Deutschtümelei der Münchner und der positivistischen Philosophie der Berliner. Will man das Geschichtsmächtige der verworrenen Bewegung trotzdem auf einen Nenner bringen, ohne sich mit einer Pauschalformel wie „psychologisch-romantisch-imperatorischem Notwehr-Realismus" zufrieden zu geben (Conradi, *Ges. Schr.,* III, 435), so ist dies zu sagen: der *Wahrheit,* die der Zeit angemessen ist, Bahn zu brechen, ist „der Bannerspruch" des Naturalismus, wie es im Programm der *Freien Bühne* heißt, und die Wahrheit finden die Naturalisten in den Antworten der Naturwissenschaft und des Sozialismus aller Schattierungen, die damals beide gleichzeitig einen ungeheuren Aufschwung nehmen, und dies verbindet sich, wie zu erwarten, mit einem verantwortungsbewußten reformerischen Aktivismus, der sich der konkreten Wirklichkeit der Gegenwart zuwendet, vor allem den Mißständen der Gesellschaft. In diese Richtung mußten gerade die Ergebnisse der positivistischen Naturwissenschaft weisen. Denn ihre für den Naturalismus ausschlaggebende Lehre war die von der totalen Kausaldetermination des Menschen durch Vererbungs- und Umweltfaktoren, und die *Umwelt* ließ sich natürlich ändern und planen. So entfaltet sich ein rational aufgeklärtes, entschieden untragisches Weltbild, das jedoch im Gegensatz zur Aufklärung des 17. und 18. Jahrhunderts im allgemeinen nicht auf die Transzendenz bezogen ist, sondern wesentlich weltimmanent, geradezu anti-metaphysisch orientiert ist, wie sich ja auch das soziale Reformstreben in nüchternster Zweckhaftigkeit vor allem auf die Besserung der wirtschaftlichen Verhältnisse richtet; und während das „Zeitalter der Vernunft" noch mit Stolz an der Macht der freien, geistbestimmten Persönlichkeit festhielt, wird der Mensch im „jüngsten Deutschland" zum Produkt und Schauplatz der Auswirkung vitaler und mechanischer Potenzen degradiert.

In solche Zielsetzung wird auch die Dichtung eingespannt. Naturalistische Dichtung ist littérature engagée. Statt „Spielerei müßiger Geister" zu sein, soll sie dem Siegeszug der naturalistischen Geistigkeit selbst die Wege bereiten, und zwar nicht nur die Ideen der „Moderne" propagieren, sondern sich selbst an der Forschung beteiligen. Das kann sie, indem sie „documents humains" liefert. Das aber heißt Zolas tonangebenden Forderungen im *Roman Experimental* zufolge: der Dichter soll durch seine Menschenstudien in Roman und Drama aus Beobachtung und kombinierender Überlegung immer neue Beispielfälle liefern für das Anlage und Einflüsse verschränkende Wirken der Gesetzmäßigkeiten, denen alles menschliche Leben untersteht. „Erst so können wir hoffen, jemals zu einer wahren mathematischen Durchdringung der ganzen Handlungsweise eines Menschen zu gelangen und Gestalten vor unsrem Auge aufwachsen zu lassen, die logisch sind wie die Natur", heißt es in Bölsches *Grundlagen* (S. 34f.). Ungeheures an kultureller Leistung verspricht man sich von solcher Dichtung strikt naturalistischer Observanz. Der Historiker stellt aber fest, daß diese Hoffnungen radikal enttäuscht wurden. Die naturalistische Literatur ist mit Recht vergessen. Fast ist man versucht, hier den bekannten Witz über die viktorianische Literatur anzuwenden: it is remembered because of those who didn't like it. Denn lebendig geblieben sind aus diesem Kreis nur die Werke Hauptmanns, und die sind im ganzen eher Gegenläufer des Naturalismus, so sehr man auch heute noch behauptet, Gerhart Hauptmann sei nicht nur damals Naturalist in des Wortes verwegenster Bedeutung gewesen, sondern der „eigentliche" Hauptmann sei es auch immer geblieben. Der Dichter selbst hat energisch bestritten, jemals Naturalist in irgendeinem Sinne des Wortes gewesen zu sein; und vor allem hat er den Holzschen Radikalismus des Sekundenstils, die zum Naturalismus des Nebensächlichen verleitende Auffassung der Kunst als *coin de la nature*, der nicht *à travers un tempérament* gesehen ist, keineswegs mitgemacht. Das widersprach seiner bereits in ihren frühsten Formulierungen (1887) an der Klassik orientierten Kunstanschauung. Holzens Ästhetik, die er gleich 1890 kennenlernte, galt ihm folglich auch mehr als Kuriosität denn als ernst zu nehmende Leistung. Aber trotz dieses herrischen Abtuns naturalistischer Theorie trifft das Wort: „Wir sind in die Welt gestellt, um zu prüfen" (XVII, 386) in viel stärkerem Grade auf Hauptmanns Haltung zum Naturalismus zu als auf die zu jeder späteren Richtung und Schule, da er in späteren Jahren seinen eigenen Weg schon viel selbständiger geht, im Eigenen beharrend und ohne viel Auseinandersetzung.

Entgegen kam dem Naturalismus in Hauptmanns Schaffenseigentümlichkeit nur das menschengestalterische Geschick. Aber schon die im Stilnaturalismus mit der Betonung des Primats der Charaktergestaltung verbundene Forderung, zugunsten der Men-

schen und des reinen Zuständlichkeitsbildes im Drama die Handlung, die Komposition, das „Arrangieren" und damit die Rudimente eines dichterischen Bildes der Welt auszumerzen, hat Hauptmann weder in *Vor Sonnenaufgang* noch in irgendeinem anderen Drama befolgt, obwohl sich bei ihm ganz ähnlich klingende Bemerkungen finden (XVII, 423, 434) und obwohl sich seine Dramen allgemein mehr als stimmungsmäßige denn als streng tektonische Einheiten geben. So fiel etwa Fontane schon gleich bei der Uraufführung von *Vor Sonnenaufgang* auf, daß „in dem, was dem Laien einfach als abgeschriebenes Leben" erscheine, sich „ein Maß von Kunst . . ., wie's größer nicht gedacht werden kann" ausspräche; genauer: „ein stupendes Maß von Kunst, von Urteil und Einsicht in alles, was zur Technik und zum Aufbau eines Dramas gehört". *Insofern* ist es sachlich unzutreffend, bei den frühen Dramen Hauptmanns vom Auftreten eines „neuen Kunstprinzips" zu reden, so sehr Hauptmann auch — mit den Naturalisten — von dem traditionellen Spiel- und Gegenspiel-Schema und seiner dramatischen Zielstrebigkeit abweicht. Als gegliederte sinntragende Ganzheiten gehen diese Stücke jedenfalls weit über die naturalistische Zustandsbilddramatik, wie sie uns in der *Familie Selicke* vorliegt, hinaus. Das gilt auch für seinen scheinbar exemplarisch naturalistischen Erstling *Vor Sonnenaufgang*. Mit einem Spannungsmoment setzt es gleich ein, und das wird bis zum Schluß hin durchgehalten, so daß das Ganze nicht nur dramatisch wird, sondern auch eine feste Kontur bekommt:
Statt in Holzscher Manier mit breiter Ausmalung der Zuständlichkeit des Milieus zu beginnen, wodurch schon gleich zu Beginn eine dramatische Flaute einträte, gelingt es Hauptmann, die nötige Exponierung des Geschehensraums in der Form der Entfaltung eines Konflikts zu geben, der das ganze Stück trägt. In einem schlesischen Bergbaudistrikt, wo die Kleinbauern durch Kohlefunde über Nacht schwerreich geworden sind, treffen im Hause des Kohlenbauern Krause unerwartet zwei ehemalige Freunde nach vielen Jahren wieder zusammen. Der eine, Hoffmann, Krauses Schwiegersohn, ist durch gerissene Ausbeutung der Situation ein vermögender Industriekapitän geworden, der andere, Loth, entpuppt sich als mitteloser idealistischer Gesellschaftsreformer mit sozialistischen Neigungen, und indem dem Zuschauer dies aus den lebhaften Wiedersehensgesprächen der beiden klar wird, spürt er zugleich, wie dynamisch geladen die Atmosphäre durch diese Umstände wird, denn daß die beiden in bezug auf die wirtschaftliche Lage Witzdorfs entgegengesetzte Interessenpositionen einnehmen, und zwar beide mit gleich zäher

Entschiedenheit, darüber herrscht kein Zweifel. Rasch stellt sich heraus, daß Loth in diese Gegend gekommen ist, um Material zu sammeln für eine volkswirtschaftliche Untersuchung der Notlage der ausgebeuteten Bergwerksarbeiter, was verständlicherweise an Hoffmanns Lebensnerv rührt.

Aber kaum hat der Dramatiker dieses Spannungsmoment in Gang gebracht, da verbindet er ein zweites damit: die Tochter des Hauses, Helene, die mit ihren, wenn auch bescheidenen geistigen Interessen nicht in dieses Milieu paßt, in dem „moderner Luxus auf bäuerische Dürftigkeit gepfropft" ist, fühlt sich sofort zu Loth hingezogen, lebt in seiner Nähe förmlich auf, geht auch eifrig auf sein Volksbeglückertum ein und hofft offensichtlich, durch Loth die letzte Chance zu gewinnen, aus ihrer für sie tödlichen Umwelt herauszukommen. Und es überrascht, wie geschickt diese beiden dramatisch tragenden Momente so ineinander verschränkt sind, daß ein neues Spannungsgefüge daraus resultiert: Ebenso unauffällig und eifrig, wie Hoffmann sich bemüht, Loth seinen Aufenthalt zu verleiden und von seinem Zweck abzubringen, bemüht sich Helene darum, ihn dazubehalten, was nicht nur beide in Gegensatz bringt, sondern ihr Verhältnis zu der industriell-bäuerlichen Situation in entgegengesetzter Weise verändert: Helene löst sich immer mehr daraus, Hoffmann muß sich, in die Defensive getrieben, mehr damit identifizieren, als ihm lieb ist. Doch lenkt Hauptmann das Interesse vornehmlich auf das Verhältnis Loth — Helene. Noch im ersten Akt, in der großen Dinerszene, die oberflächlich gesehen der Vermittlung des ungesunden Milieus dient, das hier durch die schlagartige Umstellung der ärmlichen Agrarwirtschaft auf den Industriekapitalismus entstanden ist, wird diese Spannung stark angefacht: Loth gibt sich als Abstinenzler zu erkennen und erwähnt als Begründung, er wolle die Übel des Alkoholismus nicht auf seine Nachkommen vererben, inzwischen hat Hauptmann es mit dramatischer Ironie jedoch so eingerichtet, daß zwar nicht Loth, aber der Zuschauer weiß, daß die Krauses in schwerster Form durch erbliche Trunksucht belastet sind, und gerade während dieses Abendessens fallen zur Verlegenheit oder geheimen Belustigung der Wissenden allerlei Anspielungen auf den im Suff vertierenden Vater Helenes. Die ganze Familie ist dem Laster verfallen, und es hat bereits die Schrecken seiner Erblichkeit zutage treten lassen. Da Loth dies alles nicht weiß, muß man die Zuneigung der beiden jungen Menschen zueinander, die rasch in heimlicher Verlobung gipfelt, mit steigender Apprehension erleben, um so mehr als Hauptmann alle Theaterraffinesse aufbietet, Helenes fortgesetzte Versuche, Loth über ihre Familie

aufzuklären, nicht zum Ziel gelangen zu lassen, während er
Loth mehrmals Gelegenheit gibt, auf sein Bestehen auf „leibliche
und geistige Gesundheit der Braut" zurückzukommen. Noch
dazu ist uns mittlerweile soviel von der moralischen Verdorben-
heit im Hause des Kohlenbauern bekannt geworden, daß die
auf dem Spiele stehende Rettung der mädchenhaft reinen (leider
auch unfreiwillig komischen) Helene aus dem sicheren Verderben um so gewichtiger und spannungswürdiger geworden
ist. Bis ans Ende des 5. Aktes aber, der kaum 24 Stunden später
spielt als der erste, hält Hauptmann den Zuschauer hin, und dann
überstürzen sich die Ereignisse: Loth erfährt von dem Dorfarzt,
daß die Krauses eine Potatorenfamilie sind, ohne Überlegung
entschließt er sich, das Liebesverhältnis aufzulösen, und verläßt
das Haus. Helene findet gleich darauf Loths Abschiedsbrief,
durchfliegt ihn und ersticht sich wortlos, während man von
draußen — ein kompositorisch überaus geschickter Griff —
wieder einmal das Gröhlen ihres betrunken nach Hause tor-
kelnden Vaters hört: „Dohie hä! Hoa iich nee a poar hibsche
Tächter?"

Man sieht: die zentrale Bedeutung für die Interpretation von
Vor Sonnenaufgang kommt Loth zu. Aber seit der Uraufführung
gehen die Meinungen der Kritiker gerade über ihn auseinander.
Wer auf die Psychologie des Reformfanatikers eingeschworen
ist, muß Loths Handlungsweise als vorbildlich preisen, sein
Programm und die These des Stücks ineinssetzen. Andererseits
hat schon Theodor Fontane gespürt, daß man es hier ebensowenig wie mit einem naturalistischen Zuständlichkeitsbild mit
dem anderen Typus des „jüngstdeutschen" Dramas zu tun hat:
dem Thesenstück. Immer wieder ist es den Beurteilern schwer-
gefallen, über die menschliche Gemeinheit des angeblich vor-
bildlichen Programmatikers hinwegzusehen. Aber man braucht
deswegen nicht zu bedauern, daß dadurch „die klare Lehre des
Stücks" beeinträchtigt werde. Hauptmann selbst hat ja Wert
auf die Richtigstellung gelegt, daß er die Ansichten Loths keineswegs teile. Wenn er aber trotzdem einen Fanatiker in die Mitte
seines Dramas stellt, obwohl er weiß, daß Fanatiker im Drama
eigentlich nur episodisch verwendet werden können, weil sie
mit ihrem „unbeweglichen Wahnsystem" zum „Leben des
Dramas" wenig beitragen können (XVII, 434), muß es mit Loth
doch wohl mehr auf sich haben als bloße Programmverkündi-
gung. Nur so ist diese Gestalt zu verstehen, daß Hauptmann,
indem er das menschlich Problematische des Fanatikers aufdeckt, *sic!*
gewisse Schwächen des Weltbeglückertums entlarvt, und da Loth
nun konsequent als Verkünder der sozial-ethischen Reformidee

des Naturalismus dargestellt ist, als Vertreter der naturalistischen Humanität, so dürfen wir daraus schließen, daß der Dichter hier, gewiß nicht nun seinerseits mit propagandistischer Bewußtheit, aber doch im Medium der dramatischen Menschengestaltung, implizit auch Kritik übt am Reformertum des Naturalismus. Die Ironie, die er aufzeigt, besteht genauer darin, daß Loth mit Liebe und Aufopferungsbereitschaft den Unterdrückten und Entrechteten zugewandt ist, an die er seine Energie schon jahrelang verausgabt hat, aber in der konkreten Situation der Bewährung nicht einmal das normale Maß solcher Humanität aufzubringen bereit ist, und das ausgerechnet im Namen der Humanität, seiner „Lebensaufgabe", seines „Kampfes um das Glück aller"! Wenn aber Humanität nur durch empörende Inhumanität zu erreichen ist, wird das ganze Programm dann nicht problematisch? Das ist die Frage, die *Vor Sonnenaufgang* an den Naturalismus richtet. Das sollte sich vielleicht auch in dem ursprünglich vorgesehenen Titel „Der Säemann" andeuten: über der ausschließlichen Bemühung um das Glück der Zukunft versagt er in der Gegenwart. Loth lebt für die Idealmenschen, die er mit einer gesunden Frau in die Welt setzen möchte, überhört aber die Forderung nach konkretem persönlichen Einsatz, die sich für Hauptmann aus der Leidverfallenheit alles Lebendigen und der allgemeinen Gebrochenheit des Menschen ergibt. Gerade die Liebe im Schopenhauerschen Sinne des Mit-Leidens, die der junge Dichter sich zu eigen gemacht hatte, besitzt Loth nicht, und daran scheitert nicht nur er, sondern — und das ist die letzte tragische Ironie —: auch seine reformerische Mission. Jedenfalls gibt er seine kaum begonnene volkswirtschaftliche Untersuchung Hals über Kopf auf, was nicht gerade für seine Sozialethik spricht.

Wurde in *Vor Sonnenaufgang* das Sozialreformertum der Naturalisten problematisch gesehen, so bedeutet *Das Friedensfest* insofern einen konsequenten Schritt weiter, als sich hier die Grundlage, früher hätte man gesagt „die Bedingung der Möglichkeit" solcher Programmatik ins Zwielicht stellt. Und wie schon in dem ersten Stück der Gehalt durch die genaue Erfassung der Menschengestaltung gewonnen wurde, so ist diese Methode hier noch stärker geboten. Das Thema der „Familienkatastrophe", wie der Untertitel lautet, ist, wie man einmütig betont, die Verabsolutierung eines Gedankenmotivs, das bereits in *Vor Sonnenaufgang* angeklungen war: Vererbungsdetermination unter dem Einfluß des Umweltfaktors, also das Kardinaldogma des Naturalismus, dessen Richtigkeit Zola in seiner zwanzigbändigen Experimentalromanserie *Les Rougon-Macquart* zu erweisen bemüht war.

64

Auch Hauptmanns Stück ist aus engster Berührung mit der naturalistischen Wissenschaft hervorgegangen. Denn im Keim reicht es auf Erlebnisse in Zürich (1888) zurück, wo im Freundeskreise um den Bruder Carl Fragen wie die der Vererbung debattiert wurden und wo, nebenbei bemerkt, auch Frank Wedekind jene Eröffnungen über seine eigene Familie machte, die Hauptmann für viele Einzelzüge benutzt hat. Die These des Naturalismus liefe nun bekanntlich darauf hinaus, daß die absolute Kausaldetermination aller menschlichen Wesenszüge konstatiert würde. Die Deuter des *Friedensfests* legen jedoch allgemein Gewicht auf die Feststellung, daß Hauptmann die Frage durch den offenen Schluß im Unentschiedenen gelassen hat: Vielleicht wird es Ida Buchner gelingen, ihren Geliebten Wilhelm Scholz vor der Verfallenheit an erbliche Neurasthenie zu bewahren, vielleicht kommt auch der Willensanstrengung Wilhelms doch einige Bedeutung zu. Solche Sicht ist durchaus zutreffend, doch bleibt man damit völlig in den Dimensionen des naturalistischen Denkens befangen, indem man eben mit dem Widerspiel von Milieu, Erbgut und „Willen" rechnet, dessen Ausgang nur nicht abzusehen ist. Nichtsdestoweniger bekommt diese landläufige Auffassung ein bedeutsames Element des Werks in den Blick, aber doch nur eins, das sozusagen in der oberen Schicht eines im übrigen tiefer strukturierten Ganzen liegt. Da sich die Sinnstruktur dieses Ganzen jedoch erst in der wechselseitigen Spannung der oberen und der unteren Schicht erstellt und erfüllt, müssen wir kurz bei jenem ersten Stratum verharren.

„Wir sind alle von Grund aus verpfuscht. Verpfuscht in der Anlage, vollends verpfuscht in der Erziehung" (I, 396). Mit diesen Worten Roberts ist in dieser ersten Schicht des Verständnisses das Wesentliche gesagt über die Familie Scholz, die sich da eines Weihnachtsabends, mehr oder weniger zufällig, in ihrem Landhaus zusammenfindet, um der konventionellen Lüge des Familienfestes zu huldigen. Und Robert erläutert das weiter:

Kein Wunder allerdings. Ein Mann von vierzig heiratet ein Mädchen von sechzehn und schleppt sie in diesen weltvergessenen Winkel. Ein Mann, der als Arzt in türkischen Diensten gestanden und Japan bereist hat. Ein gebildeter, unternehmender Geist. Ein Mann, der noch eben die weittragendsten Projekte schmiedete, tut sich mit einer Frau zusammen, die noch vor wenigen Jahren fest überzeugt war, man könne Amerika als Stern am Himmel sehen. Ja wirklich! ich schneide nicht auf. Na, und darnach ist es denn auch geworden: ein stehender, faulender, gärender Sumpf, dem wir zu entstammen das zweifelhafte Vergnügen haben. Haarsträubend! Liebe — keine Spur. Gegenseitiges Verständnis, Achtung — nicht Rühran; und dies ist das Beet, auf dem wir Kinder gewachsen sind. (395)

Vererbung und Umwelt also als elementare Gewalten eines Schicksals, dem die Menschen, wie es scheint, unentrinnbar ausgeliefert sind. Das Familienbild stimmt denn auch bestens zu dieser Diagnose. Die altjüngferliche Tochter Auguste artet in ihrer leichten Reizbarkeit ganz der Mutter nach, die als „schußlig" beschrieben wird, und Wilhelm ähnelt dem Vater „zum Verwechseln", besonders was seinen Verfolgungswahn angeht (443). Aber nicht genug damit: alle Mitglieder dieser unglücklichen Familie haben sich noch durch langes Zusammenleben, indem also jeder „Milieu" des andern wurde, psychisch derart aneinander angeglichen, daß sie alle mit der gleichen hochgespannten Nervosität und Irritabilität reagieren, die sich nur als krankhaft bezeichnen läßt. Bei solcher Lage der Dinge ist es unvermeidlich, daß es immer wieder zu gröberen Zusammenstößen kommt, die dann ihrerseits die Atmosphäre noch weiter vergiften. Durch die analytische Anlage des Stücks kommt denn auch viel Derartiges ans Licht. Am relevantesten ein Vorfall, der sich bereits mehrere Jahre vor Beginn der Handlung ereignet hat: Wilhelm, seelisch mitgenommen von der nervenzerreißenden Situation seines Elternhauses, hat im Verlauf einer der üblichen Familienkonflikte seinem Vater ins Gesicht geschlagen, und an dem Tag haben beide das Haus verlassen.

Jetzt sind sie nach langer Zeit zum erstenmal wieder unter einem Dach, Wilhelm kommt mit dem „heißen Wunsche einer Aussöhnung" (397), und das ganze Stück dreht sich dann um die Frage, ob dieses „Friedensfest", nicht nur für Wilhelm und den Vater, sondern für die ganze Familie möglich ist, das heißt aber: ob es sich tatsächlich so verhält, wie Robert angekündigt hat, daß die Scholzens samt und sonders unheilbar sind. Die Frage ist an sich so trivial nicht, da sich zwar innerhalb der Familie Scholz nichts geändert hat, wohl aber jetzt ein Einfluß vorhanden ist, auf den einige Hoffnung gesetzt wird. Das sind Wilhelms Verlobte Ida Buchner und deren Mutter. Von pädagogischem Draufgängertum beseelt, strömen beide starke Zuversicht aus, Vertrauen auf die Macht des guten Willens und die Beeinflußbarkeit des Menschen. Durch ihren unbeugsamen Willen schwingt Wilhelm sich auch wirklich dazu auf, seinem Vater zu begegnen. Aber als es dann zum Gegenüber von Vater und Sohn kommt, verfliegt der naheliegende Gedanke an die Freiheit des Willens zur Selbstbestimmung, da sich die Begegnung gerade als Gegenteil des bewußt Gewollten, trotz aller Vorbereitung als reiner Zufall und Überraschtwerden ergibt. Zweitens aber erhellt als eigentlicher Gehalt des Zueinanderfindens in dieser Höhepunktssituation des Stücks etwas ganz anderes als der Triumph des Willens (der Buchners, die den Anstoß geben, wie auch Wilhelms und des Vaters selbst) über die naturalistische Fatalität. Um das zu verstehen, gilt es, hier die Sprache der Gebärden in ihrer Sinninhaltlichkeit zu erfassen, denn alles Geschehen spielt sich jetzt im Vorsprachlichen ab und mit der Automatik des Vorbewußten. Wilhelm ist entschlossen, dem Vater entgegenzutreten:

Wilhelm; *je weiter der Doktor* [Scholz] *herunterkommt, um so aufgeregter erscheint Wilhelm. Seine Farbe wechselt er oft, er fährt sich durch die Haare, atmet tief, macht die Bewegungen des Klavierspielens mit der Rechten usw. Hierauf ist deutlich wahrzunehmen, wie Strömungen für und wider in ihm kämpfen, wie er in seinem Entschluß wankend wird. Er scheint fliehen zu wollen, da bannt ihn das Hervortreten des Doktors. Er hat eine Stuhllehne gefaßt, um sich zu stützen, und steht zitternd und bleich da. Der Doktor ist ebenfalls, zu seiner vollen, imponierenden Größe aufgerichtet, stehengeblieben und mißt seinen Sohn mit einem Blick, der nacheinander Schreck, Haß und Verachtung ausdrückt. Es herrscht Stille . . . Wilhelm scheint einen Seelenkampf physisch durchzuringen. Er will reden, die Kehle scheint ihm zu versagen, es kommt nur zu lautlosen Bewegungen der Lippen. Er nimmt die Hand von der Stuhllehne und schreitet auf den Alten zu. Er geht unsicher, er taumelt, er kommt ins Wanken, steht, will aufs neue reden, vermag es aber nicht, schleppt sich weiter und bricht, die Hände gefaltet, zu des Alten Füßen nieder. In des Doktors Gesicht hat der Ausdruck gewechselt: Haß, Staunen, erwachendes Mitgefühl, Bestürzung.* (412f.)

Das Entscheidende hat sich hier im Wortlosen abgespielt: die plötzliche Möglichkeit des verstehenden Miteinanders, die beiden bisher versagt geblieben war. Und dann tröpfeln ein paar Worte, die dem nichts hinzufügen, Abgebrochenes, halb Gedachtes, halb Gesagtes und konventionelle Floskeln, in deren Plakatwelt sich die seelische Betroffenheit ja gern flüchtet; kaum aber ein dialogisches Hin und Her, und doch, trotz der Sprache, Verstehen und Einklang. Das gleiche ereignet sich, von diesem zentralen Ereignis des Dramas in Gang gebracht, dann mit der gleichen Plötzlichkeit und Alogie, mit ganz wenigen Worten, mehr durch Tun und Sein, mit allen übrigen Menschen, auf denen jahrelang der Fluch der Kommunikationslosigkeit gelastet hat, denn darauf lief die Nervenzerrüttung, die sie sich gegenseitig zugefügt haben, schließlich hinaus.

Was hier geschehen ist, läßt sich nicht mehr als Auswirkung des Willens verstehen und schon gar nicht mehr als Ergebnis der vereinten Rettungsaktionen der beiden Buchners. Dazu geschieht dies alles viel zu sehr von selbst, aus dem Unbewußten heraus und mit der Alogie des psychischen Zwangsgeschehens. Etwas bricht hier plötzlich aus diesen Menschen hervor, das unter der Oberfläche der nervösen Defekte immer schon dagewesen sein muß, aber tief verschüttet war. „Es ist doch jetzt in uns lebendig geworden, es war doch also in uns, warum ist es nicht schon früher hervorgebrochen? In Vater, in dir und in mir wahrhaftigen Gott auch? Es war doch in uns!" (417). Durch die Aufdeckung dieser Tiefenschicht, die allen gemeinsam ist und sie alle harmonisch eint, werden diese Menschen gewissermaßen demaskiert (was Hauptmann allgemein für eine wichtige Aufgabe des Dramatikers hielt), und daß Masken getragen werden, davon ist im Stück ja ausdrücklich die Rede (396). Gerade von hier aus aber stellt sich die Frage, die über die Sinnstruktur des ganzen Dramas entscheidet, nämlich, wie sich die Oberfläche und der plötzlich entdeckte Kern der Persönlichkeit zueinander verhalten. Zur rechten Beantwortung ist nun zunächst zu erfassen, daß es sich bei dem Durchbruch zu der tieferen Schicht nicht um eine bloße kollektive Illusion handelt. Denn wenn auch die Friedensstimmung der Familie Scholz recht bald, wenn auch nicht schlagartig, verfliegt, so finden sich doch reichlich Andeutungen, daß solches menschliches Miteinander bereits früher wirksam gewesen ist, so daß wir überzeugt sein dürfen, es mit seelischen Wirklichkeiten zu tun zu haben.

Damit wird klar: die Interpretation der Charaktere im *Friedensfest* ergibt, daß die Kräfte von Vererbung und Milieu durchaus wirksam sind und eine „Tragödie" heraufbeschwören: die Menschen machen sich das Leben zur Hölle durch ihre im Zusammenleben erworbenen oder entwickelten Wesenszüge. Aber: dieses Geschehen hat sein Gültigkeitsbereich nur in einer Schicht, die wir als Oberfläche bezeichneten. Hauptmanns menschengestalterischer Impetus geht in diesem Stück geradezu darauf zu zeigen, daß es darunter noch eine Schicht gibt, die davon völlig unberührt bleibt. Der Mensch ist also nicht die Summe von Erbgut und Milieueinwirkungen, nicht, wie Bölsche gesagt hatte „das restlose Ergebnis gewisser Faktoren, einer äußeren Veranlassung und einer inneren Disposition", wobei „auch diese Disposition sich aus gegebenen Größen ableiten lasse". Und schon gar nicht ist der Mensch auf Grund solcher Voraussetzung mathematisch berechenbar und formulierbar durch logisches Kalkül. So ist *Das Friedensfest* auch keine naturalistische Tragödie, sondern es

birgt in seiner Tragik der Unzwingbarkeit des menschlichen Geschehens eine unausgesprochene Auseinandersetzung mit dem
Hauptdogma der naturalistischen Ideologie, das auch den Grund-
stein naturalistischer Tragik ausmacht, daß der Mensch Produkt
von Anlage und Umwelt sei und sonst nichts. Zugleich aber
weist das Drama mit diesem Zug — nicht als echte Antizipation,
doch andeutend — weit voraus auf diejenigen Dramen Hauptmanns, deren Sinnstruktur ebenfalls auf den Kairos gestellt ist,
in dem sich der Durchbruch zu größerer Wesentlichkeit vollzieht.
Nur daß sich später in solchen Erlebnissen der Bezug zum Göttlichen stiftet, der hier noch gar nicht in Sicht kommt. Doch
ähnlich wie in späteren Werken stellt sich schon hier durch die
Dualität im Charakter jene eigentümlich Hauptmannsche, un-
naturalistische Tragik her, deren verzweiflungsvolle Düsternis
in Spannung steht zum Überhobensein über den Schmerz in der
Tiefe der Erfahrung.

Bestand schon zwischen *Vor Sonnenaufgang* und dem *Friedensfest*
eine thematische Verbindungslinie im Sinne problemlogischer
Fortläufigkeit, so setzt sich diese Entwicklung noch deutlicher
bis zu den *Einsamen Menschen* fort, die gleich anschließend entstanden sind. Nach der Konzentration auf das Wesensbild des
Einzelmenschen *(Friedensfest)* rückt Hauptmann nun den Akzent
auf die Gestaltung zwischenmenschlicher Beziehungen, und impliziert darin ist, daß er den Naturalismus jetzt von einem anderen
Blickpunkt visiert, dem der Ethik, sofern man darunter pauschal
das Verhältnis der Menschen zueinander versteht. Den Hintergrund dazu bildet charakteristischerweise der Konflikt des ausgehenden 19. Jahrhunderts: christliche Geistigkeit steht gegen
das Welt- und Menschenbild der positivistischen Natur- und
Sozialwissenschaften. Die Hauptgestalt, Johannes Vockerat, ist
selbst in dem Konflikt dieser geistesgeschichtlichen Übergangs-
situation befangen. Er ist Wissenschaftler, Schüler Haeckels;
seine ganze Energie gilt der Fertigstellung eines gelehrten Werks
über psycho-physiologische Probleme. Aber so sehr er sich für das
neue Weltbild der Naturwissenschaft begeistert, ist er, wie sich
herausstellt, ihm doch noch nicht gewachsen und in Gefahr,
sich an seiner pietätvoll kompromißlerischen Zwischenstellung
seelisch aufzureiben. Diese Tragik kommt besonders in der Problematik seiner ehelichen Bindung zum Vorschein, um die sich
das Stück dreht. Johannes ist jungverheiratet mit Käte, die zwar
herzensgut und hausmütterlich ist, aber ihm in geistiger Beziehung
niemals eine echte Partnerin sein kann. Reibereien und Enttäuschungen sind daher nicht ausgeblieben. Doch wird gleich zu
Beginn des Stücks plötzlich eine völlig neue Lage geschaffen, als

eine wildfremde Studentin der Naturwissenschaften, Anna Mahr, ins Haus schneit, in der Johannes im Handumdrehen die langentbehrte Studienkameradin findet, die seine Sorgen und Probleme versteht. Dem wechselseitigen geistigen Mitteilen, das ihm Existenznotwendigkeit ist, zugetan, lebt Johannes förmlich auf in ihrer Nähe, und so bleibt Anna auf seinen Wunsch wochenlang in der Friedrichshagener Villa am Müggelsee, in der sich das Drama abspielt. Wie zu erwarten, kommt es mit der Zeit zu Spannungen zu Frau Käte und den Eltern, die in herrenhutischer Herzensfrömmigkeit aufgehen und an den doppelseitigen Beziehungen ihres Sohnes etwas Ungehöriges finden. Von Akt zu Akt steigert sich die Gespanntheit, aber erst als eine Katastrophe schon in Sicht ist, fassen Anna und Johannes die Lage selbst ins Auge, und da tritt eine überraschende Wendung ein: in ihren Beziehungen, die eine Lage geschaffen haben, die der konventionellen Moral suspekt ist, möchten sie so etwas wie eine Vorwegnahme einer menschlichen Gemeinschaftsform der Zukunft sehen, wie sie einmal zwischen Menschen ihrer fortgeschrittenen, wissenschaftlich aufgeklärten Bildungsstufe möglich sein werde. Sie ahnen einen „neuen höheren Zustand der Gemeinschaft zwischen Mann und Frau", der „geläutert" ist und „vollkommener" als der konventionelle (I, 563f.). Ihren Höhepunkt erreichen diese Gedanken paradoxerweise im Augenblick des Scheidens, das die Familie schließlich doch zu erzwingen weiß: Anna und Johannes geben sich da ein „Gesetz", nach dem sie, auch und gerade weil sie sich nie im Leben wiedersehen werden, sich ihr ganzes Leben lang zu handeln geloben, ein Gesetz, das sie verbindet, wenn sie auch alles andere trennt. Was sie aber mit dem Gesetz meinen, ist eindeutig dies: „die Ahnung eines neuen freien Zustandes, einer fernen Glückseligkeit, die in uns gewesen ist", zu bewahren als bleibende Wirklichkeit. „Was wir einmal gefühlt haben, die Möglichkeit, die wir gefühlt haben, soll von nun an nicht mehr verlorengehn. Gleichviel, ob sie eine Zukunft hat oder nicht, sie soll bleiben. Dies Licht soll fortbrennen..." (582). Und zur Besiegelung des paradoxen Bundes, der durch die Trennung noch inniger wird, reicht Anna Johannes einen Ring, der einer toten Frau vom Finger gezogen ist, „die ihrem Mann nach Sibirien gefolgt ist. Die ihm treu ausgehalten hat, bis ans Ende" (582). Zwar fügt Anna „leis humoristisch" hinzu: „Unser Fall ist umgekehrt", doch daß gerade das Gegenteil gemeint ist, liegt auf der Hand; die Äußerung ist ironisch.

An dieser Stelle müssen wir uns erinnern, einmal, daß jenes Gesetz, das die beiden sich geben, direkter Ausfluß der „modernen" Philosophie der beiden ist, und daß diese wiederum konsequent als die Profanideologie des Naturalismus dargestellt ist. Das Gegenbild: die *Ehelüge*, wie sie Johannes mit Käte lebt, war einer der prominentesten Zielpunkte der naturalistischen Gesellschaftskritik, und obwohl der Naturalismus (beispielhaft Max Nordau in den *Konventionellen Lügen der Kulturmenschheit*) nun gewiß eine gesamtmenschliche, mit Bölsche zu reden: eine psychophysische Gemeinschaft zwischen Mann und Frau an die Stelle der unmoralischen Konventionsehe zu setzen beabsichtigte, entspricht die von Anna und Johannes antizipatorisch verwirklichte rein geistige Gemeinschaftsform, der aber doch gerade der geschlechtliche Gegensatz wesensnotwendig zu sein scheint, dennoch durchaus naturalistischen Voraussetzungen. Denn die Emanzipation der Frau, namentlich ihre Gleichstellung in bezug auf die Teilhabe an der herkömmlich fast exklusiv dem Manne zukommenden Bildungshumanität, ist einer der am lautesten verfochtenen naturalistischen Programmpunkte; und daß im Umkreis der naturalistischen Reformutopie in der Tat in solchem Zusammenhang an eine lebenslange *geistige* Bindung zwischen Eheleuten gedacht worden ist, die freilich durch eine erotische Bindung ergänzt werden sollte — in der Form der Ehe zu dritt etwa, wie Johannes sie sich einmal vorstellt —, das bezeugt z.B. Max Nordau in seinem erwähnten Kompendium naturalistischen Ideenguts (72. und 73. Taus., S. 302ff.).

Doch hier kommt es entscheidend darauf an, daß man bemerkt, daß Hauptmann diese naturalistische Vorstellung gerade wieder als scheiternde erfaßt wie auch die vorher berührten, also weder der konventionellen Ehelüge noch der bibelfrommen Mentalität des saturierten Bürgertums, der sie entstammt, ein Positives gegenüberstellt. Das ist die eigentliche Tragödie. Denn jenes „Gesetz" versagt, kaum daß es ausgesprochen ist. Instinktiv getrieben brechen die beiden jungen Menschen ihren Bund, indem sie sich heiß umschlingen und sich „in einem einzigen, langen, inbrünstigen Kuß finden". Sie erkennen beide sofort, was dies bedeutet: sie leben doch noch nicht den rein geistigen Bund der Zukunft. Objektiver ausgedrückt: die neue Denkart führt sich selbst ad absurdum. Für Johannes Vockerat, den einsamsten aller dieser Menschen, gibt es wie für so viele Hauptmannsche Helden keinen anderen Ausweg aus dem Lebensdilemma als die Erlösung im Freitod. Aber von einem Eingang in einen höheren Seinsbereich durch den Tod, in „das Sein, das keines Traums bedarf", kann hier kaum die Rede sein. Zwar spricht Johannes einmal das spinozistische *deus sive natura* aus und zitiert auch die pantheistischen Verse: „Was wär' ein Gott, der nur von außen stieße ... Ihm ziemt's, die Welt im Innern zu bewegen" (490f.),

71

aber dieses Motiv gerade für seinen Tod auszuwerten, hat man nicht den geringsten Anlaß, da Johannes des öfteren vom Selbstmord als dem bloßen Ende seiner Not spricht. Immerhin erhellt auch aus dieser Offenheit in der Frage der Transzendenz des Lebensbezugs wieder, daß Hauptmanns eigentliches Thema in diesem Drama noch auf anderer Ebene liegt und daß er sich nur darauf konzentriert. Und wie in den beiden früheren Dramen geschieht das auch hier wieder im Medium der dramatischen Charaktergestaltung. Doch darf man nicht verschweigen, daß der Dramatiker in diesen drei ersten Stücken der Gattung des Problemstücks trotzdem noch weit näher kommt als in irgendeinem späteren Werk.

Aber schon in den *Webern*, die unmittelbar anschließend an die *Einsamen Menschen* geschrieben wurden, doch wie alle drei frühen Dramen im Keim in die Züricher Zeit zurückreichen, ist dieses Stadium bereits überwunden, und Hauptmann spricht nur noch durch die Gestaltung einer dichterischen Welt. Dennoch empfiehlt es sich, *Die Weber* mit den drei Erstlingsdramen zu einer „naturalistischen" Tetralogie zusammenzunehmen, da im Weltbild dieses Stücks die Positionen, die er von *Vor Sonnenaufgang* bis zu den *Einsamen Menschen* im Wege der implizierten Kritik gewonnen hatte, vollendet und in einen alles übergreifenden Bezugsrahmen aufgenommen werden, der für Hauptmanns gesamtes weiteres Werk grundlegend bleiben wird. Und zwar meinen wir damit nichts anderes als die Ausführung des Motivs, das in Johannes Vockerats Tod nur ganz leicht anklang und das nun mit einer gewissen sachlogischen Notwendigkeit im Gefolge der bisherigen Themen wieder auftaucht: die Beziehung des Menschen zum Transhumanen.

Freilich läßt sich das Stück über die schlesische Weberrevolte der vierziger Jahre zunächst als etwas ganz anderes an. Und seit dem ersten Erscheinen, als man *Die Weber* als gemeingefährliche Aufforderung zum Klassenkampf polizeilich verbieten ließ, bis in die Gegenwart fehlt es nicht an Versuchen, diese Tragödie als sozialkritisches Stück zu verstehen, wenn nicht gar als sozialistischen Aufruf, obwohl Hauptmann selbst doch schon gleich nach der Uraufführung mit Nachdruck betont hat, das Stück sei „wohl sozial, aber nicht sozialistisch", und er habe „durch keiner Partei Brille gesehen". Richtiger reagierte da schon das Publikum der Berliner Arbeiteraufführungen, als es sich in seiner Erwartung zündender Brandreden von den Brettern herab enttäuscht sah, und Vergleiche mit dem Buch, das Hauptmann neben den Eindrücken seiner eigenen Studienreisen in das schlesische Webergebiet als hauptsächliche Quelle benutzt hat, Alfred Zimmermanns *Blüte und Verfall des Leinengewerbes in Schlesien* (1885), haben denn auch einwandfrei erwiesen, daß der Dramatiker alle historisch vorgegebenen Züge, die seinem Werk den Anstrich der literarischen Hetze hätten geben können, ausgemerzt und die Kraßheiten der sozialen Ungerechtigkeit gemildert hat. Das läßt bereits vermuten, daß er selbst nicht die ganze Wahrheit gesagt hat, als er in seinem Erinnerungsbuch meinte, der „Zwangsgedanke sozialer Gerechtigkeit" sei es gewesen, der ihm *Die Weber* in die Feder diktiert habe (XIV, 793). Schon daß er im gleichen Zusammenhang auch von seinem Überhobensein über solche konkrete Interessenrichtung und geradezu von seiner „Weltflucht" spricht, wirkt da eher noch verwirrend als klärend (761). Zum Mißverständnis lädt auch das Stück selbst ein, da sich Hauptmann hier noch des veristischen Darstellungsstils und des sozialgeschichtlichen Vorwurfs bedient, wodurch er berühmt geworden war. Um jedoch deren Sinngehalt zu klären, gilt es, dem Gestaltsinn der Stofformung auf die Spur zu kommen, und einen solchen hat Hauptmann denn auch nicht zufällig gesprächsweise einmal im Widerspruch gegen die Auffassung als bloße historische Zustandsmalerei ausdrücklich für *Die Weber* in Anspruch genommen.

Kompositorische Ordnung bietet sich zunächst nur von der Kategorie der Atmosphäre her an, aber man verbaut sich den Weg zum angemessenen Verständnis, wenn man nicht darüber hinausgeht. Quellgrund dieser das ganze Werk beherrschenden Stimmung und der ihr immanenten Tragik ist der übergreifende Schicksalszusammenhang einer sprunghaft gewandelten Soziallage. „Das ganze Elend kommt von a Fabriken" (II, 78). Eine Klasse, ein Berufsstand leidet hilflos unter der Entwicklung der maschinellen Verfahrensweisen der modernen Industrie. Zwar ist ihr, wie an einer Stelle (II, 72) deutlich wird, sogar die über die „Produktionsmittel" verfügende Klasse nicht mehr gewachsen, „völlig preisgegeben", da sich die Gesamtsituation offenbar mit ihrer eigenen unberechenbaren Logik in einer rätselhaften Selbstbewegung befindet. Aber am härtesten sind doch die großen Massen der Weberbevölkerung getroffen. Diese Masse aber hat die eigentliche Hauptrolle inne in diesem Stück ohne Helden im herkömmlichen Sinne, und damit werden *Die Weber* das erste Massendrama der deutschen Literatur, ein Dramentyp, den Heine bereits im Todesjahr Goethes als unvermeidliche Begleiterscheinung des geistesgeschichtlichen Befunds des Verlusts des großen einzelnen für die tragische Dramatik der Zukunft vorausgesehen hatte, und ganz dieser Prognose entsprechend hat Hauptmann denn auch seine Webermassen weithin nach dem dramaturgischen

Prinzip der chorischen Gestaltung auf die Bühne gebracht, doch unterscheidet ihn vom expressionistischen Drama, das diesen Typus zur Hochblüte bringt, der Umstand, daß er auch im Massenstück noch an seiner Kunst der Individualcharakteristik festhält, doch so nun, daß alle diese unverwechselbaren Einzelgestalten aufgehen in der großen Masse der Leidenden, stellvertretend für sie sprechen, wie umgekehrt die Masse für jeden von ihnen spricht. Ununterbrochen ist diese Masse gegenwärtig. Denn sie trägt die Atmosphäre, die von Akt zu Akt gespannter wird. Entsprechend beginnt es mit einer Massenszene: Die Weber liefern ihre Leinenballen beim Fabrikanten Dreißiger ab, und gleich hier entfaltet sich das ganze Elend dieser Menschen. Physisch bis aufs Letzte heruntergekommen und bedrückt von der täglichen Sorge um das trockene Brot, knistert in dieser Masse, die da gegen den schikanösen Prokuristen steht, der Funke der offenen Empörung. Das besonders, als ein junger Weber, der rote Bäcker, sich plötzlich aufsässig gebärdet und das aufrührerische Lied, das „Blutgericht", zur Sprache bringt, das die Dorfjugend vor dem Hause des Fabrikanten Dreißiger gejohlt hat. In jedem weiteren Akt klingt dieses Lied dann wieder auf, wodurch es nicht nur als geschickt gesponnener Verbindungsfaden zwischen den fünf großen Einzelbildern wirkt, sondern auch jeweils einen neuen Spannungshöhepunkt bezeichnet, und diese stetig, doch sprunghaft steigende Spannungs- und Stimmungskurve ist das eigentlich dramatische Element in diesem Stück. Nach der Darstellung der wirtschaftlichen Not der Masse werden wir dann (2. Akt) in die Behausung einer solchen Weberfamilie geführt, und damit in die Enge, aber das nur scheinbar, denn gleich taucht von „draußen" der Husarenbursche Moritz Jäger auf, der in seiner eben abgedienten Militärzeit die Welt kennengelernt hat und nun, empört über die Lage der Weber in seinem Heimatort, zur revolutionären Tat aufreizt. Der alte Weber Baumert und der Häusler Ansorge sind schlagartig aufgerüttelt aus der leidenden Lethargie: „Mir leiden's nimehr . . ." Echte Massenbewegung enthält dann wieder der dritte Aufzug, der im Kretscham zu Peterswaldau spielt. Mit wenigen Sätzen und ohne die handlungsmäßige Zügigkeit zu beeinträchtigen, gelingt es dem Klassiker der Wirtshausszene hier, die sozialen Schichten und Gruppen sichtbar zu machen, die den Weberstand einengen, und wie eine eruptive Befreiung aus dieser sozialen Zwangslage mutet es an, als die Weber unversehens, das Hetzlied singend, das ihnen aus der Seele gesprochen ist, in einem geradezu expressionistischen „Aufbruch" aus ihrer Passivität erwachen und ihr Geschick in die eigene Hand nehmen. Bis zur

74

offenen Massenrevolution steigert sich dann die Stimmung im anschließenden Akt. Der Ort ist Dreißigers luxuriöse Wohnung. Von der Straße her dringt der vielstimmige Lärm der murrenden, schließlich tumultuarisch brüllenden Volksmassen herein, bis die randalierende Menge schließlich das Haus stürmt und in einem Rausch der Zerstörungswut zerschlägt, was nicht niet- und nagelfest ist.

Hat sich bis hierher die dramatische Spannung und Stimmung fortlaufend intensiviert, so wirkt der Schlußakt von Anfang bis Ende als Anti-Klimax, aber von ihm strahlt das Licht aus, in dem die ganze Weberrevolte zu verstehen ist, und gerade der Umstand, daß er handlungmäßig nur sehr dürftig integriert ist, also weniger den Eindruck eines organischen Kompositionsteils als eines wegen seiner sinngebenden Funktion etwas gewaltsam eingefügten Bauelements erweckt, muß unsere Aufmerksamkeit nachdrücklich auf die hier gegebene Perspektive lenken, genauer auf den alten Webermeister Hilse, dem dieser ganze Schlußakt gewidmet ist. Inmitten der revolutionären Bewegung, die sich mittlerweile zu einer wahnsinnigen Vernichtungsraserei von apokalyptischem Ausmaß entwickelt hat, bildet der Großvater Hilse, unentwegt an seinem Webstuhl ausharrend, den ruhenden Mittelpunkt des Sturms. Eingeführt wird er mit einem Dankgebet an Gott für seine Gnade und Güte, das den Alten ein für allemal charakterisiert und wenn nicht als großen, so doch als den einzigen geistig außergewöhnlichen Menschen aus der Masse der Weber herausstellt:

... mir sein arme, beese, sindhafte Menschenkinder, ni wert, daß dei Fuß uns zertritt ... Und wenn auch mir und mer wern manchmal kleenmietig under deiner Zuchtrute — wenn und der Owen d'r Läutrung und brennt gar zu rasnich heiß — da rech's uns ni zu hoch an, vergib uns unsre Schuld. Gib uns Geduld, himmlischer Vater, daß mir nach diesem Leeden und wern teilhaftig deiner ewigen Seligkeit. (81)

Das ist nicht, wie man beim ersten Lesen argwöhnen mag, Karikatur des Trottels der Gläubigkeit, Karikatur der Religion als Ersatzbefriedigung der Schlechtweggekommenen; der alte Hilse hat vielmehr seine Bedeutung darin, daß er die einzige Gestalt des ganzen Dramas ist, die ein Verhältnis zu jenem Bereich hat, der die bisher dargestellte Wirklichkeit und ihr Leid transzendiert. Zwar wird man nicht annehmen wollen, daß Hauptmann durch den Mund Hilses seine Deutung und Lösung der Klassenkampfsituation ausspricht, also eine passive Hinnahme aller entwürdigenden Erniedrigung aus der Geistigkeit einer gewissen engen kirchenchristlich unproblematischen Frömmigkeit predigen möchte. Daß Hilse sein Wissen um eine über die Weltwirklichkeit hinausgehende Realität in die Form orthodoxer Christlichkeit kleidet, ist lediglich ein Erfordernis der in den *Webern* herrschenden realistischen Darstellungsweise: Wanns mystische Religionsphilosophie und sein viel eigenständigeres Vokabular wäre in diesem Stück nur ein schreiender Mißton. So wird dem Stil zum Trotz durch diesen alten Weber, dem sich „in aller der Not" eine religiöse „Gewißheit" erschlossen hat, das ganze bisherige Geschehen, das im Hilse-Akt noch weiterläuft und ihn umbrandet, in eine neue Perspektive gerückt: die Rebellion der Weber gegen die Not ihres Daseins wird gegen das im Transzendenten verwurzelte Lebensbewußtsein Hilses, das gerade im Leid seiner selbst gewiß wird, gewogen und als zu leicht befunden: als allzusehr den bloß physischen, irdischen Bedürfnissen der Existenz verhaftet. Nicht eigentlich der alte Webermeister ist somit tragisch gesehen, obwohl man in der Literatur immer wieder liest, gerade sein Tod durch eine verirrte Kugel sei tragische Ironie, sondern die Gesamtheit der Weber, deren Maxime ist: „Wer de will mitkummen, muß sich derzu halten" (47). Denn in ihrem Leid wird ihnen nicht das Geschenk der jenseitsgerichteten Gewißheit und Ewigkeitsschau zuteil; im Gegenteil werden sie gerade durch das Leid immer mehr in die diesseitigen Lebensbezüge verstrickt, die ihren Horizont begrenzen, und so machen sie sich tragisch schuldig. Gerade in den Schlußaugenblicken kann darüber kein Zweifel mehr herrschen. Denn es wird zusehends offenbar, wie die Revolte die tierischen und gemeinen Instinkte in den Menschen entbindet, die Rachlust und die Mord- und Brandsucht und die reine Zerstörungswut, die sie in rasendem Paroxysmus immer tiefer in Schuld verwickeln. Hatte das Aufbegehren von Anfang an keine sinngebende und leitende Zielvorstellung, so gerät es jetzt völlig außer Rand und Band. „Da hat d'r Teifel seine Hand im Spiele", drückt es Hilse in seiner bibelkundigen Sprache aus und deutet damit noch einmal an, daß der Kern der Weberbewegung im Verlust des rechten religiösen Bezugs zu suchen ist, durch den der Mensch für Hauptmann erst wirklich Mensch ist. Auch in den vorangegangenen Akten war schon gelegentlich davon die Rede, daß die Weberleute (wie auch die Fabrikanten) nicht religiös sind (55), und bezeichnend ist, daß der alte Baumert in dem aufrührerischen Weberlied „all's aso richtig wie in d'r Bibel" findet (38). Die soziale Selbsthilfe, die, so verständlich sie ist, nur allzuschlecht verhüllter gemeiner Egoismus ist, wird durch die Worte oder besser noch durch die ganze Lebenserscheinung des alten Hilse, der sich von Gott an seinen Platz gestellt weiß und tut, was er ihm „schuldig" ist, in dessen Umkreis reine Liebe, wortlose Innigkeit und die Rechtlichkeit einfacher Menschen herrschen, als Irrtum gekennzeichnet, doch nicht angeprangert, denn im tiefsten ist es doch Irreführung durch die eigene Not, den utopischen eigenen Lebens- und Erlösungswillen, und darin ist die Tragik des Weber-Dramas beschlossen.

Das praktisch-reformerische Ethos, das sich uns in Teilen des *Promethidenloses* und einigen Gedichten objektiviert hatte, überhaupt das rein diesseitige, sogar metaphysik-feindliche Ethos des Naturalismus, lassen *Die Weber* somit in ihren letzten Intentionen schon weit hinter sich. Statt dessen ist Hauptmann hier auf dem Wege der Auseinandersetzung mit gängigen Vorstellungen seiner Zeit in einer Spiralbewegung gleichsam auf höherer Ebene zu dem Punkt zurückgekommen, den wir mit dem *Apostel* markierten: war dort noch die Frage nach der Realität einer göttlichen Überwelt durchaus offengelassen, so wird sie in den *Webern* als Wirklichkeit im religiösen Bezug bejaht; eine gewisse Gelassenheit hat mit diesem Stück das Suchen und Fragen abgelöst. Doch so sehr sich diese nun in den auf *Die Weber* folgenden Werken auch geltend macht, so ist unverkennbar, daß Hauptmann sich mit neuer Unruhe bemüht, die Unbestimmtheit seiner Vorstellung von dieser Komponente seines Weltbildes weiter zu klären und sie in Beziehung zu setzen nicht nur zum Menschen, sondern auch zu jenem entgegengesetzten Kräftereich des Dämonischen, das sich in den frühen Novellen geltend gemacht hatte. Damit ist die Signatur von Hauptmanns Leben und Schaffen bis kurz nach der Jahrhundertwende bezeichnet, genauer bis zur Vollendung des „Rinascimento des vierten Jahrzehnts", wie er es nannte. Er meinte damit eine völlige körperliche und seelische Erneuerung, die sich über die ganze vierte Lebensdekade hinziehen könne und so als die größte Krisenperiode im Leben jedes Menschen anzusehen sei (VII, 96, 417). In dem autobiographischen Roman *Atlantis* ist eine solche Zeit der Lebenswende dargestellt. Was sich da in Friedrich von Kammacher innerhalb einer kurzen Zeitspanne abspielt, erstreckt sich bei Hauptmann über fast das ganze Jahrzehnt: er ist ein „Zerrissener und Gepeitschter, heute Gieriger, morgen Übersättigter, der sich nach Ruhe, nach Frieden sehnt" (VII, 320). Wie später kaum wieder erfährt er (trotz aller relativen und zeitweiligen Beruhigung in sich selbst und im mystischen Bezug über sich hinaus):

den großen Wahnwitz des Lebens, (die) ungeheuren Summen von Sorge, Hoffnung, Begierde, Genuß — der sich aber sogleich wieder selbst verzehrte —, erneute Begierde, Illusion von Besitz, Realität von Verlust, Nöte, Kämpfe, Einigungen und Trennungen, alles unaufhaltsame Vorgänge und Durchgänge, die mit Leiden und wieder Leiden verbunden sind (VII, 190).

Für Hauptmann ist dies die Zeit nicht nur ständig schwankender Gesundheit, die ihn zeitweilig für sein Leben fürchten läßt, sondern auch die Zeit seiner Ehewirren: des unablässigen nervenaufreibenden Hin und Her zwischen seiner Frau Marie und der Geliebten Margarete Marschalk, der jungen Violinistin und Schauspielerin, zu der sich 1893 engere Beziehungen anbahnten, nachdem die Ehe bereits zerrüttet war. Erst 1904, im gleichen Herbst, in dem der Dichter sich endgültig von seiner Krankheit und zugleich von seiner seelischen Krise erholt, finden diese Qualen auch formell ihr Ende mit der Eheschließung in der Villa Wiesenstein in Agnetendorf, die Hauptmann bereits 1900/01 als Zuflucht für Margarete und sich hatte bauen lassen. Sie wurde ihm die eigentliche Heimstätte, in der er bis zum Tode ausharrte.
Wenn man bei Hauptmann überhaupt von Lebensabschnitten reden kann, so beginnt der einschneidenste mit dieser Agnetendorfer Zeit der „Seßhaftigkeit" (XII, 385). Die Wiedergeburt, das Stirb und Werde (XII, 34) hat sich vollendet. Mit Behl und Voigt setzen wir dafür das Ende des Jahres 1904 an. *Danach* begegnet uns ein verwandelter Hauptmann. Wie sein Ebenbild Friedrich von Kammacher hat er „das Leben wieder schätzen" gelernt (320), will sagen: die Gelassenheit, mit der er sich dem Leben jetzt hingibt, hat sich seit der Zeit der *Weber* in den Feuerproben des vierten Jahrzehnts gefestigt und innerlich bewährt als tragender Daseinsgrund, wie er es auch im *Buch der Leidenschaft* geschildert hat (XII, 4; 385). Vorbei ist die Periode der Ikarusflüge, in der er sich aufgerufen fühlte, immer wieder neu die aus den Fugen geratene Zeit einzurichten und dabei an den Rand des Selbstmords geriet. Jetzt nimmt er vielmehr das Leben hin mit der Gebärde des Danks ins Kosmische hinaus. „Die Zeit der Versöhnung ist angebrochen" (XII, 384). Und darin „findet er sich selbst" und gewinnt den „Mut zu sich selbst" (XII, 386f.). Auch wenn das Leben „gänzlich verpfuscht" scheint (VII, 343), so ist das nun, über ein Dutzend Jahre nach dem *Friedensfest*, wo das gleiche Wort fiel, kein Grund mehr, es „aufzugeben". Denn jetzt wird er bei allem Wissen um den Leidcharakter der menschlichen Existenz der fügenden Hand des verborgenen Gottes inne, und „eine gewisse heitere Ruhe dämpfte jede allgemeine Hoffnung, jede allgemeine Befürchtung" (VII, 418), schon das bloße Atmen ist Glück. Und wenn Hauptmann

78

im gleichen Zusammenhang sogar von einer „zärtlichen Liebe zum Oberflächlichen" redet, dann wird man die Tiefe spüren, aus der das gesprochen ist, erinnert das Wort doch an die schöne Stelle im *Armen Heinrich*:

Des Abgrunds Tiefen ruhn
unter des Schiffes Kiel, auf dem wir gleiten,
und ist ein Taucher dort hinabgetaucht
und heil zurückgekehrt zur Oberfläche,
so ist sein Lachen, wenn er wieder lacht,
Lasten von Golde wert. (IV, 191)

Der arme Heinrich erschien 1902, an der Wende zu Hauptmanns „neuem Leben". Den Weg dahin, dem wir uns also im nächsten Kapitel zuwenden, hat der Dichter sich gewiß nicht leicht werden lassen.

BEFREIUNG UND UNRUHE: DAS „RINASCIMENTO DES VIERTEN JAHRZEHNTS"

Vielfältigkeit ist das Hauptkennzeichen der Bemühungen des Dichters im Jahrzehnt nach den *Webern*, das man mit Recht als die „schaffens- und ideenreichsten Jahre seines Lebens" bezeichnet hat. In weitausgreifendem Studium der geistigen Überlieferung vergewissert er sich aufs neue seiner lebensanschaulichen Grundlagen. Die Bemächtigung neuer Stoffbereiche und Ideen erstreckt sich ins Uferlose. Die altnordische Vorzeit, das Mittelalter, die Reformationszeit, die Welt der Slawen bringt Hauptmann durch diese Privatforschungen in seinen Gesichtskreis, ebenso jüdische Geschichte, Orientalisches, heimatliche Folklore und Märchenzauber; Brahmanismus, Buddhismus, christliche Mystik und der Koran geben sich ein kurioses Stelldichein; daneben laufen die Jesusstudien weiter; die Antike, besonders Plato, gewinnt erneut Macht über ihn; er studiert ferner Nietzsche, das Buch Hiob, Böhme, Novalis, daneben sogar Bismarck, von der zeitgenössischen Literatur ganz zu schweigen. Und nicht minder vielfältig ist die Produktion, die daraus hervorgeht. Eine verwirrende Fülle von Plänen, Entwürfen und vollendeten Werken liegt aus dieser Zeit vor, die in stofflich-motivischer wie in gestaltlicher Hinsicht in alle denkbaren Richtungen auseinanderlaufen. Und darüber hinaus sind diese Jahre die Inkubationszeit vieler weit späterer Werke. Jedes der eben erwähnten Stoffgebiete hat mindestens einen Werkplan oder Entwurf geliefert, die im einzelnen aufzuzählen, hier jedoch zu weit führen würde. Realistische Gegenwartsdramatik *(Fuhrmann Henschel, Rose Bernd)* steht da neben den *Nibelungen* und einer *Gudrun,* ein Entwurf zu einem Situlhassan-Drama neben dem unvollendeten Dreidramenkomplex *Valenzauber,* der die Mythen- und Sagenwelt der schlesischen Heimat verwerten sollte, ein Plan zu einem jüdischen Drama neben Fragmenten eines Stücks über den mittelalterlichen Guten Gerhard, Wunderhistorie, Traum- und Märchenspiel neben Künstlerdrama usw. Ein kaleidoskopisches Bild geradezu, dessen Sinnzusammenhang nur schwer aufzuspüren ist. Auch unsere Überschrift, die das Aufatmen und erneute Umschauen nach festerer Gründung andeuten soll, ist nur ein Notbehelf. Keinesfalls will sie als Organisationsprinzip im Sinne der Sukzession verstanden sein, vielmehr hat gerade das Zugleich beider Einstellungen in fast allen Werken dieser Zeit seine Spur hinterlassen. Natürlich können wir nur insoweit davon sprechen, als sie vollendet oder, was die Fragmente angeht, durch verläßliche Berichte und Textauszüge bekannt sind, doch ist das gerade für diesen Zeitraum, der zeitweilig als der ungeklärteste gelten durfte, kein Manko, da so manche Entwürfe und Skizzen aus den neunziger Jahren sowieso verlorengegangen, bzw. nur dem Stoff und Namen nach bekannt sind, während der Rest gut durchforscht ist.

Als relativ geschlossene Gruppe treten da zunächst ein paar Werke ins Blickfeld, die uns mit einer neuen Seite Hauptmanns bekannt machen. Das sind die Komödien. Sie bilden zugleich die chronologisch nächste Gruppe. Und zwar nicht nur in dem Sinne, daß *Kollege Crampton* (1892) sich unmittelbar an die Arbeit an den *Webern* anschließt und teils sogar damit parallelläuft und darauf dann gleich *Der Biberpelz* (1893) folgt, wichtiger ist vielmehr der Umstand, daß sämtliche veröffentlichte Komödien Hauptmanns, einschließlich mancher entweder nicht weit gediehener oder verlorener, einschließlich auch des heiteren Kleinepos *Anna* (1921), das Hauptmanns erste Jugendliebe im bukolischen Idyll festhält, in mehr oder weniger ausgeprägtem Keim bereits in das vierte Jahrzehnt, ja: auf seinen Beginn zurückreichen. So mag es gerechtfertigt sein, den Gesamtkomplex der Hauptmannschen Lustspielproduktion an dieser Stelle unserer Darstellung zu behandeln, was in starker Gedrängtheit durch die bloße Andeutung seines Stellenwerts in der Ordnung des Gesamtbilds geschehen darf, da er ja nur recht peripher in unser Gesichtsfeld hineinreicht.

Daß Hauptmann 1892 plötzlich als Komiker hervortrat, hat das Publikum oft verblüfft, und ähnlich war es bei den späteren Komödien des Tragikers. Man sprach von dem Zutagetreten einer neuen „Wesenskomponente" des Dichters und sagte damit doch nicht mehr als Hauptmann selbst, als er im Zusammenhang seiner schon ans Unerträgliche streifenden Tragödie *Magnus Garbe* bemerkte, seine „innere Heiterkeit" stehe eben „auf einem anderen Blatt". Wir wollen über dieses Mysterium, wie Hauptmann wohl gesagt hätte, nicht spekulieren. Aber leicht einzusehen ist doch, daß ihn sein realistisches Darstellungsprinzip, wie es sich in der Menschengestaltung der frühen Dramen geltend gemacht hatte, früher oder später zur Komödie führen mußte; sind doch Stücke wie *Vor Sonnenaufgang* und *Einsame Menschen* geradezu Musterbeispiele für das eigenartige ästhetische Phänomen, daß die genaue Erfassung des Details von Personen in Handlung und Wort leicht soweit getrieben werden kann, daß sie ins Komische umzuschlagen droht. So sind etwa Helene Krause und Käthe Vockerat stellenweise zweifellos lächerlich, und ebenso zweifellos ist das nicht beabsichtigt. Der Weg lag also offen, und daß Hauptmann ihn gerade in dem Jahrzehnt nach den *Webern* beschreitet, ist nicht verwunderlich, wenn man sich erinnert, daß er sich in diesem Werk zu einer gewissen, wenn auch noch begrenzten und zu neuem Suchen und Sichten herausfordernden Gelassenheit befreite, denn die bietet ja die gelegentliche Distanz, die zur beruhigt-amüsierten Schau des Komikers auf die allzumenschliche Welt geradezu einlädt. Und damit ist schon etwas Wichtiges über die Natur der Hauptmannschen Komödien angedeutet: nicht sind sie Satiren, wie man vielleicht in der Erinnerung an eine ins Karikaturistische verschärfte Charakterzeichnung wie die der alten Krause vermuten möchte und behauptet hat, sondern wesentlich Humorlustspiele, geboren aus der heiteren Laune eines überlegen Wissenden. Daher auch das Hin und Wieder und die langen Unterbrechungen zwischen den komödienmäßigen Werkgestaltungen: denn eine zusammenhängende „Lustspielperiode", eine Zeit absolut unerschütterlicher Beschaulichkeit im Gefestigten hat es auch später bei Hauptmann nie gegeben. Die Hauptentstehungszeiten der Komödien sind in fast regelmäßigen Abständen über die ganze Schaffenszeit des Dichters verstreut, als die Ausruhpunkte gleichsam, in denen er einen Augenblick pausiert, um dann weiter Umschau zu halten. Aus solcher zeitlichen Punktualität des komisierenden Verhaltens Hauptmanns erhellt aber, wieso er es auch in den Komödien selbst nur ganz gelegentlich zu Werken ungetrübter Heiterkeit gebracht hat, wieso sich seine lustigen Intermezzi statt dessen immer wieder düster abschatten zu tragischen Komödien, Tragikomödien, Stücken, in denen stellenweise eine gelöst-heitere, stellenweise eine dunklere Stimmung wirksam ist — oder auch das komplex-einheitlich ästhetische Phänomen des auf komische Weise Tragischen oder auf tragische Weise Komischen. Manche dieser Dramen hat er denn auch als Tragikomödien bezeichnet, einige mit Recht, andere mit Unrecht. Mit Ausnahme des *Biberpelz*, den man gewöhnlich als eins der gelungensten deutschen Lustspiele mit *Minna von Barnhelm* und dem *Zerbrochenen Krug* in einem Atem nennt, sind die eigentlichen Komödien aber Werke, die zu den schwächsten und läppischsten gehören, die Hauptmann geschaffen hat. Der geborene Komiker war er sicher nicht. Komische Gestalten und Situationen erfassen, war gewiß eine seiner Stärken wie das Menschen- und Situationsgestalten überhaupt, aber kaum je, und auch dann noch weniger als in den Tragödien, ist es ihm gelungen, die Punktualität zu überwinden und die Einzelmomente zu einer werkhaften Struktur von eigener Gestalteigentümlichkeit und Rundung zusammenzufügen. Sogar gegen den unverwüstlichen *Biberpelz* erhebt man ja seit je den Einwand der Kompositionslosigkeit.

Doch durch diese Nebenwerke zieht sich mehr oder weniger tragend ein zentrales Thema, das sie nicht nur zusammenschließt, sondern auch im Rahmen des Gesamtschaffens interessant macht. Das ist das Problem der Scheinverfallenheit aller menschlichen Existenz. Man sagt nicht zuviel, wenn man in der mit diesem Wort umschriebenen Problematik ein zentrales Interesse Hauptmanns erkennt, das ihn sein Leben lang nicht losgelassen hat. Schon mit dem elementaren Sichgeben des Menschen in der Sprache beginnt die Zwielichtigkeit von Sein und Schein, die ihn umspielt: „Es ist schwer, wahrhaft zu bleiben, und die Sprache ist nicht die Seele selbst, sondern auch immer nur ein Mantel" heißt es mit Anklang an Schiller, Kleist und überhaupt die ganze idealistische Sprachphilosophie in *Velas Testament* (1899), „die Seele webt ihn, sie hüllt sich darein. Er ist ihr Erzeugnis, doch nie die Sache selbst." Meistens hat Hauptmann sich naturgemäß mit dem ernsten Aspekt dieser menschlichen Gegebenheit befaßt, platonischen Gedankengängen dieser Richtung ist er bekanntlich seit seiner Kindheit nachgegangen. Aber dieses Grundverhältnis hat auch seine komische Seite, auf die er in dem gleichen Fragment mehrfach zu sprechen kommt: „Der Unterschied zwischen dem, was die Menschen sind, und dem, was sie scheinen möchten, ... war immer sehr groß ... Es ist sehr lustig, sich mit dem Schein zu befassen", wenn ihm auch die Beschäftigung „mit dem Sein" als „einfacher und reiner" gilt.

Unbewußte Verstellung und Schein, mehr noch aber das bewußte Scheinenwollen, das Hochstaplerische geradezu, das er auch an sich selbst schon früh feststellte (XIV, 72f.), liegt fast allen Hauptmannschen Komödien zugrunde und ebenfalls den Tragikomödien, wie denn an der zuletzt zitierten Stelle bereits der Doppelsinnigkeit des Phänomens Rechnung getragen wird, daß nämlich der Schein „mitunter auch traurig" berührt. Angefangen hatte das schon 1892 mit den Genieallüren des verlotterten Künstlers Crampton, dessen noch harmlose Verstellungsmanöver sich in der Komödie um den Kaiserporträts pinselnden *Peter Brauer* (1921; 1910 beendet) zur schieren Hochstapelei kriminellen Ausmaßes steigert, und noch *Ulrich von Lichtenstein* (1939) hat seine komödienhafte Sinnmitte darin, daß der Minnekasper als ein mit einem ans Krankhafte streifenden Überschuß an Phantasiekräften begabter Mensch dargestellt wird, zu dem der oft nonsensikalisch sprudelnde Spielcharakter der Verskunst so recht paßt, der aber in dem etwas ernster getönten Schlußakt dann doch soweit kommt, Sein und Schein in direkt platonischer Weise, wie man gesagt hat, zu durchschauen und ein gegründeteres Leben auf dieser Unterscheidung zu bauen. Und ebenso die Stücke zwischen diesen zeitlichen Grenzpunkten: *Der Biberpelz* mit Amtsvorsteher Wehrhahns fadenscheiniger bürokratischer Allwissenheitspose und Mutter Wolffens unverblümter, doch eben darum liebenswerter Neigung zum *corriger la fortune*; desgleichen die Fortsetzung *Der Rote Hahn* (1901), wo Mutter Wolffen, durch Alter weiser geworden, statt sich mit Kleinigkeiten wie Brennholz und Biberpelzen abzugeben, Versicherungsschwindel betreibt, indem sie sich den „roten Hahn" selbst aufs Dach setzt und den Verdacht geschickt auf den Dorfidioten lenkt. In der mäßig komischen Komödie *Die Jungfern vom Bischofsberg* (1907), die sich um die Abenteuer der Werber bei den vier Thienemann-Töchtern auf Hohenhaus dreht (und in der Hauptmann sich selbst als vielversprechenden Künstler darstellt, der sich genialisch trägt), wird ein Großteil der dramatischen Verve darauf verwandt, durch intriganten Schein und Verstellung die unechte Attitüde dem Gelächter preiszugeben. Und ganz auf ein großangelegtes Scheinmanöver gegründet ist die „Berliner Tragikomödie" *Die Ratten* (1911), in der eine biedere Handwerkerfrau sich in übertriebenem Mutterdrang als Mutter eines Dienstmädchenkindes ausgibt und damit sich und ihre ganze malerisch plebejische Nachbarnhorde, die in einer zur Mietskaserne umgewandelten Kavalleriekaserne zusammengewürfelt ist, ins Zwielicht des Tragikomischen setzt, das sich zuletzt jedoch tragisch verschattet. Pose und Scheinverfallenheit fehlen schließlich auch nicht in Hauptmanns Behandlung des Griselda-Stoffes (1909), obwohl sie vornehmlich die oft belächelten ehelichen Verrücktheiten beleuchtet, die aus der Bereicherung der Ehe durch das erste Kind erwachsen können. Am tiefsten durchgestaltet ist die Schein-Sein-Problematik jedoch in der melancholischen Komödie *Schluck und Jau* (1900).

Es ist die altbekannte Geschichte vom träumenden Bauern. Ein paar adelige Herren hoffen Abwechslung in ihr ödes Dasein zu bringen, indem sie den betrunkenen Kätner Jau, den sie am Wege finden, an den Hof holen, ihm einreden, er sei der Fürst, und ihn mit entsprechender Ehrerbietung behandeln. Man spürt sofort: was Hauptmann an diesem Stoff reizt, ist nicht etwa die satirische Demonstration aristokratischer Gesinnung am negativen Paradigma der fragwürdigen Regententugend des Mannes aus dem Volk, wie das z. B. in Holbergs *Jeppe vom Berge* noch der Fall war. Daß Jau sich unheimlich schnell in seine neue Rolle hineinlebt und sich in einen geradezu grotesken Machtrausch hineinsteigert, aus dem er sich am Ende, als er wie zu Beginn wieder am Wegrand herumlungert, nur schwer herausfinden kann, ist nicht letztlich entscheidend. Schon die mit schwerem Stift gezeichnete Atmosphäre dieser höfischen Gesellschaft, die, mondän gelangweilt und hamletisch verspielt, die Tiefe kennt, die die Maske liebt und den momentanen Rausch der dionysischen Entgrenzung in Tanz und Orgie, einer Gesellschaft, die nur mit jener Heiterkeit in den Tag hineinlebt, deren Kehrseite die abgründige Lebenstrauer ist — schon diese Stimmungswelt, die das ganze Stück beherrscht, läßt menschlich Tieferes erwarten. Und in der Tat: Am bedeutsamsten ist für Hauptmann an dem motivischen Vorwurf, daß sich im Bewußtsein des Opfers dieser adeligen Laune Wirklichkeit und Traum unentwirrbar verschränken müssen, und diesen Aspekt hat er denn auch kräftig herausgestrichen. Dem verblüfften Jau läßt er z. B. durch die Höflinge einreden, seine Vorstellung von sich selbst als armer Schlucker im Dorf sei bloß die letzte Auswirkung einer krankhaften Wahnverfallenheit, der er durch die Kunst der Ärzte und zum Segen des Landes nun jedoch schon fast ganz entrissen sei, und Jau glaubt schließlich selbst an diesen Austausch von Schein und Sein. Doch hat er als Fürst bei allem freudigen Genuß der neuen Wirklichkeit auf Schritt und Tritt Rückfälle in seine alte Vorstellungswelt, so wenn er der Zofe Adeluz mit täppischer Versiertheit den Hof macht und sie in Gönnerlaune fragt: „Miega Sie Wellfleesch?". Überhaupt hält der durchweg beibehaltene schlesische Dialekt die Erinnerung an Jaus wahre Wirklichkeit immer wach, und das besonders, wenn sein herrscherliches Gebaren die tollsten Kapriolen schlägt. Am Schluß ergibt sich natürlich die umgekehrte ironische Situation, daß Jau, in seine elenden Verhältnisse zurückgeworfen, sich immer noch für den „Ferschten" hält und sich entsprechend aufspielt. In langen Kommentarreden des Fürsten Jon Rand und seines Begleiters Karl, der wie keiner die menschliche Tragikomödie durchschaut, hat Hauptmann diese Schein-Sein-Problematik noch ausdrücklich, schon überdeutlich fast, als existentielle Frage nach der Seinsweise des Menschen in seiner „Welt" schlechthin in den Vordergrund des Interesses gerückt. „Kleid bleibt doch Kleid", heißt es da von Jaus Lumpen und seinem fürstlichen Staat:

> Ein wenig fadenscheiniger ist das seine,
> doch ihm gerecht und auf den Leib gepaßt.
> Und da es von dem gleichen Zeuge ist
> wie Träume — seins so gut wie unsers, Jon! —
> und wir den Dingen, die uns hier umgeben,
> nicht näher stehn als eben Träumen und
> nicht näher also wie der Fremdling Jau,
> so rettet er aus unsrem Trödlerhimmel
> viel weniger nicht als wir in sein Bereich
> der Niedrigkeit. Wie? Was? Sind wir wohl mehr
> als nackte Spatzen? mehr als dieser Jau?
> Ich glaube nicht! Das, was wir wirklich sind,
> ist wenig mehr, als was er wirklich ist —
> und unser bestes Glück sind Seifenblasen.
> Wir bilden sie mit unsres Herzen Atem
> und schwärmen ihnen nach in blauer Luft,
> bis sie zerplatzen, und so tut er auch. (III, 333)

Man verhört sich gewiß nicht, wenn man da Töne des Wiener Impressionismus anklingen spürt: vom Lebenswert der Illusion und der Freude am Schein. Aber Hauptmann ist ein im Grunde zu ernster Dichter, als daß er sich mit der nonchalanten Geste einer modischen Melancholie beruhigen könnte. Gewiß schreibt er ein Stück zum Lachen und zum Weinen, das man unter Tränen belächelt, aber seine Schwermut ist doch tiefer, vergrübelter, lastender:

> Der Mensch, das Tier, das seine Träume deutet,
> verliert's den Schlüssel seiner Traumeswelt,
> so steht es nackt in Weltenraumes Frost
> vor seiner eignen Tür und leidet Pein. (354)

Eine Stelle wie diese ist ein Beispiel dafür, wie dem Dichter, der auf dem Gebiet der sogenannten heiteren Muse viel weniger Komiker ist als Tragikomiker, auch die hellste Heiterkeit unversehens transparent werden kann für die Tragik und das aus einer unbekannten Überwelt verhängte Leid, das das Los des Menschen ist. Was jedoch wirklich „Wirklichkeit" ist und was „Traum", das wird hier eher verschleiert als enthüllt; darin liegt der eigentliche Witz dieser philosophischen Komödie. Der Mensch kann seiner Welt nicht gewiß sein. Er lebt unter Schemen, ohne es immer zu wissen, und in einer Wirklichkeit, die er oft für Chimäre hält.

Es bleibt bei der Frage. Bei der Frage bleibt es letztlich auch bei der zweiten geschlossenen Werkgruppe, die in den Blick tritt, wenn man vom *Kollegen Crampton* ein zweitesmal vorwärts schaut. Wir meinen die Künstlerdramen, und um kurz vorweg zu vergegenwärtigen, wie auch von hier aus schließlich wieder in den gleichen Grund gebohrt wird, braucht man nur den oratorienartigen Schluß des *Michael Kramer* ins Gedächtnis zu rufen, wo der Künstler sein Requiem auf den toten Künstlersohn mit den Worten endet: „Wo sollen wir landen, wo treiben wir hin? Warum jauchzen wir manchmal ins Ungewisse? Wir Kleinen, im Ungeheuren verlassen? . . . was wird es wohl sein am Ende?"

Sämtliche Werke Hauptmanns, die die Problematik des Künstlers zum Gegenstand haben, mit der einzigen Ausnahme des Romans *Wanda* (1928), der die Künstlerproblematik jedoch nur peripher berührt, fallen in die Zeit von 1891/92 bis 1905. Das ist nicht verwunderlich, da Hauptmann sich in dem Jahrzehnt der ständigen Selbstvergewisserung mit innerer Konsequenz immer wieder auf die Frage des Künstlertums, auf das er verpflichtet ist, zurückgewiesen sieht. Schon *Kollege Crampton* war ja ein Künstlerdrama in dem spezifischen, von Tieck und Hebbel theoretisch begründeten Sinne, daß es nur die Kunst ist, die das Geschick dessen bestimmt, der nach ihrem Gesetz angetreten ist. Und wie sich hier die tragisch umschattete Schein-Sein-Komik letzten Endes aus der Spannung zwischen Künstlertum und Menschsein ergab, die in der Hauptgestalt zum Austrag kommt, so gravitieren auch die anderen Künstlerstücke um diesen einen Sachverhalt, um jene Sonderstellung des Künstlers, die wir bereits im ersten Kapitel andeuteten: Als „Zeuge Gottes" hat er sich mit seinem Offenbarungsauftrag als Mensch in der Zeit zu behaupten. Dieses Grundsätzliche der Situation des schöpferischen Menschen ist vor allem in der fragmentarischen Dialogfolge *Das Hirtenlied* (1898) entfaltet, einem Traumspiel in Versen von erlesener neuromantischer Gediegenheit. Wir müssen es uns jedoch versagen, ausführlicher darauf einzugehen. Nur dies kann angedeutet werden: daß der „Künstler" sich hier im Traum in seinem mythischen Urbild erblickt und versteht, in dem biblischen Jakob, dem Sohn Isaaks, der zwischen Rahel und Lea steht; diese Frauen aber sind symbolisch überhöht zu Verkörperungen der Mächte, die das Dasein des Künstlers bestimmen: des göttlichen Lichtbereichs, der ihm Kraftquelle ist, und der qualvollen, dunklen Realität des Irdischen, der er schaffend verhaftet bleiben soll. Hauptmanns Mythos des Künstlers deutet also auf eine mögliche Daseinsweise des schöpferischen Menschen, in der sich Welthingabe und Gewißheit der Überwelt zur Einheit finden. Dennoch ist es auch richtig, daß den Künstler „keines Weibes Gürtel *binden*" kann, also auch Rahel nicht und nicht Lea. Denn obwohl der „Künstler" im *Hirtenlied* beide Weiber, beide Welten bindet, ist er selbst doch, wie Michael Kramer sagt, „der wahre Einsiedler" (III, 394). Und Hauptmann hat ihm das gern nachgesprochen.

Solche Einsame sind denn auch die individuelleren Künstler der anderen Dramen, in deren Ringen uns einige mögliche Antworten gestalthaft entgegentreten. „Herr des Tages und der Nacht Bezwinger" wie Tintoretto (XVII, 26) ist keiner. Mit Ausnahme eines einzigen, der jedoch eine recht unbedeutende Nebenrolle in *Gabriel Schillings Flucht* spielt, scheitern sie alle am Mangel an Kraft, die Mittelstellung zu verwirklichen, doch gibt es da von Stück zu Stück interessante Akzentverschiebungen, denen es sich nachzugehen lohnt.

Der bekannteste dieser Künstler ist der Glockengießer Heinrich in der *Versunkenen Glocke* (1897), die dem Dichter die triumphalsten Huldigungen seiner ganzen Karriere eingebracht hat. Die menschheitliche Mission des Künstlers ist hier wie in keinem anderen Drama dieser Gruppe ins Universale gesteigert, doch so, daß darin zugleich das Versagen begründet ist. Denn Heinrich ist ein Künstler, dessen Wollen, je absoluter es ist, um so sicherer dadurch zunichte gemacht wird, daß er unentrinnbar Mensch bleibt mit allen seinen Schwächen und sich als solcher unter dem Zwang seines künstlerischen Dämons in tragische Schuld verstrickt. Wie Jakob, steht auch er zwischen zwei Frauen, die die Bereiche symbolisieren. Und der Auftakt zu dieser Konstellation erinnert wieder sehr an das *Hirtenlied*: Als das Spiel beginnt, hat Meister Heinrich bereits lange an der Seite seiner Frau Magda gelebt, er hat recht und schlecht Glocken gegossen, jetzt sucht ihn aber das Unglück heim: „des frommen Meisters höchstes Meisterstück", das er für eine Kapelle hoch oben im schlesischen Bergwald gegossen hat, stürzt beim Transport zutal in einen Gebirgssee, und Heinrich findet sich, er weiß nicht wie, plötzlich im Land des Märchens mit seinen Moosmännlein und

Moosweiblein, Holzmännlein und Holzweiblein, Elfen und der weisen Hexe Wittichen, dem Waldschrat und Nickelmann und wie die Zauberwesen alle heißen. Rautendelein, „halb Kind, halb Jungfrau", ein elfisches Wesen, in dem der transzendente Seinsbereich des künstlerischen Menschen Gestalt geworden ist, tritt ihm entgegen als Erfüllung seiner Sehnsüchte. Denn — wie Jakob um Rahel — „diente" er bereits im Tal um sie, am Leben leidend, das ihm verwehrte, „im klaren überm Nebelmeer zu wandeln" und Werke zu wirken aus der Kraft „der Höhen" (III, 102). Diese Mädchengestalt, die die Märchenromantik selbst ist, öffnet ihm nun die Augen für alle Himmelsweiten, führt ihn in die „lichte" Welt ein und schenkt ihm eine Erneuerung seines ganzen Wesens. Zwar holen ihn Schulmeister und Pastor ins Tal zurück, aber hier siecht er nur dahin, bis Rautendelein ihn ein zweites Mal erlöst und in ihre Bergwelt führt. Im Taumel der Beglückung ergreift er nun sein höheres Dasein im Naturbereich der Dämonen. In Wirklichkeit aber ergreift der Kunstenthusiasmus *ihn* als schwaches Opfer, und von nun an handelt er ganz unter dem Zwang dämonischer Schicksalsmächte, deren Unberechenbarkeit er in seiner Werkstatt im Gebirge ausgeliefert ist. Gewiß erlebt er als Künstler seine höchste Erfüllung, schafft an einem Werk, wie er „noch keines dachte", an einem Glockenspiel, vor dem aller Kirchen Glocken verstummen sollen, das „die Neugeburt des Lichtes in der Welt", das Lob der mythischen „Urmutter Sonne" verkünden soll, denn seine hohe Mission sieht er eben darin, die Menschheit vom Fluch der Trennung zu befreien und der Mutter Sonne wieder zuzuführen, der sie entfremdet worden ist. Christliches und Heidnisches, Weltüberhobenheit und Daseinsfreude überwölbend statt gegeneinanderstemmend, wie es noch in dem fragmentarischen *Helios*-Komplex war, aus dem das Glockengießerdrama hervorgegangen ist, soll sein neues Evangelium, das ihm in seinem „neuen Leben" bewußt geworden ist, „alles was da ist" erlösen, wie die christlich-dionysische Mythensynthese andeutet:

> So aber treten alle wir ans Kreuz,
> und noch in Tränen jubeln wir hinan,
> wo endlich, durch der Sonne Kraft erlöst,
> der tote Heiland seine Glieder regt
> und strahlend, lachend, ew'ger Jugend voll,
> ein Jüngling, in den Maien niedersteigt. (126)

Aber diesem Rausch des schon ganz Religiosität gewordenen Künstlertums ist Meister Heinrich letztlich doch nicht gewachsen. Wie die Wittichen später sagen wird, war er berufen, aber nicht auserwählt, nicht „stark" genug, das menschliche und das übermenschliche Bereich in der Kunst zur Einheit zu binden. Und zwar erlebt Heinrich eine doppelte Krise, indem sich beide Kräfte gegen ihn wenden. Eingeweiht in das Mysterium der Überwelt, bleibt er noch ganz im Bannkreis menschlicher Bedingtheit und verschuldet sich durch seinen Aufschwung an den menschlichen Daseinsordnungen: In seine Höhe dringt der Ton der alten Glocke aus der Tiefe des Sees, wo die tote Magda den Klöppel rührt und an die Verpflichtungen mahnt, die Heinrich als Mensch unter Menschen im Leben erwachsen. Da regt sich das Gewissen so übermächtig in dem Höhenmenschen, daß er das „lichte Leben" von sich stößt und reuig das Tal sucht. Aber ebenso machtlos ist er den Wesen in Rautendeleins Höhenwelt anheimgegeben; auch sie, vor allem Waldschrat, der schon anfangs die Glocke in den See stürzen ließ, tragen zu seinem Untergang bei, da sie „je nach Laune" ebenso kraftspendend wie zerstörerisch sein können, so daß ihn eine zweifache „Meute" ins Verderben hetzt. Und im mythischen Bild deutet sich an: das ist Los des Menschen schlechthin, denn er steht, allen Anstrengungen zum Trotz, unter „der Sonnenmutter Fluch" (88). In Ahnung und Ekstase mag er sich hinauftasten zur vollkommenen, alles umfassenden Daseinsform, aber diese Zustände sind nicht von Dauer, die Sonne versagt sich letztlich doch. „Der Mensch", sagt der weise Nickelmann, „das ist ein Ding, das sich von ungefähr bei uns verfing; Von dieser Welt und doch auch nicht von ihr" (88), „fremd und daheim dort unten — so hier oben" (148). So bleibt dem Gescheiterten nur die persönliche Erlösung ins absolute Sein des Todes, wo alle Zerrissenheit des Irdischen aufgehoben ist, in „das Sein das keines Traums bedarf", wie es im *Hirtenlied* hieß, oder in der Sprache des Sonnenmythos: im Tode löst Heinrich endlich den Fluch von sich und findet „heim". „Die Sonne kommt" sind seine letzten Worte.

Ist in der *Versunkenen Glocke* der Hauptaspekt des Scheitern des Künstlers die Verschuldung am menschlichen Sein, so fällt in *Gabriel Schillings Flucht* (1912; 1905—1906 geschrieben) das hellste Licht auf den Verrat am künstlerischen Beruf, während das Motiv der „moralischen Schlappheit" nur ganz am Rande auftaucht (V, 85). Beidesmal aber ergibt sich die Katastrophe aus der Unfähigkeit, die Mittelstellung zu verwirklichen. Wieder spielt das Motiv des Mannes zwischen den zwei Frauen hinein, doch anders als in der Glockengießertragödie, denn die eigentliche Spannung, in die der Maler Gabriel Schilling gestellt ist, ist die zwischen seinem menschlichen Alltag, den die beiden rivalisierenden Frauen bestimmen, und seinem Künstlertum, das sein „ganzes Wesen" ist, „seine ursprüngliche Art zu sein", „womit und wozu ich geboren bin und wodurch ich allein existiere". Durch sein Leben in der Berliner Mietskasernenmisere wird dieses Künstlertum bereits seit langem in Frage gestellt, doch der dramatische Auftakt erweckt die Hoffnung, daß Schilling noch einmal seinem Künstlerberuf leben könne. Von einem Freund, dem „idealen" Künstler Mäurer, auf eine abgeschiedene Ostseeinsel eingeladen, lebt er noch einmal auf in der Nähe des Elementaren. Aufs Meer starrend wird ihm wie in einer Offenbarung bewußt: „Dort stammen wir her, dort gehören wir hin!" Symbolisch überhöht zum Zeichen des metaphysischen Kräftebereichs des Künstlers, greift dieses Meer nun in allen Akten, gleichsam als handlungszeugende hintergründige Macht, entscheidend in das Geschehen ein und bestimmt besonders Schilling und sein Geschick. Zunächst verfällt er an der See in einen Rausch der Lebensfreude und Schaffenskraft, atmet „Reinheit! Freiheit! Luft!", sogar die Griechenlandsehnsucht, der Drang nach der idealen Überwelt der Künstlerphantasie wird wieder mächtig in ihm — da brandet plötzlich das widrige Leben nochmal auf ihn ein: seine Geliebte, ein „lemurischer Wechselbalg", von dem er sich durch seine Abreise an die See endgültig befreit glaubte, erscheint auf der Insel, Schilling verfällt ihr wieder in unverminderter Leidenschaftlichkeit, und sein Schicksal ist besiegelt. Und zwar nicht so sehr in dem Sinne, daß ihn das erneute Ausgesetztsein an die zermürbenden Forderungen des Lebens nicht zum Eigentlichen kommen läßt, im Gegenteil wird durch das Wiedersehen gerade seine Widerstandskraft gegen die Seinssphäre des Irrealen geschwächt gegen jene „andere Welt", die sogar ein prosaischer Künstler wie Mäurer hinter der sichtbaren spürt (45). Das ist für ihn, wie gesagt, das Meer, und um dessen gefährliche Dämonie herauszustreichen, ist noch ausdrücklich eine Galionsfigur eingeführt, die eine dänische Brigg auf den Grund geschickt hat und in der sich die ganze Abgründigkeit des Elementaren verkörpern soll. Schilling bricht vor der elementaren Gewalt der Sphäre zusammen, die ihm bestimmungsmäßig Kraftquelle ist, und vollends verfällt er der dämonischen Verlockung der Galionsfigur, als auch seine Frau ihm nachgereist kommt und ihm furchtbare Szenen macht. So schreitet er unter dem Bann der hölzernen Nixe unwiderstehlich in die Wogen hinein, um nie zurückzukehren. Dort ist er „für ewig geborgen", aber möglich wurde diese Erfüllung nur auf tragische Weise. Denn indem er den ihm bestimmten Standort „am Wasser", wie es bedeutsam heißt (27), aufgibt und das Weltsein von sich stößt (wie Meister Heinrich umgekehrt das „lichte Leben"), übt er

Verrat an seinem „im höchsten Sinne sozialen" Beruf, die erlebte Überwelt in der Gestaltung zu objektivieren, „dem Purpurgrund des Meeres" Muscheln zu entreißen, um mit der Symbolik des *Hirtenlieds* zu reden.

Stark abgewandelt begegnet der Fluch der Genialität in Arnold Kramer in der zwei Künstlerschicksale ineinanderschlingenden Tragödie, die nach seinem Vater *Michael Kramer* genannt ist (1900). An der Bahre seines Sohnes erkennt der Vater, daß dessen Seele als Offenbarungsorgan des religiös gefaßten Lichtbereichs „ins Erhabene gewachsen" ist (III, 440). „Das ist eine große Majestät!" (439), die dem Größten der Großen nichts nachgibt, doch eine dämonische Majestät, die den Menschen zerstört, der ihr Träger ist. So fällt Arnold Kramer wie Schilling seinem eigenen Genie zum Opfer, doch jetzt mit der Nuance, daß der Künstler seine Begabung und Bestimmung nicht tief genug erfaßt, um ihr in Hingebung Genüge zu tun und zu verhindern, daß sein jugendlicher Geltungstrieb — er ist körperlich mißgestaltet — sie zu seinem Werkzeug macht. So fallen erst im Tode, in den ihn die Lebensverzweiflung hetzt, die Masken des Menschlich-Allzumenschlichen von ihm ab, und die Größe der Künstlerseele tritt ehrfurchtgebietend in Erscheinung. Um so tragischer der schwache Mensch, dem diese Größe zum Verhängnis wurde. Arnold Kramer trägt mehr die Züge Byrons als die Beethovens, dessen starker Charakter die äußeren Mängel im Bewußtsein des inneren Reichtums gelassen ertragen konnte. Von Byron ist nicht die Rede, wohl aber von Beethoven. Dieser jedoch ist das Leitbild des Vaters, Michael Kramers, und mit dieser Gegenüberstellung zweier Haltungen des Künstlers zu seiner körperlichen Erscheinung und lebensmäßigen Bedingtheit, von denen der alte Maler, die Beethovenmaske in der Hand, mit Nachdruck spricht, erlangt die Doppeltragödie ihre innere Geschlossenheit.

Michael Kramer kapituliert nicht wie Schilling und Arnold vor den Schwierigkeiten der Mittelstellung des Künstlertums zwischen Leben und Kunst, aber auch er ist ein Versager, denn verwirklichen kann er die prekäre Synthese nur unter Verzichtleistung auf beiden Gebieten. Mit einer Energie und menschlichen Verantwortung, die keinem anderen Künstler Hauptmanns eigen sind, unternimmt er den Versuch. Seiner körperlichen Verunstaltung keine Beachtung schenkend, widmet er sich mit religiösem Arbeitsethos seiner Kunst, die er als Offenbarung des Göttlichen versteht, zu der er sich täglich „heiligt". In einsamem „Ringen und Wühlen" wird ihm die Gabe des „heilgen Geistes", die er dann als Lehrer anderen zuteil werden läßt. Nicht weniger unbeirrbar ist sein Pflichtenethos im menschlichen

91

Lebensbereich. Aber in beiden Sphären muß er entsagen: als Vater und als Künstler, dem die geniale Kraft zur Vollendung nicht gegeben ist. Doch zu ehrfurchtsgebietender Größe steigert sich diese Tragik der Halbheit in der Hinnahme des Schicksalsschlages, der ihn mit dem Tod seines Sohnes trifft. „Der Tod weist ins Erhabene hinaus ... da wird man niedergebeugt. Doch was sich herbeiläßt, uns niederzubeugen, ist herrlich und ungeheuer zugleich ... da wird man aus Leiden groß" (437). In diesem Wissen mag er weiterhin tragisch die Synthese von Kunst und Leben leisten, das Leben bejahen und sich zugleich hineingestellt wissen in das Mysterium der Überwelt. Aber nie wird er als Künstler zum Künder seines Erlebens, höchstens als Mensch zur repräsentativen Schicksalsfigur werden. Das aber ist er in sehr spezifischem Sinn. Sein oratorienartiges Requiem am Schluß spricht aus, was unformuliert allen ernsten Werken Hauptmanns zugrunde liegt, die nach der „naturalistischen" Tetralogie entstanden: „Leid, Leid, Leid, Leid,!" das ist die Signatur des Daseins, und nicht nur des künstlerischen; doch im Kairos des Leids tritt „das Große ins Leben", offenbaren sich die fügenden Weltmächte, die das Leid des Menschen verursachen, und diese Erfahrung des „Erhabenen", der menschlichen Grenze, ist „herrlich und ungeheuer zugleich" wie diese Schicksalsgewalten selber. „Da wird man aus Leiden groß." Da erfährt man im Leid das Übermenschliche, in dem sich das Menschliche für Hauptmann erst wahrhaft erfüllt, jenes Göttliche, „Ungewisse", das Kramer „mit gen Himmel erhobenen Händen" am Schluß beschwört — „Was wird es wohl sein am Ende?". —
Um den Sachzusammenhang zu wahren, haben wir unseren Zeitraum bereits zweimal durchlaufen und dabei jeweils einige Werke übersprungen, aber man sieht an dieser Stelle, daß sich wie zwischen der Werkreihe der Komödien und der Künstlerdramen, auch von den Künstlerdramen leicht eine Brücke zu den restlichen Werken schlägt, denn in diesen Werken gewinnt das Leid des Weltseins schlechthin, das sich in den tragischen Komödien und den Künstlertragödien schon am Rand geltend machte, die führende Bedeutung und damit jenes Thema, das Hauptmann bis zur *Atridentetralogie* hin in Atem gehalten hat: „Die Metaphysik des Leids."
Freilich tritt die in sehr verschiedenen Gestalten und Einkleidungen auf, romantischen und realistischen, mythischen und historischen. In *Hanneles Himmelfahrt* (1894), dem ersten Stück dieser Werkreihe, erscheint sie noch zaghaft und unbestimmt in der Form eines märchenhaft-poetischen Traumspiels, um das sich allerdings ein Rahmen von Armenhausszenen schließt, deren

Zuständlichkeitsfixierung dem Naturalismus strengster Observanz Genüge tut. Trotz dieser Zwiespältigkeit geht kein Bruch durch das Stück, da auch die Gestalten der ärmlichen Realität in das Traumgeschehen hineindringen und dieses ganz verständlich daraus hervorwächst; ein spitzfindiger Kritikus könnte sogar eine ziemlich witzlose Debatte entfesseln mit dem Hinweis darauf, daß die Visionen des kranken Kindes, die das Stück fast ganz ausfüllen, Punkt für Punkt aus der Psychopathologie der kindlichen Wunschverdrängung und Phantasietätigkeit zu „erklären", mithin beide Teile als „consequentester" Naturalismus aufzufassen seien. Letztlich ist das belanglos. Wichtiger ist die Frage, wie diese Gesichte aufzufassen sind, die Hannele in jener Winternacht im Armenhaus hat, nachdem man sie aus dem Dorftümpel gefischt hat, in dem sie ihren Leiden ein Ende machen wollte. Daß ihr zunächst der stets betrunkene Stiefvater, der Maurer-Mattern, erscheint, dessen Rohheit ihr das Leben tagaus, tagein so verleidet hatte, daß sie es von sich werfen wollte, ist ohne Frage eine <u>Angst-Halluzination, und Halluzination ist vielleicht auch noch die Erscheinung der toten Mutter am Bettrand.</u> Aber wie ist es mit dem eigentlichen „Todestraum", aus dem das Kind nicht mehr erwacht, wie ist es mit den Engelreihen und dem Todesengel, mit dem christusgleichen „Fremden" (der die Züge des Lehrers Gottwald trägt, zu dem Hannele eine erotische Neigung gefaßt hat), mit der Vision des eigenen Todes und Begräbnisses, mit der eigenen Himmelfahrt auf den Armen des Engelchores und schließlich mit ihrem Engeldasein im Himmel (wo der weggelassene, ursprüngliche dritte Akt spielen sollte)? Seit der Uraufführung sind die Meinungen geteilt, ob es sich bei diesen Traumerlebnissen um Illusion handeln soll oder um Chiffren der Erfahrung einer übersinnlichen Realität, die sich als solche der direkten bühnenmäßigen Vergegenwärtigung verschließt. Nach Ausweis des Stücks allein wird man da schwerlich eine klare Entscheidung treffen können. Für Hannele jedenfalls hat die Vision ihre eigene Wirklichkeit und Unfraglichkeit, bedeutet sie das Hinauswachsen über die bisherige Daseinswelt in einen höheren Bezug. Nur durch Hanneles Augen aber wird dem Zuschauer das Geschehen überhaupt erst gegenwärtig, und da ihm nicht etwa durch eine Kommentatorgestalt eine abweichende Auffassung aufgenötigt wird, darf er über das Verständnis der „Himmelssehnsucht" hinaus den Traum hier auch als mehr denn als Halluzination begreifen, wie Hauptmann das in einem Interview auch selbst getan hat, und dieses Mehr nicht im Märchenhaften sehen, das seinerseits wieder bloßes Zeichen des Vorsprachlichen ist, sondern als die noch etwas zögernde Andeutung jenes Kairos, in dem in der „Erdenpein", wo sie am schlimmsten wird, und im „finstern Erdenjammertal", wo es am finstersten wird, sich das Überweltliche dem Menschen kundtut. So erlöst die heilandmäßige Gestalt des Fremden, der um Hanneles „Schmerzen und Leiden" weiß, das Kind aus „Staub und Qual der Welt" und öffnet ihm in Versen von zauberhafter Magie den Blick ins „himmlische Land". Im Gewand des Märchens also Andeutung der Sinnstruktur, die von jetzt an Signum des Hauptmannschen Werkes sein wird. „Erdenpein schuf die Himmelsseligkeit", so abstrahierte der Dichter selbst einmal den Gehalt, die eigentümliche Paradoxie berührend, die seine Leidauffassung kennzeichnet, und in den Zeilen auf Thoraks Hannelestatue heißt es über das „gotterwählte" Kind:

> deine Not kam Gott zu Ohren,
> deine Qualen und dein Weinen — . . .
> durften sich mit ihm vereinen.
>
> (*Neue Gedichte*, S. 29)

So sonderbar es sich anhört: das gleiche verhüllte religiöse Geschehen macht den Sinnkern zweier so verschiedener Dramen wie *Florian Geyer* und *Fuhrmann Henschel* aus, die gleich anschließend entstanden. Um das zu erfassen, muß man freilich besonders auf die Sprache der Formen und Darbietungsweisen achtgeben. War es im *Hannele* der Traum als Chiffre, so ist es im *Florian Geyer* (1896) das Symbol, und zwar in fast schon emblematisch-allegorischer Verengung, das uns den letzten Schlüssel bietet. Freilich läßt sich dieses Mammutdrama allzu langsam an, so daß es ein langer Weg ist bis zu diesem Aufschluß. Aber das liegt wohl in der Natur der Tragödie der Massenbewegung (als die sich das Stück zunächst gibt), wie es ja schon bei den *Webern* der Fall war, und in der Tat ist die „Tragödie des Bauernkrieges" in gewissen Grenzen eine Wiederholung des Massenschicksals der Weber. Wie für die *Weber* so hat der Dichter auch für dieses Drama ausgedehnte sozialgeschichtliche Forschungen, sogar Forschungsreisen unternommen. Da ihm aber der Gegenstand fremder war als der der *Weber*, hat er hier des Guten zuviel getan und ist so in Gefahr geraten, in einem breiten kulturhistorischen Gemälde einer „sozial bewegten Zeit" steckenzubleiben. Er hat diese Gefahr zwar gespürt und große Stoffmassen ausgeschieden (von denen er einige für einen zweiten, dann auch einen dritten Teil verwenden wollte, die als „Exposition" der vorliegenden Tragödie gedacht waren). Nichtsdestoweniger wird die Zügigkeit des dramatischen Verlaufs auch in der endgültigen Fassung noch empfindlich gehemmt durch das vielgestaltige

Panorama der sozialen Schichtenlagerung und der politischen sowie geistigen Strebungen im Umbruch vom Mittelalter zur Neuzeit. Doch die Umwelt, in der sich die Tragik abspielt, ist hier durchaus nicht von auschlaggebender Bedeutung: Anders als im *Götz*, wo die Sinnstruktur gerade auf den Gegensatz von Hauptgestalt und ihrem Lebensraum gestellt ist und die Tragik aus deren Zusammenprall resultiert, anders auch als im *Egmont*, wo die Zeitereignisse nur Kulisse der Tragik des dämonischen Menschen sind, haben in Hauptmanns Historiendrama beide, die „Welt" und der Held, je ihre eigene Tragödie. Schon der Titel: „Florian Geyer" und dann „Tragödie des Bauernkrieges" weist auf solche zweiteilige Anlage. Die Massentragödie grundiert das Bild: am Verlauf des Aufstands der unterdrückten Bauern entrollt sich die Tragik des politischen Handelns. Ungleich den schlesischen Webern haben die Bauern nun zwar eine revolutionäre Idee, ein soziales, religiöses und politisches Programm, das ihnen einen Rückhalt gibt, aber von dem Moment an, wo sie ihr Geschick in die eigene Hand nehmen, sind sie dem Muß der Geschichte ausgeliefert, der immanenten Logik der Massenbewegung, die sie in die der beabsichtigten entgegengesetzte Richtung treibt und schließlich zur grausamen Vernichtung. Wie in den *Webern* entfesselt die Freiheit des Handelns, und sei sie auch von noch so hohen Idealen geleitet, die niedrigsten Instinkte und peitscht die Massen auf zum wahnsinnigen Paroxysmus der Zerstörungswut, die sie letzten Endes selbst trifft (II, 408).

Aus dieser Tragödie hebt sich, gewissermaßen als logische Folgerung und insofern gut integriert, die Tragik des adligen Bauernführers Florian Geyer als das Geschick dessen, der diese Unausweichlichkeit des Verhängnisses und seine eigene Machtlosigkeit einsieht. Geyer ist es vor allen anderen, der dem Idealismus des Bauernbundes Nahrung gibt mit seiner staatspolitischen Konzeption der Erneuerung des deutschen Kaiserreichs, in dem sich die Gerechtigkeit Gottes auf Erden verwirklichen soll. Aber es gelingt ihm nicht, den Kyffhäusermythos wiederzubeleben. Zwar erkennen ihn die Bäurischen als ihren Führer an, aber die Dämonie des Massenmachtrausches fegt seine religiös-ethische Zielsetzung beiseite, und er selbst wird unwiderstehlich hineingerissen in den Strudel der Verderbnis. Alles andere als ein Volksbefreier wie Tell, muß er vielmehr den Fluch der Massenbefreiung tragen, wie Wallenstein „jenen tückschen Mächten" zum Opfer fallen, „die keines Menschen Kunst vertraulich macht". Ähnlich so vielen Hauptmannschen Menschen sucht er die „seligen Inseln" mit der Seele, aber „wer nach den neuentdeckten Inseln fahren will, nutzet die Winde, wo sie wehen. Er kann mitnichten immer gradaus schiffen," heißt es jetzt (422). Zwar fügt Geyer hinzu: „nur daß er sich selbst Glauben hält und dem Ziele treu bleibt", doch gerade das ist ihm nicht gelungen. Aber seine Tragik hat, als sie sich erfüllt, noch eine besondere Nuance, die ihm eine eigentümliche Größe verleiht. Auf dem Tiefpunkt seines physischen und geistigen Schmerzes, gehetzt von Feinden und abtrünnigen Freunden, fällt er wie Wallenstein durch die Beutegier und Ehrsucht eines nichtsbedeutenden Menschen, der aus dem Hinterhalt einen Pfeil auf ihn abdrückt. Soll durch diesen grotesken Motivzug, daß ein erbärmlicher Handlanger der Ungerechtigkeit den Heros zu Fall bringt, die göttliche Vorsehung, die über dem Geschehen waltet, in Frage gezogen werden? Führt der Eindruck von der Nemesis, die sich eines so schäbigen Werkzeuges bedient, zur ironisch-verbitterten Geste der metaphysischen Ratlosigkeit? Das liegt gewiß darin, aber der Umstand, daß Hauptmann die allerletzten Worte des Dramas außerordentlich zu schaffen gemacht haben und immer wieder geändert werden mußten, mag darauf schließen lassen, daß er gerade diesen unvermeidlichen Eindruck der Absurdität in einem höheren aufzuheben bemüht war. Denn auf diese Nuance folgt nun die merkwürdige Schlußepisode um das Schwert des toten Geyer, die darin gipfelt, daß ein Ritter den in den Knauf gravierten Spruch verliest, der als unbeabsichtigter Abgesang auf den Helden wirkt: „Nulla crux, nulla corona." Das gibt sich allzudeutlich als Anhängsel zu erkennen, aber eben in dieser Eigenschaft macht der Schluß deutlich, welche Bedeutung Hauptmann diesem sinngebenden Epilog zugemessen haben muß. Und unnötig zu sagen, daß um diese Zeit Kreuz und Krone für ihn schon feste Symbolbedeutung angenommen haben, und an einer Stelle wenigstens (428 f.) wird denn Geyer auch wirklich mit dem Märtyrerschicksal in Verbindung gebracht, auf das hier angespielt ist. In der Gotterfahrung im Leid und im Tod vollendet sich also die Tragik des großen Bauernführers. Statt des Nihilismus und der Entgötterung der Welt, die gedroht hätten, wenn das Drama wie ursprünglich geplant, eben nur mit dem (jetzt auf den Spruch folgenden) Ausruf „Sassa! der Florian Geyer ist tot!" geschlossen hätte, bleibt die Weltordnung auf tragische Weise heil, indem sich gerade im Zusammenbruch ihre verborgene Ganzheit enthüllt, der das Göttliche zugehört.

Fuhrmann Henschel (1898) wird von der Kritik gern begrüßt als „Rückkehr zum Naturalismus" nach dem Ausflug in die Neuromantik, den Hauptmann angeblich mit der *Versunkenen Glocke* unternommen hat. Das ist insofern abwegig, als die Wirklichkeitsausschnitte dieses Dramas sorgfältig auf eine Sinnstruktur hin ausgewählt sind, die der naturalistischen Tragödienkonzeption aufs schärfste widerspricht. Hauptmann hatte so unrecht nicht, als er gerade anläßlich des *Fuhrmann Henschel* äußerte, sein Naturalismus sei in Wirklichkeit nur eine Wendung zum Natürlichen und Abkehr von der „Abseitigkeit" gewesen, die das Erbübel der deutschen Dichtung sei. Nur im Sinne punktueller Stilzüge kann man hier von Naturalismus sprechen, was sich aber darunter verbirgt, ist nichts anderes als die Metaphysik des Leides, nur daß sie sich jetzt weit klarer gibt als in der Tragödie des historischen Naturalismus, als die man *Florian Geyer* gelegentlich bezeichnet hat. In Henschel hat Hauptmann nämlich nicht nur den Menschen im Leid dargestellt, sondern zugleich den Menschen, der sich mit einer gewissen Nähe zur primitivzeitlichen Sichtweise aus der Tiefe der Erfahrung dieser Situation einen Mythos des Leids bildet und es so orientiert. Denn das Leid vertieft sich Henschel zum Erlebnis der menschlichen Grenze, der Transzendenz, von der sein Mythos kündet. Damit wird über alle innerweltliche Motivation und „Erklärung" hinausgegriffen. Doch das Irritierende ist, daß das Stück an der Oberfläche ganz als Tragödie ohne „Umgreifendes" angelegt ist, als Tragödie der zwangsläufigen Abfolge der Ereignisverkettung und der psychischen Reaktionen in den realen Lebensbezügen; und meistens wagen sich die Deuter auch nicht darüber hinaus.

Schon vor dem Tode seiner Frau, die wir im ersten Akt in der Kutscherstube unter unermüdlichen Nörgeleien dahinsiechen sehen, fühlt sich der Fuhrmann besserer Einsicht zum Trotz triebhaft zu der robusten „strammen Magd" Hanne Schäl hingezogen, die ihm den Haushalt führt. Nach dem Tod der Frau kommen sich die Hilfsbedürftigkeit Henschels und der zielbewußte Macht- und Geschlechtstrieb Hannes entgegen, und in der neuen Ehe gerät Henschel unrettbar in den Bann des dämonischen Weibsbildes, das ihn zugrunde richtet, da sie im Grunde nicht zueinander passen. Das ist eine Konstellation, die Hauptmann gerade im Rinascimento des vierten Jahrzehnts mehrfach fasziniert hat. In dem kurz vor *Henschel* entstandenen Traumspiel *Elga* (1896, veröffentlicht 1905), in dem er Grillparzers Novelle *Das Kloster bei Sendomir* dramatisierte, erscheint die heidnisch-weltfreudige *femme fatale* in den düstersten Farben eines Dämons, der den Mann in den Abgrund reißt, obwohl dieser rein äußerlich die Oberhand behält: der Ritter erwürgt Elga und kehrt sich dann als Mönch von der Welt ab. Das Gegenstück dazu ist im gleichen Jahr das Mädchen Umbine in

Helios, denn hier strahlt das heidnisch-naturhafte Wesen Licht und Beseligung aus, führt den Menschen zur „Sonne" zurück und schenkt ihm die höchste Selbstvollendung, während die Dämonie Rautendeleins verwirrend zwischen hell und dunkel schillert. Und noch gerade jenseits unseres Zeitabschnitts steht, von der Begegnung mit Ida Orloff inspiriert, eine ähnliche Figurenfügung im Gewand des Legendenspiels: *Kaiser Karls Geisel* (1908, Anfang 1906 begonnen). Der alternde Karl der Große gerät da in den Bann der noch fast kindlichen Sachsentochter Gersuind, in der sich die dämonisch-verwerfliche Lebens- und Liebesleidenschaft des „Heidentums" mit dem Anschein christlich-heiligenmäßiger Sanftheit paart. Aber während sich der Mann hier in entsagender Selbstüberwindung bewahren kann und sich das aufwühlende Begebnis zu distanzieren vermag in der mythischen Deutung als Erfahrung des „Risses der Welt" im eigenen Herzen: als Begegnung mit einem gefallenen Engel Gottes, an dem selbst göttliche Macht zerschellen kann, erliegt Henschel seinem Verhängnis, das unaufhaltsam fortschreitet: als er Hannes uneheliches Kind nach Hause bringt und es wie sein eigenes halten will, setzen die ehelichen Reibereien ein, da Hanne viel zu egozentrisch auf ihre erotischen Triebe eingestellt ist, und als Henschel dann, durch diese Erkenntnis seiner Frau schon entfremdet, in der großartigen Wirtshausszene im vierten Akt noch von ihrer Untreue erfährt, ist er am Ende. Aber wie er zurückblickt auf den Ablauf der Ereignisse, sieht er in der scheinbar so natürlichen Geschehnisfolge das Wirken einer geheimnisvollen Macht, die alles mit hintergründig-diabolischer Logik arrangiert hat: Schon ehe er die Hanne nahm, erkennt er jetzt, ging es langsam, doch unaufhaltsam bergab mit ihm, „hernach, zum letzten, da starb m'r mei Weib", dann die Tochter. Endlich das Unglück mit der zweiten Frau. Ein unheimlicher Schicksalsmechanismus liegt ihm darin. „Abgesehen" war es auf ihn. „Ane Schlinge ward mir gelegt, und in die Schlinge da trat ich halt nein." Und wenn er beinah im gleichen Atemzug von sich selbst sagt, er sei an allem Schuld, *und:* „Ich kann nischt dafier" (III, 250f.), so leuchtet der völlig inkommensurable Zwangscharakter des Geschehens ja ein. Auf diese Weise aber — und das ist wichtig — leitet Henschel sein Leid aus einem Jenseitigen, Umgreifenden her, das ihm selbst nicht einsichtig ist: kann sein, der Teufel hat ihm die Schlinge gelegt, „kann sein a andrer", aber ein geheimnisvolles Wesen war es, ein deus absconditus vielleicht, in dem sich das Ja und das Nein, das Gute und das Böse mystisch zur Einheit finden wie in der Philosophie Böhmes, in die Hauptmann sich gerade während der Arbeit am

Henschel vertieft hatte. So mythisiert sich Henschel seine Leiderfahrung. Begreiflicherweise ist hier immer wieder die Frage aufgetaucht, ob Hauptmann Henschel zum Sprachrohr seiner eigenen Schicksalsauffassung gemacht hat, oder ob nicht umgekehrt gerade die Mächte der Immanenz, die Vitaltriebe des Unbewußten, die den vernunftgeleiteten Willen zum Strohhalm machen, gut schopenhauerisch als die eigentlichen Determinanten des menschlichen Schicksals demonstriert werden. Aber in dieser Form ist die Frage falsch gestellt. Eine solche wechselseitig ausschließliche Gegenüberstellung immanenter und transmundaner Fügungsgewalt geht am Wesentlichen vorbei, — das aber ist die Erfahrung der menschlichen Grenze, des Umgebensein des Menschen von Gewalten, die seiner Erkenntnis und Einflußnahme entzogen sind, die ihn aber nichtsdestoweniger vollkommen determinieren. Soviel zu erkennen, und nicht mehr, ist dem Menschen in der „Hellsicht des Schmerzes" gegeben, und in dieser völlig arational-offenbarungshaften Einsicht fühlt er sich den Mächten seines Draußen, seines Schicksals mystisch verbunden in einem paradoxen Ja: dem Ja dessen, dem die „furchtbare Wahrheit" der Einsamkeit in einer Welt unbekannter Gewalten zu Bewußtsein gekommen ist, der diese aber „nicht fürchtet, sondern voll Entsetzen liebt" (XV, 29). In diesem Sinne also wird Henschel in seinen letzten irdischen Momenten das Diesseits transparent für ein Jenseits seiner selbst. Eine geheimnisvolle Gelassenheit, Todesheiterkeit beinahe, überkommt ihn im sprachlosen Wissen um seine Einstimmigkeit mit dem rätselvollen „Gott" (246), und wenn auch der veristische Darstellungsstil ein direktes Aussprechen seiner mystischen Erfahrung verbietet, so redet doch Henschels „verwirrtes" Verhalten kurz bevor er sich den Tod gibt, eine hinreichend deutliche Sprache: da das Existenzleid, „dem niemand entgeht, der geboren ist" (XVII, 193), aus dem Umgreifenden „verhängt" ist (vgl. XVII, 177) wie in der antiken Tragödie, mit der Thomas Mann das Drama mit Recht verglichen hat, so kann sich der fügende „Gott" gerade dem unter *dieser* Schickung exemplarisch Duldenden *offenbaren*. Im Leid stellt sich ein neuer Bezug her, der es „heiligt" (XVII, 340), der ihm eine heilspädagogische Sinngebung verleiht, aber kennzeichnend für Hauptmann ist, daß dies immer nur auf tragische Weise geschehen kann. Denn das ist ihm, wie auch Böhme, die Paradoxie der menschlichen Existenz, daß diese sich nur aus der Tiefe der Zerstörung, ja fast immer aus der physischen Vernichtung zu ihren höchsten Möglichkeiten vollendet.

War es im Fuhrmannsdrama der Eros, der den Menschen in seine tiefste Existenzqual verstrickt, so schenkt in der zum Teil gleichzeitig damit entstandenen „Deutschen Sage" vom *Armen Heinrich* (1902) der gleiche Eros jene höchste Beseligung und Lebenserneuerung aus der Qual, die paradoxerweise im tiefsten Wesen wieder jener Götternähe gleichkommt, zu der Henschel erst in der Überwindung des Eros gelangt. Banal hat Hauptmann diese Doppelnatur des alles beherrschenden Eros dahin formuliert, daß wir „nichts Besseres und nichts Schlimmeres als die Liebe" hätten (XV, 25), prägnanter als den „Gott, der den Abgrund, gebändigt, im Blick trägt" (X, 602). So gehören diese beiden Dramen trotz ihrer Verschiedenheit zusammen. Die Gesamtanlage ist jedoch, der verschiedenen Bedeutung des Eros entsprechend, gerade entgegengesetzt, denn während im *Henschel* die dramatische Entwicklung fortlaufend auf die Vertiefung des Leids gestellt ist, setzt die Handlung hier schon mit der Leidsituation ein, und diese wird, trotz der nicht ganz vermiedenen erotischen Schwüle der Dekadenz gleich in ihrer Fundierung im Metaphysischen erfaßt — wie schon bei Hartmann. Aber die *Natur* dieses Leids ist gegenüber der Vorlage gewandelt: nicht mehr wird der Ritter durch seine Krankheit, die ihn zum Ausgestoßenen unter den Menschen macht, für eine Sünde bestraft; der entscheidende Neuansatz ist vielmehr, daß das Leid einen völlig Schuldlosen trifft. Die Problematik verlagert sich entsprechend auf die Auseinandersetzung mit dem unverständlichen Gott, der das Leid so widersinnig verhängt: „Wo ist der Jäger, der mir das getan?" (IV, 124) grübelt Heinrich in der Ödenei, in die er vor Menschen geflohen ist. Gott ist sogar ein „boshaft schlauer Jäger" (160). Damit verknüpft sich dann in Heinrichs religiösem Ringen mühelos das Motiv des koboldhaft lachenden Gottes, das seit dem Ausgang des Aufklärungszeitalters immer mehr zur mythischen Chiffre der Verlorenheit und sinnlosen Verhängnisverfallenheit des Menschen geworden ist:

> Gott war und ist bei mir. Doch dieser Gott
> zerstört das Auge, das ihn sieht, zerreißt
> das Herz, das ihn will lieben, und zerknickt
> die Kindesarme, die sich nach ihm strecken,
> und was der hört, wo er vorüberschritt,
> manchmal, wer Ohren hat — ist Hohngelächter!

Mit wildem Lachen:

> Gott lacht! Gott lacht! (138)

Alogisch wie das Leiden an diesem Gott ist auch die Erlösung. Bei Hartmann gewährte Gott die Genesung als Lohn für die sühnende Bewährung des Ritters, der seine Schuld erkennt: nämlich in dem Moment, als Heinrich sich märtyrerhaft in den Willen Gottes schickt und Verzicht leistet auf das Opfer des reinen Kindes, durch dessen Blut ihm Heilung verheißen war. Bei Hauptmann ist der Umschwung durch die kindlich überspannte Liebe motiviert, die die junge Ottegebe zu Heinrich gefaßt hat. Aber es wäre unrichtig, die Erlösung durch Gott bei Hartmann der Erlösung durch die Liebe (oder gar dem naturalistischen Seelendrama der Nervenzerrüttung) gegenüberzustellen. Denn der Eros, auf den die Begegnung Heinrichs und Ottegebes gestellt ist, wird von Anfang an transparent für göttliches Wirken, wie es ja auch Hauptmanns Auffassung des Eros als einer übermenschlichen weltbestimmenden Kraft entspricht, die die Menschen ergreift und schicksalhaft lenkt. Und zwar ist die Heilung durch die Liebe als Auswirkung des gleichen Gottes verstanden, der das Leid verhängte. Ebenso ursachlos wie die Existenzqual schickt er „drei Strahlen der Gnade" und bedient sich dabei des Mädchens nur als „Mittlers" seiner Heilswirkung (190), wobei es auch göttliche Gnade ist, daß Heinrich Ottegebes Liebe erwidert und das Blutopfer im letzten Moment verhindert. Ein irrationaler Vorgang hat sich so an dem genesenden Ritter vollzogen, in dem er nur der Leidende ist wie auch in seiner Qual. Doch wäre es verfehlt, von solcher Inkommensurabilität des Göttlichen auf seine „vollkommene tyrannische Willkür" und eine grenzenlose Problematisierung der Transzendenz und Desorientierung des Menschen zu schließen. Denn so ungerechtfertigt das Leid auch scheint, so erfährt es doch seine Sinngebung dadurch, daß der verborgene Gott sich nur im Schmerz offenbaren kann:

> Ja, ich griff
> die Wahrheit tausendfach, und was ich packte,
> schnitt Runen mir ins Fleisch. Was unten gärt
> an Ängsten, giftigen Krämpfen, blutigem Schaum:
> ich kenn's. Ich sah!! Ich wälzte selber mich
> verzweifelt in den Bulgen der Verdammten,
> bis daß die Liebe, die uns alle sucht,
> mich fand. (190)

Nicht ein Spielzeug Gottes ist er, sondern ein „Versuchter" (186), der sein Schicksal selbst im Bilde des durch Feuer geläuterten Goldes sieht (186). Wie so viele spätere Hauptmannsche Helden ist er nun ein „Wissender" geworden, über den die stille Freude gekommen ist, deren nur ein Leidgeprüfter fähig ist, der seinen Gott gefunden hat:

Des Abgrunds Tiefen ruhn
unter des Schiffes Kiel, auf dem wir gleiten,
und ist ein Taucher dort hinabgetaucht
und heil zurückgekehrt zur Oberfläche,
so ist sein Lachen, wenn er wieder lacht,
Lasten von Golde wert. (191)

Erst im Durchgang durch das Leid also gewinnt Heinrich, wie
Hiob, mit dem er sich vergleicht und der für den Dichter die
mythische Figuration für diese Offenbarungserfahrung ist (XII,
244 ff.), die Teilhabe am Göttlichen, die ihm vorher, in der konventionellen, welthaften Geisteshaltung des Ritters noch gefehlt
hatte. Der Weg dazu ist aber das Wunder der Liebe.

Der Gedanke ist naheliegend, daß sich vom *Armen Heinrich* an
nur noch diese Gelassenheit in Gott, diese „Beruhigung" geltend
macht. Seit den *Webern*, die die Frage nach dem Wesen dieses
Gottes aufwarfen, in dem die Gelassenheit zuteil wird, hätte sich
dann bisher schon manches geklärt: die Paradoxie des deus
absconditus, der das Existenzleid verhängen muß, um den Menschen seiner Erkenntnis und seiner Gnade zuteil werden zu lassen,
ist in helleres Licht getreten, zugleich auch die eigenartige Ver-
quickung von Abgründig-Dämonischen und Lösend-Göttlichem
im Bild jener Mächte, die das Menschendasein umgreifen. Aber
wie wenig fest diese Grundzüge des Weltbilds sind, wie sehr sie
immer wieder nach verschiedenen Seiten hin neu durchforscht
und durchlebt werden müssen, um sich im Vollzug weiter zu
erschließen, das wird deutlich aus der Tatsache, daß nun gleich
auf den *Armen Heinrich* ein Drama folgt, das das Jahrzehnt des
Rinascimentos (das dem Dichter doch ein vertrauendes Lebensgefühl wirklich zuteil werden läßt) mit dem grellen Diskant des
drohenden Nihilismus abschließt. Das ist die Tragödie *Rose
Bernd* (1903). Sie steht einzig da im weiten Panorama des Hauptmannschen Lebenswerks; auch *Magnus Garbe* kommt ihr nur nahe,
ohne sie zu erreichen. Was fehlt, ist der Umschlag des irdischen
Leides in die mystische Erfahrung der Gottnähe und damit die
Gewinnung der Transzendenz. Überblickt man aber die lange
Reihe der Tragödien in Hauptmanns Werk, so läßt sich vielleicht
auch *Rose Bernd* in das durchgehende Gestaltungsschema einordnen, insofern nämlich hier das Leid nur bis an den Tiefpunkt
des Haderns mit Gott geführt wird, wo sonst der dialektische
Umschlag erfolgt.

Und darauf hat Hauptmann im Laufe der Arbeit seine Tragödie
ganz offensichtlich hin zugespitzt. War nämlich die Vorstufe noch
als genrehafte „breite Schilderung schlesischen Lebens" gedacht,

so ist in der Letztfassung alles ausgeschieden, was nicht direkt in Beziehung steht zu dem tragischen Schicksal Rose Bernds, so daß eine ungewöhnlich zügig-geschlossene Tragödie entstand. Und zwar ist dieser Gefügecharakter unverkennbar darauf angelegt, daß Rose Bernd, das junge schlesische Bauernmädchen, im Zentrum einer Personenkonstellation erscheint, die ihr mit Notwendigkeit zum Verhängnis wird. „Schön und kräftig" und der Lebensfreude nicht abgeneigt, scheint es ganz natürlich, daß sie von draufgängerischen Galanen umringt ist. An ihr entfacht sich geradezu der Vitaltrieb, der schon im *Fuhrmann Henschel* das Verhängnis in Gang setzte, und so erhellt: das aus dem Sturm und Drang her anhängige Motiv des verführten Mädchens, das zum Äußersten getrieben wird, ergibt hier nicht mehr ein soziales Drama, sondern ein Bild der Determination des Menschen durch seine Triebe und Süchte, die das Leben zu einer unaufhörlichen Kampfszene machen, als die es sich schon dem „Apostel" dargeboten hatte. Charakteristischerweise taucht auch hier wieder das Bild der Meute und der reißenden Tiere *(Fasching)* auf als Chiffre der tragischen Unausweichlichkeit. Und so ist es auch: Der „lebenslustige" Flamm hat ein Verhältnis mit Rose, das sie abbrechen möchte, da sie einem frommen Buchbinder von trauriger Gestalt namens August Keil versprochen ist. Weiter ist da der Maschinist Streckmann, der droht, ihre Schande publik zu machen, so daß sie keine andere Wahl hat, als auch ihm weiterhin hörig zu sein. Keiner läßt ab von ihr, „wie de Klett'n" hängen sie sich an sie, und so nimmt das Verhängnis seinen Lauf: August Keil, Streckmann und Flamm geraten in einem Rose betreffenden Verleumdungsprozeß aneinander, und noch ist das Verfahren nicht beendet, als Rose ihr Kind zur Welt bringt und erwürgt. Sobald die Tat ans Tageslicht kommt, bestätigt sich, was bisher Ahnung war: „Ma is halt zu sehr ei d'r Welt verlass'n! Ma is eemal zu sehr alleene dahier!" (IV, 272). Wie schon in früheren Dramen Hauptmanns versagt vor einer solchen Notlage die konventionell wohlanständige Religiösität, besonders beim alten Bernd, der sich von der Ehrlosen abkehrt und seine Zuflucht in der Bibel sucht. Kein Lichtblick am Ende. Die letzten Worte sind das berühmte „Das Mädel . . . was muß die gelitten han!" Nicht nur fehlt das Transzendieren des Leids: Durch tragische Ironien wird es vielmehr noch schmerzhaft gesteigert, und die gottvertrauende Haltung, zu der Rose sich kurz aufschwingt (241 f.), widerlegt und desillusioniert der Gang der Ereignisse. Denn jenes geduldige „Wart'n uf a Himmel" im Wissen darum, daß „uff Erden halt bloß Jammer und Not" herrscht, verkehrt sich am Schluß gerade ins Gegenteil, in die bittere Lache der totalen Weltverzweiflung. „Kee himmlischer Vater hat sich geriehrt." — Ein Weltbild, das nur die Hölle kennt, aber keinen Himmel, scheint sich da zu entfalten; denn Roses Verfluchung des Verführers: die Drohung mit der Wiederbegegnung beim Jüngsten Gericht, wo sie ihn zur Rede stellen werde, hat, wenn man sie nicht überhaupt als Redewendung abtut, in diesem Zusammenhang zu wenig Gewicht, als daß sie etwas änderte. Wenn es in der Welt der Rose Bernd dennoch einen Gott gäbe, dann wäre er so grenzenlos fern und menschlichem Bezug auch in der Tragik so unzugänglich, daß sich das Weltbild ebenso verdüstert, wie wenn es ihn überhaupt nicht gäbe. Ganz leicht aufgehellt wird es nur durch die aus Enttäuschung gewachsene Humanität der Menschenkennerin Frau Flamm, die, seit Jahren gelähmt, aus ihrem Rollstuhl das menschliche Treiben beobachtet und aus tiefem Verstehen zu einer Haltung des Verzeihens gekommen ist, die aber auch das sittliche Urteil nicht von vornherein als absurd verwirft. Das ist jedoch eine Humanität, die sich gerade unter Ausschluß jeglichen Bezugs zum Übermenschlichen herstellt und damit schon kaum noch Humanität in Hauptmanns Sinn zu nennen ist. Daneben kennt zwar noch August Keil eine verstehende Verzeihensbereitschaft aus pietistischer Herzensfrömmigkeit, aber in ihm verkörpert sich auch ein Gutteil des Muckertums der Stillen im Lande, so daß man auch über diesen Eindruck im Zweifel bleiben muß; der Strahl des göttlichen Lichts in die Finsternis, wo sie am tiefsten ist, um es mit Hauptmanns am liebsten gebrauchtem Bild zu sagen, will sich also in *Rose Bernd* schließlich doch nicht einstellen.

LICHT UND ABGRUND:
VON „PIPPA" BIS „INDIPOHDI"

Wie ist die Verdüsterung des Weltbildes zu verstehen, die sich uns in *Rose Bernd* geboten hat? Wird sie dauern oder ist damit nur eine latente Möglichkeit umschrieben, die immer wieder einmal Wirklichkeit werden kann, wenn der Anstoß dazu gegeben wird? Schon mit dem Titel seines nächsten Dramas gibt Hauptmann die Antwort im beruhigenden Sinne: *Und Pippa tanzt!*, — trotzdem also. Dieses Werk schafft der Dichter dann schon aus der größeren Sicherheit, die ihm das Rinascimento des vierten Jahrzehnts trotz des Aufflackern des Pessimismus an dessen Ausgang doch gewährt hat. Selbst der äußerste Eindruck von diesem Stück ist der einer heiteren Beschwingtheit, die in Hauptmanns Gesamtwerk ihresgleichen sucht.

Vor allem aber ist in *Pippa* (1905) das mythisch Umgreifende und das Existieren im Mythos — was wir in *Rose Bernd* vermißten — wiedergewonnen, ja, man kann sagen: das Pippa-Märchen hat das Im-Mythos-Sein des Menschen zu seinem eigentlichen Gegenstand. Wir wissen bereits, wie zentral dieser Gedanke für Hauptmanns Anthropologie ist, und so kommt diesem Drama eine hervorragende Stellung im Gesamtwerk zu, die sich auch darin ausspricht, daß sich hier nicht nur zahlreiche Linien des früheren Werkes wie in einem Brennpunkt sammeln, sondern auch weiter ausstrahlen bis zu den letzten Werken hin. Das Verbindende ist dabei nicht so sehr Pippa selbst wie die Gestalt des weisen Alten, in dem Hauptmann „das Wunschbild seiner eigenen Vollendung" auf Figur gebracht hat. Seit dem Romanfragment *Der Venezianer* aus dem Jahre 1903, vielleicht schon seit dem Plan der Riesengebirgstrilogie *Valenzauber* (1898) hat diese Figur Hauptmanns Schaffen begleitet. In *Pippa* erscheint sie als der alte Mann, der sich als Walen bezeichnet, d. h. als einen jener magiekundigen schlesischen Goldsucher aus einem legendären kaukasischen, oft mit Venedig in Verbindung gebrachten Volk. In der nicht beendeten Fortsetzung, *Galahad*, ist er der Erzieher Galahads, des grabgebornen Sohns Pippas, den er auf seiner parzivalesken Weltfahrt vor dem Verfallen an die mit der Gaukelfuhre des Signor Amerigo symbolisierten „Welt" bewahrt und so zum höheren Menschen der Zukunft bildet. Der Direktor des Puppenspiels im *Festspiel* von 1913 erinnert an ihn, ähnlich sind ihm auch Gurnemanz und Amfortas in den „Gral-Phantasien" *Parsival* und *Lohengrin* (1913, 1914), die als Jugendliteratur zwar an der Peripherie liegen, nichtsdestoweniger aber die kennzeichnende Thematik der Metaphysik des Leids abwandeln. Wann-Gestalten sind später der Weiße Heiland und Prospero *(Indipohdi)*, ja, nach einer *Galahad*-Notiz zu urteilen, sind sie vielleicht direkt aus dem Wann-Pippa-Material entwickelt worden. Der erste Teil der *Pippa*-Fortsetzung *(Galahad)* ging jedoch zur Zeit des ersten Weltkriegs in dem Bildungsroman *Merlin* auf, dieser wieder im *Neuen Christophorus*, der Hauptmann bis in seine letzten Tage beschäftigte und dessen im weitesten Sinne pädagogischen Gehalt der Dichter gern als sein letztes Vermächtnis an die Nachwelt bezeichnete. Wann tritt hier als der „Bergpater" auf.

Aus den Reden des Bergpaters konnten wir im einleitenden Kapitel bereits viele Hauptmannsche Gedanken über den Mythos schöpfen, und bedeutsam ist, daß auch Wann schon in der *Pippa* als „mythische Persönlichkeit" vorgestellt ist. Ganz natürlich nimmt deshalb die Deutung des Dramas über das mythische Existieren von dieser Gestalt ihren Ausgang, auch darum schon, weil es Wann ist, der hier die Seinsweise der anderen Menschen und des Menschen am tiefsten durchschaut und deutet. Als Wale zu den „Almagrurim" gehörend, das heißt zur Schar jener, „denen endlich jede Hoffnung trog", ist er tief hineingewachsen in die Weltschau des Mythos. Was ihn am Leben erhält, ist „die Wollust der großen Ehrfurcht", und er erklärt das anläßlich eines Marienkäferchens, bei dessen Anblick er „förmlich die Sphären donnern" hört: das Tierchen, das auf dem Finger krabbelt, ahne die Welt der Menschen nicht; „und doch sind wir da und die Welt um uns her, die es, eingeschränkt in sein Bereich, nicht zu fassen vermag. Unsere Welt liegt außerhalb seiner Sinne. Bedenken Sie, was jenseits der unsern liegt!" (IV, 424 f.). Wenig später erklärt er das gleiche Bewußtsein von der menschlichen Grenze, das allem mythischen Verhalten zugrunde liegt, mit dem Bild, das den Roman *Atlantis* beherrscht und auch sonst oft wiederkehrt: der Mensch auf einem kleinen Schiff inmitten eines Sturms auf dem Ozean. „Drückt das nicht auch die Situation am richtigsten aus, in die wir hineingeboren sind!" (426).

Jenem Absoluten, das die Lebenswelt des Menschen geheimnisvoll umgreift, entstammt Pippa. Wie ein Irrlicht durchtanzt das italienische Mädchen mit graziler Schwerelosigkeit, die ihren außerirdischen Charakter betont, das Lebensbereich der verschiedensten Menschen in der schlesischen Gebirgswelt, begehrt und ersehnt von allen, bis sie an dieser Realität zugrunde geht ähnlich der Goetheschen Pandora, und auch *ihre* Wiederkunft wird verheißen in den Worten am Schluß „Und Pippa tanzt!". Pippa ist eine echte Symbolgestalt mit der Tiefe und unendlichen Ausdeutbarkeit, die dem Eidos zugehört. Alle Versuche, sie wie die Figuren des romantischen Kunstmärchens allegorisch aufzuschlüsseln als Anima, Phantasie, Idee, Metakosmion usw. haben in die Irre geführt; Hauptmann hat die verblüfften Kritiker mit Recht vor „Verstandesklügeleien" gewarnt, wenngleich er auch selbst von der Verkörperung der Schönheit, ja der südländischen Schönheit in Pippa gesprochen hat. Gelten lassen kann man diese Selbstinterpretation nur, wenn man in dem Worte Schönheit jene Bedeutungsfülle der platonisch-plotinischen Metaphysik mit anklingen läßt, die das Wort in der klassisch-romantischen Ästhetik angenommen hat: Schönheit als Chiffre der Gegenwärtigkeit des Unendlichen im Endlichen, des Idealen im Realen, des Absoluten in der Gestalt. Gewiß ist immerhin, daß die Umstrittenheit des Stücks gerade daher rührt, daß man der Versuchung zu derartiger Festlegung erliegt, — dann aber darin trotzdem wieder nichts Befriedigendes findet. Dafür aber, Pippa nur vage als Chiffre jenes Umgreifenden aufzufassen, für das die „Wirklichkeit" magisch transparent wird und das dem im Mythos lebenden Menschen Urerlebnis ist, ihr sehnsuchtsvolles Umworbenwerden mithin als Symbol des ewigen Bezugs des Menschen über sich hinaus, dafür spricht recht viel. Sehr herausgestrichen ist in diesem „Mysterium im kleinen Rahmen" (Hauptmann) z. B. die Symbolbedeutung des Fünkchens, die auf Pippa übertragen wird. Pippa, sagt Wann, ist ein Fünkchen, das aus „den Paradiesen des Lichtes" seinen Weg in die „schwarzen Hadesbrände" der „wirklichen" Welt gefunden hat (428), und in dem zu dominierender Stellung gehobenen Symbol des Glasbrennerofens ist dieses Motiv noch vertieft. Der alte Glasbläser Huhn, ein Mensch von fast noch tierischer Ursprünglichkeit, formt sich aus dieser Unmittelbarkeit seines Erlebens einen mythischen Ordnungsbezug: Der Mensch ist in der Welt im Finstern, und „die Welt woar kalt! 's wurde kee Tag nimeh", der Glasofen, der Glück und Schönheit schuf, ist erkaltet, die Menschen scharen sich um ihn herum, nach einem „Brinkla Licht" suchend, „aus d'r sternlosa Nacht kruch de Angst", und auf einmal stieg wirklich noch ein einziges Fünkchen aus der Asche auf, und das ist Pippa. „Das Madl stammt aus'm Gloasufa!" (448f.). In der kosmischen Verlorenheit, die die Grundsituation des Hauptmannschen Menschen ausmacht, ist sie die Verheißung eines Höheren, Göttlichen, das göttliche Kind geradezu (440), und in wieder neuer mythischer Symbolschöpfung setzt der Dichter diese Überwelt, die sich in der Phantasie und der Ahnung beim Anblick Pippas erschließt, mit der Wunderwelt der Glasmacherstadt Venedig ineins. Denn auch daher stammt die Kleine ja als Tochter des Glastechnikers Tagliazoni, der im Riesengebirge Arbeit gefunden hatte. In Venedig ist sie „ans Herz der Erde geboren", dies Venedig aber ist „das Märchen" schlechthin (434), ein Idealraum der Ahnung und Phantasie, auf den die Menschen des Stücks mit der Seele gerichtet sind, den sogar Huhn spürt, wenn er die aufgehende Sonne, aber auch Pippa mit dem Ruf „Jumalai" begrüßt (418, 452), was im Finnischen „Gott" bedeutet, „das höchste Wesen".

Dieses mythisch-märchenhafte Wesen Pippa also, das Fünklein aus dem großen Feuer jenseits der Sinne erhellt durch sein bloßes Dasein die Welt der Menschen. Alle fühlen sich unmittelbar zu ihr hingezogen, schon im ersten, noch ganz realistischen Akt, als sie, eine elfisch unwirkliche Erscheinung, in der Schenke im Rotwassergrund an der böhmischen Grenze inmitten der lärmenden Kartenspieler mit dem alten Huhn zum Klang des Tamburins tanzen muß. Besonders aber übt sie eine magische Kraft aus auf den „ergebenst zerfrorenen" Handwerksburschen Michel Hellriegel, der mit seiner absurden Humorphantasie die Wirklichkeit poetisierend überspringt und immer auf der Suche bleibt nach seiner Idealwelt. Als Huhn Pippa raubt und in seine Gebirgsbaude schleppt, steigt Hellriegel ihr nach und rettet sie in die Behausung Wanns, wo sich dann die Kraftprobe zwischen dem Weisen und dem ungeschlachten Naturdämon Huhn bis zum Schluß des Dramas hin abspielt. Denn in ihnen beiden, die die höchste und die niedrigste Stufe des Menschlichen bezeichnen die apollinische Klarheit und Ordnung des Geistes und das Dionysische des Elementaren, in beiden drängt doch nur das gleiche Leben nach dem gleichen, das sich in Pippa symbolisiert und mit dem alles Lebendige, selbst der „Korybant" Huhn noch, eine geheime Affinität hat, und sei es auch nur im Sinne einer Strebensrichtung. So kehrt sich das Leben im Horizont des mythisch Umgreifenden im Zwiespalt gegen sich selbst. Das scheint sein Gesetz zu sein, und indem es ihm folgt, bereitet es sich sein tragisches Schicksal selbst: zwar bezwingt Wann das „starke, wilde Tier", das erst ein Mensch werden will, zwar hat es den Anschein, als kelterten „typhonische Mächte" in dem gebundenen Huhn „den gellenden Qualschrei rasender Gotteserkenntnis" (445). Aber unwiderstehlich ist der Drang Pippas und Huhns zueinander, des ätherischen Wesens und des Riesen, dessen Herzschlag das Echo des Donners aus dem Innern der Erde ist. Wieder finden sie sich in einem bacchantisch wilden Tanz, aus dem sie beide tot zu Boden sinken.

Damit ist das Licht aus der Welt gegangen, doch nur scheinbar. Gerade in dem Augenblick, als Pippa stirbt, geschieht es nämlich, daß Hellriegel erblindet, zugleich aber einer ganz neuen inneren Schau teilhaftig wird, in der ihm Pippa lebendig und gegenwärtig ist wie nie zuvor. Kennzeichnenderweise glaubt er denn auch an seine Blindheit nicht. Indem er „nur noch nach innen sieht", gewinnt er vielmehr den „allsehenden Blick", der ihm Pippa „wie auf einem anderen Stern" als Leitbild zeigt und die traumhaften Lichtmeere der südlichen Stadt seines Ideals, wo er — man denkt an das Symbol der geistigen Erfüllung in Goethes *Divan* — „Wasser zu Kugeln ballen" und „den Strom des Weltalls" fließen hören wird. In Hellriegels Blindheit, die ein weiteres Symbol für die Daseinsweise des Menschen schlechthin ist, stiftet und bewährt sich also erneut das mythische Existieren, das für Wann-Hauptmann das dem Menschen eigentümlich zukommende ist. In diesem Sinne ist auch das abschließende Handlungssymbol zu verstehen: Wann vermählt den blinden Jungen mit dem Schatten Pippas, wobei er sich selbst ebenfalls als einen „mit Schatten Vermählten" bezeichnet (455). Mit diesen zeremoniellen Worten aber weist er zum letzten Mal auf sein eigenes Im-Mythos-Sein zurück und damit zugleich auf das, was sich uns als das Sinn- und Problemzentrum dieses komplexen Dramas dargestellt hat. Wer in solchem Wortverstand mit dem Schatten vermählt ist, lebt unwiderruflich im Bezug über sich hinaus und lebt im Mythos. Als der Blinde sich am Schluß okarinaspielend auf die Wander-schaft begibt, sieht er Pippa vor sich her tanzen, und Wann be-stätigt: „Und Pippa tanzt!"

Wenig später, im Frühjahr 1907, unternahm Hauptmann selbst die Reise in den Idealraum seiner schöpferischen Phantasie, der ihm seit der Schülerzeit ununterbrochen als Ziel der Sehnsucht vorgeschwebt hatte: Griechenland. Es ist jenes Hellas, nach dem sich Gabriel Schilling in seiner Berliner Enge sehnte: ein Land, das neues Leben verheißt aus den Quellen des Naturhaften. Und so sehr Hauptmann sich in der schlesischen Heimat verwurzelt fühlte: Griechenland empfand er sofort als Heimat seiner Seele, in deren „geliebte Erde" er „antäoszärtlich" das Gesicht drückt wie Odysseus bei der Heimkehr nach Ithaka. Vor diesem ele-mentaren Charakter des Erlebnisses der Welt des „goldelfen-beinernen Zeus", über das er im Reisetagebuch *Griechischer Frühling* (1907) mit impressionistischer Unmittelbarkeit berichtet hat, verblassen alle philosophischen und literarischen Einflüsse von Nietzsche, Hölderlin, Bachofen und antiken Autoren, die allenfalls eine schon bestehende Wesensrichtung bestärkt haben mögen. Gewiß, Hauptmann besucht die berühmten Stätten griechischer Kultur, Olympia, Athen, Eleusis, Delphi, Mykene usw., aber nicht die Kulturleistung wird ihm über das rein Naturhafte und Urtümliche hinaus zum erschütternden Erlebnis, sondern das Fortleben des Mythos auf griechischem Boden. Aus der gleichen „griechischen Muttererde", die ihn so heimatlich berührt, daß er sogar von dem nordischen, germanischen, ja deutschen Wesen der griechischen Landschaft und ihres Menschen-schlages spricht, entsprossen die griechischen Götter (V, 154). Hellas ist so für Hauptmann vor allem die Stätte der immer-währenden Gegenwart des Mythos par excellence, der Nähe Pippas, könnte man sagen: der Nähe der Götter zu den Menschen, was ihm zwar eine ewige Möglichkeit des Menschen ist, aber in an-deren Landstrichen und namentlich unter den Bedingungen der modernen Zivilisation nicht mehr entfernt so lebendig ist: Man fühlt, man nähert sich hier den Urmächten . . ., so daß der Mensch, gleichwie zwischen Bergen und Bäumen, zwischen Abgründen und Felswänden, zwischen Schafen und Ziegen seiner Herden oder im Kampf mit Raubtieren, auch überall unter Göttern, über Göttern und zwischen göttlichen Mächten stand. (170)

Eben darum erlebt Hauptmann auf griechischem Boden eine durchgreifende Erneuerung. Denn als Dichter und Gestalter zehrt er von jener archaischen, doch ewig lebendigen Kraft, aus der auch der Mythos hervorgegangen ist und die der Mythos wiederum im Menschen erhält. Mit der realen Gegenwart der griechischen Götter teilt sich ihm daher auch eine Ahnung jenes „höheren Lebens" mit, das sich in dieser Atmosphäre im Griechentum verwirklichte:

Und deshalb, weil die Kräfte der Phantasie heut vereinzelt und zersplittert sind und keine gemäße Umwelt (das heißt: keinen Mythos) vorfinden, außer jenem, wie ihn eben das kurze Einzelleben der Einzelkraft hervorbringen kann, so ist für den Spätgeborenen der Eintritt in diese unendliche, wohlgegründete Mythenwelt zugleich so beflügelnd, befreiend und wahrhaft wohltätig. (166 f., Eingeklammertes von Hauptmann.) Man gedenkt einer Zeit, wo der Mensch mit allen starken unverbildeten Sinnen noch gleichsam voll ins Geheimnis hineingeboren war: in das Geheimnis, von dem er sich Zeit seines Lebens durchaus umgeben fand und das zu enthüllen er niemals wünschte. (171)

Das ist wesentlich mythisches Existieren, unter dessen Bedingungen nicht der menschliche Wille, „sondern gleichsam die Knechtschaft im göttlichen, nicht Vernunft, sondern Wahnsinn" als das Höhere gilt (172). Besonders vollzieht Hauptmann dies natürlich nach in den Ruinen des Theaters von Delphi und Athen. Hier geht ihm das Wesen des griechischen Dramas auf als Feier des symbolischen Menschenopfers für die urtümlichen Mächte, denen sich der antike Mensch als mythisch Existierender ununterbrochen ausgeliefert sah. „Man spielte für Götter und vor Göttern", und die Tragödie war Gottesdienst im Sinne der „schaudernden Anerkennung unabirrbarer Blutbeschlüsse der Schicksalsmächte" (182 f.). Wenn Hauptmann aber diese Mächte näher beschreibt, so erhellt aufs neue die Echtheit seiner Wiederentdeckung des Mythischen: die Mächte, die in der Tragödie blutfordernd „ins Licht" des Tages durchbrechen, sind die „unterirdischen", „chthonischen" Gewalten des Abgrunds, die den „apollinischen Glanz" des Götterolymps umdüstern (210 f.). Man spürt: Im Gegensatz zur klassischen und frühromantischen Auffassung sieht Hauptmann mit Nietzsche die Daseinsform des griechischen Menschen nicht, genauer: nur in geringem Grade

(141, 186) als apollinisch maßvoll, heiter und abgeklärt in der lebensbezwingenden Ordnungsstiftung, sondern vielmehr als dionysisch: als Hingabe an den elementaren Lebenstrieb, der ihn schon an Schopenhauers Philosophie gefesselt hatte, an den Rausch und die Ekstase, die hinabreißen in die Tiefen und in den Schmerz der Zerstörung, zugleich aber auch hinaufführen auf die Höhen des Genusses der „unsäglichen Wollust des Daseins", die Hauptmann auf griechischem Boden überkommt (115). Demeter, die Göttin der Erde und der „ekstatischen Schmerzens- und Glücksraserei" (157) und Dionysos sind ihm entsprechend am stärksten gegenwärtig. Namentlich im Eros sind diese Kräfte, die das Höchste und erdhaft Abgründigste umfassen, wirksam, doch natürlich nicht weniger in der griechischen Religionsübung, die die Existenz aufsteigert zur rauschhaften Feier des Lebendigen.

Doch ein eigentümlicher Zwiespalt durchzieht diesen *Griechischen Frühling*. Einerseits spielen die Tagebuchaufzeichnungen, wie zu erwarten, die christlich-weltabgekehrte Lebenshaltung aus gegen die griechische Hingabe an das Leben in seiner Vernichtungskraft und seiner Steigerung. Da wird dem Christentum sogar vorgeworfen, es habe das mythische Existieren ausgemerzt, indem es die Natur für teuflisch erklärt (138) und die Götter, den großen Pan besonders, jahrtausendelang verflucht habe (180). Andererseits aber fühlt Hauptmann sich an der Stätte der griechischen Götter paradoxerweise in die Welt des Christus versetzt und auf griechischem Boden an sein Wirken gemahnt (153). Am Schauplatz von Demeters „irdischem Wandel" wird er weihevoll durchdrungen vom verwandten „irdisch-menschlichen Schmerzensschicksal" des Heilands „jener anderen Legende" (154f.). Das Martyrium des Gottes Dionysos, sein Tod und seine Auferstehung, lenkt die Gedanken nach Golgatha, und natürlich entgeht Hauptmann in diesem Zusammenhang weder die sakrale Bedeutung von Brot und Wein und Blut (157) noch das Hirtenmotiv. Trotz allem Aufgehen in der idealen Daseinsform der Antike bildet also die Polarität von christlich-lebenüberwindender und dionysisch-lebenhingegebener Haltung die geheime Achse dieses Griechenlandbuches: das heißt, es regt sich selbst hier, noch unter dem Mantel des rückhaltlosen Bekenntnisses zum lang Ersehnten, die Konfrontierung des Bacchus mit dem Gekreuzigten, wie sie sich schon früher, in *Helios* und in *Elga* etwa, andeutete, und nicht weniger regt sich die versteckte Bemühung um Synthese, wie sie schon der Glockengießer Heinrich und vielleicht auch der naturfromme „Apostel" versuchte. Daß hier eine weitere Klärung dieser Kräfte, die Hauptmanns

111

Sein und Denken bereits lange bestimmt hatten, not tat, bedarf keiner weiteren Erläuterung. Gerade die Berührung mit Griechenland trieb dazu, und so finden wir Hauptmann denn nach der Heimkehr mit zwei Werken beschäftigt, die oberflächlich gesehen derart entgegengesetzte Haltungen zutage treten lassen, daß sie ihm den fragwürdigen Titel des allerchristlichsten und allerheidnischsten Dichters der Deutschen eintrugen, die in Wirklichkeit aber einander ergänzen, ja sich ineinander spiegeln, so daß hier gerade umgekehrt schon bei aller Verschiedenheit der Versuch zu jener Ineinsbildung beider offenbar wird, die dann erst im Alterswerk mit voller Kraft in Angriff genommen wird. Im ganzen freilich wird man die Romane *Der Narr in Christo Emanuel Quint* (1910) und *Der Ketzer von Soana* (1918) als Überprüfung beider Positionen aufzufassen haben. Im Kräftefeld ihrer gegenseitigen Spannung aber stehen alle übrigen Werke, die zwischen dem *Griechischen Frühling* und dem Beginn der Altersperiode entstanden sind. Deutlich wird das z. B. durch das bisher nie beachtete, häufige, auch im *Quint* (VI, 49, 251) und im *Ketzer* nicht fehlende Motiv der Ambiguität in bezug auf die Mächte, die in diesen Werken menschliches Dasein bestimmen. Das heißt: es herrscht bei diesen Menschen oft die aus mystisch-ekstatischen Konfessionen bekannte Unklarheit, ob es die aus der Welt führende Macht des christlichen Gottes ist, die von ihnen Besitz ergreift, oder die in die Welt lockende des christlichen „Teufels", des „Dämons", des Dionysos, des gefallenen Engels Lucifer oder Satanael, die alle bei Hauptmann mehr oder weniger prägnant ineinsgesetzt werden als Gegenkraft der in Christus verkörperten Welthaltung. Schon das Symbol des Lichtes, auch das entgegengesetzte des Abgrunds wird hier merkwürdig doppeldeutig, da beide Gewalten damit chiffriert werden können. Seinen Grund hat dies vielleicht darin, daß Hauptmann das tiefste Gemeinsame beider darin findet, daß beiden das Urerlebnis des Mythischen zugrunde liegt, das sich dann nur sehr verschieden ausformt.

Damit gelangen wir auch an den Kern des Christusromans. *Emanuel Quint* wurde von den beiden Werken als erstes fertiggestellt, naturgemäß, denn, wenn die geistige Gesamtbewegung in diesen Jahren auch auf eine Synthese zusteuerte, so ging sie doch von der christlich-mythischen Versenkung aus und lief auf die dionysische Entgrenzung zu.

Im *Quint* gipfeln die Jesusstudien, die Hauptmann seit der Mitte der achtziger Jahre beschäftigt hatten. Die Gestalt Jesu einer psychologischen Kritik zu unterwerfen, war ja in der zweiten Hälfte des 19. Jahrhunderts und besonders im Naturalismus gang und gäbe, Namen wie Strauß, Bauer, Rasmussen, Dulk usw.

stellen sich ein, und Hauptmann hat selbst bekannt, davon „so ziemlich alles" gelesen zu haben. Dennoch ist er hier von jeder radikalen Kritik, die etwa Christus als Betrüger, Dekadenten oder Psychopathen entlarvt, weit entfernt. Schon die Tatsache, daß er nicht eigentlich einen Christus-Roman schreibt, sondern die Geschichte eines bedauernswerten schlesischen Schreinergesellen, der die *Nachfolge Christi* antritt, sollte vor solchen weitgespannten Folgerungen bewahren und den Blick dafür schärfen, daß wir es bei dem Lebensgang dieses „Giersdorfer Heilands" eher mit der exemplarischen Vergegenwärtigung der für Hauptmann als „christlich" geltenden Lebenseinstellung zu tun haben. Entsprechend ist auch die in der Literatur immer in den Mittelpunkt der Diskussion gerückte Frage eher peripher, ob nämlich Emanuel als die Reinkarnation des historischen und in seiner Heilsbedeutung dogmatisch fixierten Christus aufgefaßt werden solle oder nicht, ob er ein Narr sei im Sinne der Bibel, der dem „Weltweisen" also an Erkenntnishabe überlegen ist, ein Narr in Christo wie der Hl. Franciscus im *Till*, ein „höherer Mensch", von dem Liebe und Segen ausstrahlt, oder aber ein Narr im Sinne paranoisch-degenerativer Geistesverrückung. Der Chronist hat diese Frage ja auch ausdrücklich offengelassen (VI, 314, 508), und der Lebensgang Emanuels bietet keine eindeutigen Anhalte für eine Entscheidung.

Von diesem Lebensgang werden nur die beiden letzten Jahre dargestellt, also Quints Martyrium, und das weist, wenn auch unaufdringlich, genaue Parallelen zum Erdenwandel des Gekreuzigten auf. Mit einer Bußpredigt auf dem Marktplatz tritt Quint zuerst vor die Öffentlichkeit, ein Wanderprediger tauft ihn wie Johannes Jesus, scheinbare Wundertaten, Heilungen und Erlösungen ergeben sich ihm wie von selbst, eine Jüngerschar stellt sich ein, er verbringt seine vierzig Tage in der Einöde der schlesischen Gebirgswelt, wandert durch die Gegend als Helfer der Armen und Bedrückten, läßt die Kindlein zu sich kommen, disputiert mit den Schriftgelehrten, d. h. mit einem protestantischen und einem katholischen Geistlichen. Ruhe findet er eine Zeitlang als Schützling eines adeligen Fräuleins in Gurau, doch dann ruft ihn der schwärmerisch-orgiastische Obskurantismus seiner mißverstehenden Anhänger, der Talbrüder, wieder hinaus ins Leben, um ihnen seine Lehre zu klarerem Verständnis zu bringen. Entscheidend für die Auffassung der Gestalt ist dabei, daß Emanuel sich bis zu diesem Moment niemals als den wiedergekehrten Christus bezeichnet, sondern nur als den, der die Nachfolge Christi auf Erden angetreten hat, und das in aller Demut und Entsagung und christlichen Nächstenliebe. Zwar nennt er sich wiederholt Gottes Sohn, aber was er damit meint, ist nichts weiter als die „Wiedergeburt im Geist", die er in seiner mystischen Erweckung erlebt hat und zu der er seine Anhänger hinführen möchte; denn sie besteht als Möglichkeit für jeden Menschen. „Gott ist Geist" lautet daher die Botschaft, die zu wiederholen er nicht müde wird, und wem sich dieser Geist offenbart hat, wer in ihm wiedergeboren ist wie Quint, in dem ist Gott gegenwärtig, wie er im historischen Christus gegenwärtig war. Und der „Friede einer tiefen Gelassenheit" (146), der sich einem solchen Wiedergeborenen mitteilt, ist ohne Frage in Emanuel eingekehrt. Aber der ständig wachsenden Masse seiner Anhängerschaft ist diese Mystik viel zu subtil. Schlecht weggekommen, wie sie sind im „irdischen Jammertal", steigern diese hintersinnigen Sektierer, durch die bloße Gegenwart Quints in ihren chiliastischen Erwartungen bestärkt, die religiöse Erlösungssehnsucht ins Ungemessene und sehen in dem Giersdorfer Zimmermannssohn den leibhaftigen Christus, dessen Wiederkehr ihnen verheißen war. Und Quints Tragödie ist, daß er, der es aus Mitleid und Güte nicht übers Herz bringt, den Jüngern den Irrglauben zu nehmen, schließlich selbst ihrem Messiaswahn zum Opfer fällt und sich selbst, nicht ohne herrische Anmaßung von Unfehlbarkeit und Savonarolarolle, als wiedergekehrten Christus von Nazareth proklamiert. In dieser Eigenschaft zieht er unter zunehmendem Zulauf in Breslau ein, wo er sein Christus-Schicksal zur Vollendung bringen möchte. Und zwar geht er in seiner Märtyrer- und Opfersucht so weit, sich, als er unschuldig in einen Mordprozeß verwickelt wird, für den gesuchten Verbrecher auszugeben, nur um dann, die Sünden anderer auf sich nehmend, sein öffentliches Golgatha zu erleben. Als ihm das nicht glückt, zieht er bettelnd und predigend durch die deutschen Lande, sich überall als der wiedergekehrte Jesus Christus ausgebend, und im nächsten Frühjahr findet man ihn dann in den Bergen an der Schweizer Grenze von einer Schneelawine begraben. Seine letzten Worte stehen auf einem Zettel, den man dem Toten aus der Tasche zog. Sie lauten „Das Geheimnis des Reichs", dahinter aber steht ein Fragezeichen.

Dies Fragezeichen gibt ein schweres Rätsel auf. Soll damit angedeutet sein, daß Quint vielleicht doch Zweifel an seiner vermeintlichen Erlöserrolle aufgetaucht sind, er also vielleicht noch in der Stunde seines Todes über den Heilandswahnwitz hinausgekommen ist? So hat man gemeint. Aber wir spürten schon: die eigentliche Problematik des Romans reicht tiefer hinab als zu der Frage, „wer" dieser Quint war. Neuerlich hat man sich daher schon von dieser Fragestellung abgewandt und betont, das entscheidende Fragezeichen könne sich nur auf das *Wesen* jenes Geheimnisses beziehen; das Geheimnis des Reichs aber, das Quint zuteil geworden ist, das er predigt und mit verschiedenen begrifflichen Formeln wie Frieden, Selbstlosigkeit, Taufe des Heiligen Geistes umschreibt, sei eigentlich nichts weiter als die Erfahrung der mystischen Unio mit Christus, und ein Narr sei Emanuel nur darum, weil er nicht einsehen will, daß sich dieses ekstatische Gotterlebnis der menschlichen Mitteilbarkeit entzieht, weil er stattdessen der ihm zuteil gewordenen Wahrheit gerade in der Anmaßung der Messiasrolle Dauer verleihen möchte. Bedenkt man aber, daß sich diese imaginierte Unio im Zustand Erschöpfung und zugleich krankhaft höchstgespannten messianischen Erwartung vollzieht, daß Quint ja auch schon vorher das Himmelreich aus eigener Erfahrung predigt, bedenkt man ferner, daß gerade diese Episode (155) bis zur Wörtlichkeit anklingt an die ähnliche Erfahrung des im Irrwahn befangenen „Apostels", so kann man diese Unio keineswegs mehr als „authentisch" bezeichnen. Wenn eine solche einfache Gleichung wirklich bestünde, so könnte Quint auf die immer drängender werdenden Fragen seiner Anhänger nach dem Wesen des Geheimnisses des Reichs ja wohl eine ihrem Verständnis angemessene Antwort geben, statt dessen aber verweist er mit seiner Entgegnung ganz ins Unsagbare:

Von diesem Geheimnis, des ich gewürdigt worden bin, wißt ihr nichts! Ich kann es euch auch nicht offenbaren! Allein der Vater kann es euch offenbaren, der in mir ist. Und wenn es der Vater euch offenbart, so kommt und nennet euch meine Brüder! (319)

In diesen Zusammenhang gehört die wiederholte Feststellung des Chronisten, daß das Göttliche nur durch den Menschen faßbar werde, dem seine Erfahrung zuteil geworden ist:

Gott bleibt uns stumm, er spricht denn aus Menschen ... und was ein solcher Gottmensch von der Gottheit zu fassen fähig ist, das allein ist es, was wir als göttliche Erbschaft besitzen.

(239 f., vgl. 64)

Das deutet auf ein andersgeartetes Gotterleben als das mit der Unio bezeichnete, und blicken wir über jene Episode hinaus, so kommt uns als das Grunderlebnis Quints nichts anderes als die Grenzerfahrung der mythischen Existenz in den Blick:

Ist euch niemals der Wunsch gekommen, dort zu sein, wo die von euch strömenden Wellen eures Geistes — und eure Sinne sind Geist! — zu Ende sind? Hattet ihr niemals eine glühende Leidenschaft, dort an der äußersten Grenze anzufangen? Wer es fassen mag, fasse es! (434)

Das erinnert stark an die Worte Wanns über die Ausgesetztheit des Menschen in einer Welt des göttlich Unendlichen, das sich nur erahnen läßt und das die mythenbildende Phantasie sich vergegenwärtigt. Was an dieser Grenze erlebbar wird, ist eben jener „Geist", von dem Quint beharrlich sagt, daß er Gott sei. Und als das „Urphänomen im religiösen Leben" Quints (333) bezeichnet selbst der kritische Chronist den Bezug über die „Grenze" hinaus zu einem Transhumanen und Transmundanen; nämlich:

eine fast quälend erhabene, fast ihr Gefäß zersprengende Empfindung von Größe, die ihn auf die Spitzen der höchsten Türme wie auf das winzige Werk einer Ameise herabblicken machte. Diese Empfindung war so umfassend, daß er sich selbst im allwissenden Geiste Gottes zu wohnen schien, und keine andere als diese war es, an die er dachte, sooft er die Einheit von sich und dem Vater, von sich und dem Sohne, von sich und dem Heiligen Geiste behauptete. (334)

Kein Zweifel: dies ist die Grunderfahrung des hypothetischen ursprünglichen Menschen, der sich den Mythos schafft, und einen solchen „Mythos" (Hauptmanns eigenem Sprachgebrauch folgend, dürfen wir diesen Ausdruck hier verwenden) bildet sich Emanuel ja auch sofort, wenn er sich der christlichen Vorstellungen bedient. Eben hier liegt das Problematische und Tragische seiner Existenz: Einerseits besteht er darauf, dieses Grunderlebnis in seiner sprach- und vorstellungsfremden Reinheit zu bewahren; darum das ständige „Gott ist (ein) Geist", „Ihr sollt euch kein Bild machen" (401), „Selig sind, die nicht sehen und doch glauben" (469). Andererseits drängt die Erfahrung der Außerweltlichkeit, die Ek-stase im ursprünglichen Sinne, zur Wort- und Bild- und Sprachwerdung, und so kann er, zumal er ja auch den Drang zur Kommunikation seiner „Wahrheit" empfindet, gar nicht umhin, mythisch zu formulieren, eine geistige Umwelt zu schaffen, die menschliches Existieren sub specie aeterni ermöglicht.

Quints Gefahr ist ferner, daß er sich über die Bedeutung seiner Erfahrung des Göttlichen nicht klar zu werden vermag. Doch empfiehlt es sich wenig, diese Unklarheit als die Einlagerung von dionysischen „Elementen" in einen überwiegend vom Geiste christlicher Mystik getragenen Roman zu bezeichnen. Vielmehr besitzt das Grunderlebnis selbst für Quint eine unlösliche Ambiguität. Die letztzitierte Stelle, die das Überhobensein über die Welt als das Urerlebnis beschreibt, läßt durchblicken, daß dessen Sinngehalt die Überwindung der Welt, der realen Daseinsbedingungen bedeutet, die Entdeckung eines Reichs, das nicht von dieser Welt ist (180, 182), und in der Tat findet man sich in dieser Deutung laufend bestätigt: „wer sein Leben lieb hat, der wird es verlieren" (454), der Herr dieser Welt ist der Satan, Entsagung ist weithin die Formel für Quints Dasein, bis er dann „auch das Letzte, was an mir irdisch ist", von sich wirft (499):

Ich bin nicht heimisch und mag und will nicht heimisch werden in dieser Welt. Es sei denn, daß Gott darin heimisch würde. Gott aber ist fremd in dieser Welt! So muß wohl der Feind, der Feind und nur der Feind darin heimisch sein! (370)

Als Verkörperung solcher christlichen Weltabkehr, wie Hauptmann sie versteht, ist Quint ohne Frage im überwiegenden Maße gedacht, und dieser Zug ist in der christlichen Mythologie gefaßt. Es ist aber nicht die einzige, die sich Quint bei seiner Gotterfahrung einstellt. An eben der Stelle über das „Urphänomen" seiner Religiosität, über sein Erahnen des Unendlichen, ist auch davon die Rede, daß es die Sonne ist, die ihm „das gewaltigste und zugleich das tiefste Symbol" dafür ist (334): Man erinnert sich: die Sonne, die im *Helios* z. B. als bildliche Abbreviatur der kraß antichristlichen, dionysischen Einstellung figurierte, die auch der alte Heide und Korybant Huhn mit dem Ruf „Jumalai" verehrte! Durch den ganzen Roman hindurch findet sich nun aber dieser Sonnenkult Quints. Im Sonnenaufgang, nicht im Bibelbuch, sondern in der Natur spricht Gott zu ihm (102), und so wird die christlich-dionysische Doppeldeutigkeit von Quints Sehnsucht erkennbar,

aus der Vereinzelung seiner Körperlichkeit, wie aus dem Kerker befreit ins Allgemeine sich hinzugeben: sein Licht zum Licht, seine Liebe zur Liebe zu tun, um von sich und der Liebe erlöst ewig vollkommen in Gott zu sein. (69)

Wenn Schönheit und Kraft des natürlichen Lebens nur einen „Abglanz" des göttlichen Seins darstellen, wie es einmal heißt (37), „nur so viel" sind, „als wir jetzt zu ertragen imstande sind", dann kann die Erfahrung des Außerirdischen im Irdischen sich sowohl in der Abkehr vom Irdischen und Versenkung ins Sprachlose wie auch in der Form der rauschhaften Hingabe an das Göttliche im Naturhaften äußern. Bei Quint ist beides der Fall. Er predigt, die Welt sei zu überwinden, empfindet aber die stille Anbetung der Sonne und das kultische Bad in den ersten Strahlen des aufgehenden Gestirns als Heiligung des Lebens *im Irdischen* (267), und er bricht bei ihrem Anblick in einen Daseinsjubel der göttlichen Nähe aus, der nur als dionysisch bezeichnet werden kann. Charakteristisch ist aber, wie sich ihm *diese* Daseinssteigerung immer wieder verschmilzt mit der mystisch-weltenthobenen:

Der innere Antrieb, der [Quint] mit seinem in Liebe überfließenden Herzen aufwärtstrieb, war nicht nur darauf gerichtet, so bald wie möglich die Schöpferin dieser irdischen Wonnen, die Sonne, zu sehen, sondern er fühlte Gott selber in ihrem Lichte heraufkommen und wollte in seiner Glorie stehen, und sei es auch nur, um darin zu schmelzen. Emanuel atmete Morgenluft. Aber es schien ihm der Morgen jenes ewigen Tages zu sein, aus dem die Finsternis immerdar verbannt ist und wo wir nach den Verheißungen der Bibel im Angesichte und Frieden Gottes, von allen Übeln erlöst, wandeln werden, teilhaftig der ewigen Seligkeit. Und deshalb steigerte sich seine Wonne zu Trunkenheit. Die Wogen der inneren Schauer gingen so hoch, daß er fast gegen seinen Willen vor Freude zu schreien begann, zu singen und Gott mit lauten Jubelrufen zu loben, nur um in dem ganz unfaßlichen Übermaße der Wonnen nicht zu vergehn. (19)

Dem entspricht es auch, daß das Bild Quints als des „guten Hirten", wie man bemerkt hat, deutlich antike, bacchantische Züge aufweist und stark an das heidnisch-pantheistische Hirtentum des Ketzers von Soana erinnert.

Damit bedarf es keiner weiteren Erläuterung mehr, daß das Grunderlebnis der Ek-stase, das von unüberschätzbarer Bedeutung ist für Hauptmanns Menschenbild, das demgemäß auch schon früher als Bezug zum Göttlichen und Innewerden rätselhafter kosmischer Mächte aufgetaucht war, in seiner Sinninhaltlichkeit changierend sein kann. Im *Quint* überwiegt bei allem Tendieren zum Dionysischen noch das Christlich-Mystische. Doch gleich nach der Fertigstellung des Christusromans, im Februar 1911, wird kennzeichnenderweise die dionysische Ergänzung in Angriff genommen, *Der Ketzer von Soana*, das Hohelied auf die bacchantische Existenz. Der Roman wird zwar erst 1917 abgeschlossen und 1918 veröffentlicht, aber schon die in der Zwischenzeit erschienenen Werke lassen die zunehmende Verschiebung der Bedeutung des Grunderlebnisses auf das Dionysische zutage treten. So läuft die Sinnstruktur des Romans *Atlantis* (1912), der die weltanschaulich-existentielle Zerrissenheit eines jungen Wissenschaftlers in dessen Erlebnissen während der schiffbrüchigen Überfahrt in die Neue Welt durchleuchtet, auf die Gesundung und Erlösung durch die Liebe hinaus, die ihn statt mit der sinnlich-spielerischen Tänzerin, der er nachgereist war, mit der „Vollnatur" einer mütterlich reifen Frau verbindet. Und selbst das Puppentheater *Festspiel in deutschen Reimen* (1913), das auf offizielle Bestellung für die Breslauer Jahrhundertfeier von 1913 geschrieben wurde und so kaum zu den „echten Hauptmann-Werken" gerechnet werden kann, gipfelt in der Apotheose des Eros als der höchsten Lebens- und Schaffenskraft: Nachdem die Marionetten, die teils historische, teils mythisch-allegorische Figuren darstellen, in einer revueartig unverbundenen Szenenbildreihe die geistig-politischen Kräfte der deutschen Befreiungskriege und ihre Voraussetzungen von der Französischen Revolution an haben erstehen lassen (in denen gerade, im Gegensatz zu Goethes Aristokratismus in *Des Epimenides Erwachen*, der Anteil des einfachen Volkes herausgestrichen wird), erscheint „Athene Deutschland" mit ihrem großen Hymnus auf den Frieden, der, wie auch das unpathetische und scheinbar unpatriotisch-respektlose Umspringen mit Gestalten und Ereignissen der nationalen Geschichte, den Unwillen des wilhelminischen Deutschland erweckte und das Stück des „Spielverderbers" Hauptmann von den Wogen des Für und Wider umbranden ließ. Dieser Hymnus auf den Frieden also steigert sich zur ausgelassenen Feier des Eros als der allem Leben zugrunde liegenden Kraft, die die Menschheit eint:

> Denn dieses Göttliche ist Eros! Eros ist
> der Schaffende, der Schöpfer! Alles, was da lebt,
> ist Eros, ward aus Eros, wirkt in ihm und zeugt
> ihn neu. Und Eros zeugt sie immer neu, die Welt!
> Was ist der Sinn des Auges ohne ihn? Nur er
> entschleiert Schönheit: dem Gehör wie dem Gesicht,
> so dem Geruch wie dem Gefühl und nicht zuletzt
> dem blitzbeschwingten, die Unendlichkeit im Nu
> durchmessenden Gedanken. Bessre Diener haben Götter nicht.
> Und darum laßt uns Eros feiern! . . . (VII, 491)

Man spürt: der Friede, der im Gefolge dieses ältesten der Götter, wie Hauptmann ihn gern nennt, zu den Menschen kommt, ist weit entfernt von der Gelassenheit in Gott, die sich dem Mystiker erschließt in der Abwendung von dem gleichen Leben, das hier rauschhaft bejahend ergriffen wird.

War es im *Festspiel* der Eros, der die dionysische Erhöhung des Daseins gewährte, so ist im *Bogen des Odysseus* (1914) der Anstoß dazu die Berührung mit den Kräften der heimatlichen Erde. Das erinnert an den *Griechischen Frühling*, und in der Tat wurde dieses Drama um die Heimkehr des Odysseus noch auf griechischem Boden begonnen. Seine Mitte bildet das Lob der Erde Ithakas, die Odysseus' ganzes Sein magisch neubelebt und stärkt, wenn auch noch erratische Blöcke aus dem ursprünglichen Entwurf, der um Telemachs Kronprinzentragik konzentriert war, liegengeblieben sind. „Wer keine bewußte Beziehung zur Natur kennt, nichts von den elementaren Beziehungen weder zur Scholle noch zur Woge an sich hat, ... kann unmöglich einen Pulsschlag für das Werk mitbringen", hat Hauptmann selbst seinen Kritikern geraten (XVII, 315). Aber nur allzu bereitwillig haben sie diesen Hinweis aufgegriffen, ihn dann durch die Bemerkung im *Griechischen Frühling* gegen das „schwächliche Griechisieren, die blutlose Liebe zu einem blutlosen Griechentum" ergänzt und entsprechend den *Bogen des Odysseus* einseitig als Verherrlichung der erdhaft-irdischen Vitalbezüge des Menschen verstanden, ohne zu erfassen, wie sehr Hauptmann sich Mühe gegeben hat, gerade in diesem zentralen Erlebnis des Odysseus die Entgrenzung ins Göttliche aufleuchten zu lassen, die ihm allererst Sinn und Tiefe verleiht. *Pro domo* hat Hauptmann denn auch betont, die naheliegende Analogie zu rein naturhaft-vegetativen Wachstumsprozessen habe darin ihre Grenze, daß der Odysseus seines Stücks gerade „im Vollbesitz seiner höchsten Kräfte jene Gelassenheit finde, die ... vielleicht seine Wurzeln unmerklich *aus dem Erdboden lockert*" (XVII, 317). So besteht die eigentliche Bedeutung von Odysseus' erneuter Berührung mit Ithaka darin, daß ihm dadurch die Nähe zum Göttlichen zuteil wird, aus der heraus dann die dionysische Daseinshingabe erst möglich wird. Freilich: auf das von der Tradition vorgegebene Mitwirken der Göttin Athene durch ihre verschlagenen Zauberkunststückchen hat Hauptmann bei der Darstellung der Erlösung des „edlen Dulders" verzichtet und ebenso auf alles spezifisch-mythologische Rankenwerk, das dem Werk einen allzu märchenhaft-irrealen Charakter gegeben hätte. Statt dessen konzentriert er bewußt auf das *Elementare* der mythischen Ursituation des Menschen, indem er in weitgehend analytischer Aufbauform nur *den* Moment darstellt, wo das langjährige Leid des Odysseus dialektisch umschlägt in die Beglückung der Götternähe. Auch dieses Leid, das schon in der bloßen Gestalt des Heimkehrers, den wir alle fünf Akte hindurch auf dem Anwesen des „göttlichen Sauhirten" Eumaios sehen, schmerzlich gegenwärtig wird, ist hier wieder von den Göttern verhängt, die ihn völlig ohne Grund seit dem Fall Trojas auf seiner Irrfahrt von Entbehrung zu Entbehrung gehetzt haben (VIII, 11 f., 14, 21, 24, 73, 98). Es ist also letztlich wieder das Leid der Gottferne wie im *Armen Heinrich*. Wie der aussätzige Ritter so hadert auch der Griechenfürst mit den Himmlischen und begreift sein Leid im tiefsten als Verzweifeln an einer problematischen Transzendenz, die sich allen Sinns zu entleeren scheint. Und in jeder neuen Begegnung auf heimatlichem Boden erneuert sich ihm dieser Schmerz bis zum Wahnsinn der gänzlichen Verstörung. Zugleich aber ist der heimatliche Boden die Stätte seiner Vollendung. Gerade als dieses Leid noch einmal in einen einzigen Augenblick von symbolhafter Dichte zusammengedrängt wird, als Odysseus beim Anblick des ihm versagten Lebensglücks „still für sich weinend" in letzter Schicksalsreife sein Verhängnis erkennt, erfolgt, genau im Schwerpunkt des Dramas, der Umschlag mit der Unvermitteltheit einer göttlichen Offenbarung. Zunächst durch die Sprache der Form: die Bühne wird entgrenzt. Ein langgezogener Hornton erklingt von irgendwoher, unterirdischer Donnerschlag und unheimliche Lichtphänomene wirken von außen in den Raum. Der Bezugspunkt alles Sprechens und aller Bewegungsrichtung sind plötzlich die durch solche Entgrenzung deiktisch vergegenwärtigten Mächte des Draußen. „Was ist's?" wird gefragt, und geantwortet: „es nahen die Götter" (70). Unter dem Anruf dieser Mächte ist der Mensch nicht mehr aktiver Gestalter, sondern Objekt geheimnisvoller Wirkkräfte. Odysseus, der sich kurz vorher noch als den Götterfernen bezeichnete, „tritt unter die Hirten mit den Bewegungen eines Blinden". Wie so oft bei Hauptmann ist diese Blindheit aber nur äußeres Zeichen des Erwachens der „innren Sehkraft", und durch diese spürt nun auch Odysseus: Zeus, der Verfolger, winkt ihm „Gewährung", der große Pan ist ihm nahe, er weiß sich „am Ziele" in einem höheren Sinne als dem des bloßen Heimkehrens. Sich in Zuckungen windend, liegt er schließlich am Boden: das ist von alters her das mystisch-magische Symbol der Entrückung ins Göttliche: Odysseus ist jetzt „ein Seher und des Gottes voll".

Auf diesen Kairos läuft die ganze innere Handlung zu, und was folgt, vor allem also die Erkennungsszene mit Telemach und die tumultuöse Rache an den Freiern, ist nur Ausstrahlung dieses Erlebnisses, das den Odysseus gänzlich erneuert. So stehen ihm, der durch sein „ungeheures" Leiden selbst zum Heiligen, ja zum Gott geworden ist, „aufwachsend zu den Sternen", jetzt als symbolische Entsprechung die Götter zur Seite und lassen ihm alles Gelingen und Glück als „Geschenk" zuteil werden. Noch einmal fühlen wir uns an den *Armen Heinrich* erinnert, wenn das sinngebende Ereignis wieder in ein Gleichnis von dichterischer Bildkraft gefaßt ist: Odysseus sagt zu seinem Vater Laertes:

Ja, du und ich, und ich und du, wir beide
mußten uns wühlen durch das wirre Dasein
und mußten Stollen graben bis hierher:
wir Maulwürfe! Faßt an die Erde, die wir
aufstießen! Haltet sie in eurer Hand
und weissagt Tiefstes aus dem Schacht des Lebens! (103)

121

Das Bild von den Maulwürfen, die sich aus der Erde ans Licht gewühlt haben, ist vielsagend. Im Gegensatz zu Ritter Heinrichs ähnlichem Auftauchen aus den Tiefen des Meeres weist es nicht auf eine letzte Abgeklärtheit und Weltüberhobenheit, sondern auf die andere Äußerungsmöglichkeit eines (wie der Quint-Roman zeigte) doppelsinnigen Grunderlebnisses: mit dem Bezug auf die erdhafte Tiefe ist auf jenes aus den Tiefen der Vitalität, des Urtümlichen und Abgründigen des Menschen dringende Ergreifen des Daseins gewiesen, das wir uns unter dem Bild des Dionysos vorzustellen pflegen. Nicht zufällig ist es ja auch der im bacchantischen Gefolge des Dionysos einherziehende Hirtengott Pan, der hier vor allen anderen Göttern gegenwärtig wird; *Pan* gelten die Hirtentänze zum Klang der Syrinx (die sein Attribut ist), und indem bei *Pans* Nahen die Quellen wieder zu springen beginnen, „der Lebensborn erwacht" und die ganze Natur sich sprunghaft neubelebt, ist über Odysseus' Bezug zu den naturhaften Kräften kein Zweifel gelassen, und dionysisch ist denn auch die Daseinssteigerung, die den heimgekehrten, den rächenden Fürsten überkommt.

Im gleichen Jahr aber, als dieses Drama der überschäumenden Lebensbejahung erscheint, nimmt Hauptmann einen älteren Plan wieder zur Hand und beginnt, das Drama zu vollenden, das er nicht zu Unrecht „die bitterste Tragödie der Menschheit" genannt hat. Ja, seine Sinnstruktur ist gerade auf die tragisch-ironische Desillusionierung der im Metaphysischen gründenden Position angelegt, wie sie nicht nur im zeitlich so nah benachbarten *Bogen des Odysseus* erreicht ist, sondern in der einen oder anderen Weise, „quintisch" oder „ketzerisch", auch in allen anderen ernsten Werken seit den *Webern* mit der einzigen Ausnahme der *Rose Bernd*. Ja, direkt wie ein Zurückkommen auf diesen toten Punkt der abgründigen Verzweiflung sowohl an der christlich-entsagenden wie der dionysischen Lebenserfüllung mutet das 1915 fertiggestellte, doch erst 1943 veröffentlichte Inquisitionsdrama *Magnus Garbe* an: eine deutliche Warnung davor, den metaphysischen Bezug in Hauptmanns Weltbild als etwas Gegebenes hinzunehmen, das nicht täglich neu errungen werden muß. Wäre es anders, so wäre Hauptmann Prediger geworden — und es lohnte sich weniger, ihm zuzuhören.

Seine Entstehung verdankt dieses düstere Drama Hauptmanns langjährigem Interesse an der Kultur des 16. Jahrhunderts, dem u. a. auch Bruchstücke eines *Wiedertäufer*dramas und -romans entstammen, auf deren Stoffkreis in den Werken aus diesen Jahren des öfteren angespielt wird. In der Geschichte eines Zeitalters der religiösen Wirren, in denen sich abergläubischer Wahn mit devotem Fanatismus zu einer neuen Barbarei verband, brauchte der Dramatiker denn auch nicht lange nach einem Stoff zu suchen, der seinen Zweifeln an der Glückmöglichkeit entgegenkam, und besonders dem Gedanken des enttäuschten „dionysischen" Lebensgenusses bot sich hier reiche Anregung. Was daraus wurde, ist ein Gemälde in Schwarz und wieder Schwarz. Glück und Friede eines deutschen Städtchens werden jäh zerstört durch den Einzug einiger Dominikanermönche, die mit der Durchführung der Inquisition beauftragt sind. Die Bevölkerung verfällt im Handumdrehn dem Hexenwahn, als Opfer aber werden besonders der bisher hochangesehene, allgemein beliebte Bürgermeister Magnus Garbe und seine Frau in den Strudel der organisierten Massenhysterie gezogen. Die junge schöne Felicia Garbe wird von einer „Hexe" im hochnotpeinlichen Verfahren der Umtriebe mit Teufeln bezichtigt, man schleppt sie in den Kerker, sucht ein Geständnis zu erpressen und verurteilt sie schließlich zum Tod auf dem Scheiterhaufen. Und zwar ist dieser Lauf der Dinge als nicht weniger schmerzlich für Magnus Garbe dargestellt, denn jung verheiratet nach einem qualvoll verworrenen Leben in unruhiger Zeit, hat er sich von seiner Ehe das späte, kaum mehr geglaubte Glück erhofft; Felicia ist ihm ein und alles. Jetzt aber bleibt ihm nur noch der gemeinsame Tod. Wie durch ein Wunder sterben sie gleichzeitig, einander in den Armen liegend, im Kerker der „domini canes". Aber ihr Tod ist nicht der einer gläubigen Zeit mehr. Felicia verröchelt zwar nach wirren Fieberphantasien mit den Worten „Sterben! Selig!", die kaum zweifelsfrei zu deuten sind, und ganz am Schluß werden ausgerechnet dem Henkersknecht, der also auf Seiten des Hexenwahns steht, die Worte in den Mund gelegt: „Ich wette, sie sind zum Himmel gefahren." Aber schwerer wiegt doch wohl, daß Magnus Garbe selbst mit dem wiederholten, an das desillusionierte Weltbild der *Rose Bernd* erinnernden Fluch stirbt: „Es ist kein Gott, es ist nur der Teufel." Vor der Macht dieser Worte, die durch den Gang der Ereignisse vollauf bestätigt werden, verblaßt auch die vom Expressionismus angeregte Symbolik des rettenden, in die Zukunft weisenden Kindes, das Felicia im Kerker geboren wird und das einmal sogar ausdrücklich als zukünftiger Christus und „Gott von morgen" apostrophiert wird (VIII, 133).

So bleibt der Eindruck der radikalen Vernichtung des Anspruchs der Glücksmöglichkeit auf Erden. Durch die desillusionierende Todesszene zieht dieser sogar noch den Eindruck der Vernichtung der Hoffnung auf ein Glück im christlichen Jenseits nach sich, der Hoffnung also, um die doch bei Hauptmann die Erniedrigten und Beleidigten sonst nicht betrogen werden. Es bietet sich so ein Bild der totalen Entfremdung des Menschen von jenem Bereich, auf den er sonst existentiell bezogen ist zur Vollendung seiner eigentlich menschlichen Möglichkeiten. Gewiß hat der typisch Hauptmannsche Mensch, und gerade wenn er diesen Bezug zum Göttlichen realisiert, an der Spannung teil, die noch in diesem höheren Schicksalsraum herrscht zwischen den kosmischen Mächten, aber hier in *Magnus Garbe* regiert nur noch der Teufel, und im Bezug zu *ihm* gibt es keine existentielle Geborgenheit. Dabei ist jedoch eine Eigentümlichkeit zu beachten: die Greuel der Inquisition geschehen natürlich im Namen Gottes, aber dieser Gott, den die Dominikaner im Munde führen, schillert in jener Ambiguität, die sich, wie schon bemerkt, sehr häufig in dieser Zeit bei Hauptmann beobachten läßt; die Menschen beginnen zu zweifeln, ob es nicht der Satan ist, der hier durch die Mönche herrscht, und ein Blitz wird als Zeichen aus dem Raum des Umgreifenden charakteristischerweise im entgegengesetzten Sinne interpretiert, als Fingerzeig Gottes beziehungsweise des Teufels und seiner „Abgrundmächte" (130, 152). Scheint sich — trotz allem — in dieser Ambivalenz nicht doch Positiveres anzudeuten?

Im *Magnus Garbe* kommen wir über die Frage nicht hinaus. Doch in der z.T. gleichzeitig entstandenen *Winterballade* (1917) entfaltet sich das Bild der Welt und Überwelt nach dieser Verdüsterung wieder voll zwischen den zwei Polen des Göttlichen und Widergöttlichen. Zugrunde liegt diesem Drama Selma Lagerlöfs Erzählung *Herr Arnes Penningar*. Was die zu bieten hatte, war allerdings nur Rohstoff, eine im 16. Jahrhundert an der schwedischen Schärenküste spielende Mord- und Rachegeschichte: Der alte Pfarrer Arne wird eines Nachts im Winter von drei Offizieren der schottischen Armee, die im Krieg von König Johann ins Land gerufen war und jetzt, nach Abschluß des Friedens, auf den Rücktransport wartet, ermordet und mit ihm seine ganze Familie außer einem halbwüchsigen Mädchen. Ob und wie die Täter gefaßt werden, die sich bei dem von Tag zu Tag erwarteten Tauwetter in die Heimat einschiffen und in Sicherheit bringen können, darauf richtet sich im weiteren die ganze epische Spannung. Am Schluß werden sie festgenommen, und zwar geschieht das einzig durch das wunderbare Eingreifen des Himmels, der sich des Geistes der erschlagenen Schwester des überlebenden Mädchens und vor allem des mirakulösen Umstands bedient, daß während des allgemeinen Tauwetters das Eis um die Schiffe der Mörder nicht schmilzt und sie infolgedessen der weltlichen Gerichtsbarkeit anheimfallen. Hauptmann hat der Erzählung diesen legendenhaften Anstrich konsequent genommen, und das Wunderbare in die Seele des Haupttäters, Sir Archies, selbst verlegt: in seinen

Kampf mit dem Gewissen, dem er schließlich erliegt. Aber man greift viel zu kurz, wenn man daraus schließt, Hauptmann habe das Übernatürliche einfach naturalisiert, psychologisiert oder oder auch plausibel „rationalisiert" (was letztlich alles auf das gleiche hinausläuft) und habe sich mithin in diesem Drama hauptsächlich für das Schauspiel der „décomposition mentale" des Mörders interessiert. Damit ist gewiß etwas Richtiges gesehen, man muß es nur sinngerecht einordnen. Es stellt sich nämlich heraus, daß alles Geschehen: der Mord, die Rachebemühungen der Überlebenden und ihrer Helfer, die Haßliebe Sir Archies zu dem überlebenden Mädchen Elsalil, das dem erschlagenen Mädchen unheimlich ähnlich sieht und das er in seinem Schuld-und-Reue-Komplex für die Tote ansehen möchte, und schließlich die fort-schreitende geistige Zerrüttung Sir Archies, die bis zum hellen Wahnsinn geht, daß also die ganze innere und äußere Handlung nachdrücklich und konsequent nur innerhalb eines prägnanten reli-giösen Vorstellungsrahmens zur Geltung kommt, dem formen-sprachlich das Mittel der szenischen Entgrenzung entspricht: Im Handeln der Menschen spricht sich nur das Handeln transhumaner kosmischer Kräfte aus, die hier „Gott" und „Teufel", „Himmel" und „Hölle" benannt werden, und zwar nicht nur von der einen oder anderen Figur, sondern von allen, und es scheint, daß Haupt-mann nur um diesem Gesichtspunkt stärkere Geltung zu verschaf-fen, eine neue Gestalt eingeführt hat: den Sohn des ermordeten Geistlichen, den Pastor Arnesohn, der mit seinem unerbittlichen Drängen auf Rache nicht nur dem Stück erst den eigentlich drama-tischen Antrieb gibt, sondern dabei ebenso unermüdlich den eben bezeichneten Gesichtspunkt betont. Gottes und des Abgrunds Sache wird also im menschlichen Geschehen verhandelt. Schritt für Schritt ist diese Ausweitung ins religiös Bedeutungsvolle beibehalten. Das menschliche Leben erscheint z.B. unter dem Bild des Schleifsteins, an dem, man weiß nicht recht wer: Gott oder der Teufel Scheren schleift (VIII, 203, 261). Es ist tatsächlich ein Machtkampf zwischen dem Herrn des Lichts und der Schlange des Paradiesgartens (201). Stereotyp sind die drei Schotten als Sendlinge der Hölle etikettiert, und Arnesohn versteht sich als Arm des rächenden Gottes, Elsalil als „Gottes Racheengel". Zum endgültigen Austrag soll der Zweikampf der Mächte kommen, als Arnesohn und Sir Archie sich nächtlich auf dem vereisten Fjord zum Duell treffen. Aber als der Schotte erscheint, wird deutlich, daß Gott bereits gesiegt hat: unter irren Reden und mit den Symptomen hochgradigen Verfolgungswahns taucht der Täter an der vereinbarten Stelle auf, und der Pastor erkennt sofort: „die Hand des Herrn hat ihn erreicht" (293). Symbolisch ist, daß

Sir Archie die aufgehende *Sonne* nicht wahrnehmen kann, sich im Finstern wähnt, „mitten im Licht nach dem Lichte hungert". Noch einmal, wie schon am Anfang, bringt sich dann in den spukhaft-grotesken Clownerien seiner Begleiter die irreal-unheimliche Atmosphäre zur Geltung, die auf ihre Weise anzudeuten scheint, daß ein Jenseitiges mit im Spiel ist, bis dann, als Sir Archie wie vom Blitz getroffen entseelt zusammengesunken ist, Pfarrer Arnesohn den Sinn des Geschehens gültig ins Wort faßt: Nicht der Strahl des Rächers hat Sir Archie gefällt, sondern „sein eignes Nein", das dem eignen Leben galt, und das ist nur so zu verstehen, daß Gottes Anspruch selbst in seiner Seele wirksam wurde, sich in diesem freien Tode also der Bezug zum Göttlichen recht eigentlich verwirklichte: „Hier liegt ein Überwinder ... ein Entsühnter", lauten die letzten Worte. Der Mensch, über den das Luciferisch-Dionysische in seiner tierisch-abgründigsten Form Gewalt gewann, hat zurückgefunden zum entgegengesetzten Extrem des Bezugs über sich selbst hinaus, hat sich übers Leben selbst überhoben. Im *Verlauf* dieses Lebens von einem Extrem zum anderen hat sich vielleicht momentan die Synthese gebildet, um die Hauptmann sich in seinen späten Jahren müht. Am Ende steht hier freilich die Überwindung.

Doch war Hauptmann offenbar längst nicht mehr bereit, dies als einzig gültige Lösung anzuerkennen. Parallel mit der Arbeit an der *Winterballade* läuft nämlich die Entstehung des *Ketzers von Soana* (1918), in dem das diese ganze Periode beherrschende Hin und Her eine Art Abschluß auf Zeit erfährt: und zwar im Sinne der rückhaltlosen Verherrlichung der dionysischen Daseinsform oder, wie der Volksmund wissen will: der Verschreibung an den „Teufel" (VIII, 302). Gewonnen wird diese freilich auch noch im Wege des allmählichen Übergangs von der christlichen Weltabkehr zur Weltzuwendung, also über das Zwischenstadium einer schwankenden Synthese. Insofern ist es überaus geschickt, daß die Hauptperson, deren inneres Erleben die Substanz des kleinen, straff gefügten Romans ausmacht, ein katholischer *Priester* ist, — der sich zum „heidnischen" Naturkult der *Hirten* bekehrt, von denen schon im Odysseus-Drama gesagt wurde, sie wohnten Wand an Wand dem großen Pan benachbart. Man hört die Geschichte seiner „Umwandlung" aus dem Mund des ehemaligen Priesters selbst, denn Hauptmann benutzt, wie so oft in seinen späteren Erzählungen, zum Zweck größerer erlebnismäßiger Unmittelbarkeit die Herausgeberfiktion. Der junge Francesco Vela erzählt also in seinem autobiographischen Manuskript, wie er in seiner Gemeinde am Monte Generoso im Tessin durch Zufall mit einer Hirtenfamilie in Berührung kommt, die,

126

wegen ihrer blutschänderischen Eheverhältnisse von der Umgebung gemieden, in primitiv-zeitlich heidnischer Urtümlichkeit in einer Welt feindlicher und freundlicher kosmischer Mächte dahinlebt. Diese Begegnung wird seine Lebenswende. Die Natur, die die christliche Kirche als Teufelswerk in die Acht erklärt hatte (327, vgl. *Griechischer Frühling*), wirkt plötzlich auf alle seine Sinne ein, spricht zu ihm in tausend Zungen, „mit gewaltigem Brausen" „aus dem Abgrund des Seins" (367). Aber was daran noch franziskanische Naturschwärmerei ist, verfliegt rasch vor dem dionysischen Rausch, so sehr sich der Geistliche auch bemüht, ihn ins Erlaubt-Christliche umzudeuten. Dabei ist es gewiß kein Zufall, daß dieses Urerlebnis stark an das des Narren in Christo erinnert, denn auch hier ist das Gefühl des Erhabenen in der Natur das „Urphänomen":

In das Gefühl des Frühjahrs mischte sich jetzt das Gefühl des Erhabenen, das vielleicht auch aus einem Vergleich der eignen Kleinheit mit den erdrückend gewaltigen Werken der Natur und ihrer drohenden stummen Nähe entstehen mag und das mit einem halben Bewußtsein davon verbunden ist, daß wir doch auch an dieser Übermacht auf irgendeine Weise teilhaben. (323)

Während sich aber solches Hinausgehobensein über die „Welt" in „losgelöste Himmelsnähe" in Emanuel Quint vorwiegend in spirituelle Weltabwendung umsetzte, wirkt sie sich bei Francesco trotz aller gegenteiligen Anstrengungen umgekehrt als „ganz große Empfindung von Dasein" aus, die ihn, ähnlich der „Wollust des Daseins" im *Griechischen Frühling*, „durchbraust" und von Grund auf erneuert (328). Und in Agata, der Tochter des verfemten Hirtenpaares, das in den Vorstellungen des Priap-Kultes lebt, begegnet ihm die Verkörperung dieses vitalen Daseinsgefühls, ganz ohne Laszivität freilich, eher als weiblicher Inbegriff der in sich ruhenden Kräfte des Naturhaften. In der ersten Verwirrung sucht der Priester sich von diesem Neuen zu befreien, indem er es als Versuchung durch den Satan brandmarkt, aber immer stärker fühlt er sich zur Synthese gedrängt: Wenn die Natur mit ihrer „Liebe" und mütterlichen „Güte" auf ihn einströmt und das Gefühl des „Glücks" und „Lebens" in ungeahnter Weise steigert, wenn ihm an dem Ornamentfries eines antiken Sarkophags, der dem Tod zum Trotz die bacchantische Lebensfreude verherrlicht, die „ewige Auferstehung" als Geheimnis alles Lebendigen aufgeht, dann glaubt er das „*Evangelium*" in diesen Momenten erst recht eigentlich als Wirklichkeit zu erleben:

Offen gab sich das Mysterium eines dem Tod für immer ent-hobenen Schöpfungswerks. Wer diese Symphonie nicht vernahm, so schien es dem Preister, der betrog sich selbst, wenn er mit dem Psalmisten „Jubilate Deo omnis terra" oder „Benedicite coeli domino" zu lobsingen sich unterfing. (355)

Agata, die „syrische Göttin", wie sie einmal genannt wird und wie der ganze Roman ursprünglich heißen sollte, Agata, die Muttergöttin der Liebe, Fruchtbarkeit und der Erde also, trägt den Namen einer Heiligen, der gerade am Monte Generoso eine Kapelle geweiht ist, und das Antlitz der aus einer Geschwisterehe hervorgegangenen Sünderin, die mehrfach antikisch auf einem Bock reitend eingeführt wird, ist ein „Madonnengesicht" (360). Vollendet hat sich die Synthese jedoch in der Messe, die der junge Priester hoch im Gebirge für die Ausgestoßenen abzuhalten be-auftragt ist: Im Vorgefühl der Verklärung, die sich über ihn ausgießen und ihn „in losgelöster Himmelsnähe beinahe dem guten ewigen Hirten selbst gleichmachen" werde (358), ersteigt er, der auf dem besten Wege ist, ein Hirte des großen Pan zu werden, die Höhe. In der heiligen Handlung selbst verquicken sich ihm in feierlicher Inbrunst die Liebe des Heilands und die von der Natur ausströmende Liebe:

Mit unendlicher Liebe weitete sich sein Herz in die ganze Schöp-fung hinein und ward mit allen Geschöpfen im gleichen ent-zückten Pulsschlag verbunden. Aus diesem Rausch, der ihn fast betäubte, brach das Mitleid mit aller Kreatur, brach der Eifer für das Göttlichgute mit verdoppelter Kraft hervor, und er glaubte nun erst die heilige Mutterkirche und ihren Dienst ganz zu verstehen. (362)

„Heiliger Maienrausch" und Erfüllung mit dem Heiligen Geist fließen ihm ineins zur Einweihung „in das heilige Schöpfungs-wunder, ... den brennenden Kern des Lebens, dieses aller-heiligste, innerste Etwas", von dem „alle Wonne des Daseins und das Geheimnis der tiefsten Lust" ausströmt (366f.). So wird der Geistliche Hirt im christlich-dionysischen Doppelsinn (303). In der Liebesnacht mit Agata, in der diese *vita nova* gipfelt, wird ihm die „Pforte des Paradieses" geöffnet. Aber mit diesem Er-lebnis ist die Entscheidung schon zugunsten des Dionysischen gefallen und die Synthese überwunden. In der Abgeschiedenheit der kleinen Insel im Bette eines Gebirgsbaches werden die Lieben-den in der Umarmung in die urtümlichen Verhältnisse zurück-versetzt, als Adam und Eva zu einem neuen ersten Menschenpaar verwandelt und bestimmt, das Schöpfungsmysterium zu wieder-holen, wobei manches an den über die ganze Welt verbreiteten kosmogonischen Urmythos erinnert. Im „Nahesein bei Gott", und „Geborgensein in ihm" (396) hört Francesco „das Herz der Welt pochen" (398). Er ist zurückgekehrt zur mystischen Ureinheit mit allem Seienden, das zugleich das Göttliche ist. Der Gott aber, der ihm diese „Erneuerung" und Lebenssteigerung zuteil werden ließ, ist Eros. Dieser wird entsprechend in den Rahmenpartien, die die Begegnung des „Herausgebers" mit Francesco und Agata schildern, noch vor Dionysos, Pan, Bacchus und Mithra als die älteste und zugleich höchste Macht gefeiert, die alles Leben zeugt und schaffend erhält, „in deren gnadenlose Hände Himmel und Hölle überantwortet sind".

Das ist das letzte Wort des Romans. Und es klingt abschließend: „Dionysos wider den Gekreuzigten", wie es in *Ecce Homo* heißt. Trotzdem muß man, wenn man vorwärts und rückwärts Umschau hält, feststellen, daß eine endgültige Antwort auch hier noch offengelassen ist. *Der Ketzer von Soana* ist keine Überwindung des *Emanuel Quint*. Weder in der einen noch der anderen Position findet Hauptmann Beruhigung. Vielmehr tastet er in dieser Periode die beiden ihm als fundamental geltenden Lebensmöglichkeiten noch nach den verschiedenen Richtungen ab. Wir beobachteten schon, daß die Werke der Zeit von *Pippa* bis *Indipohdi* oft entstehungsgeschichtlich synchronisch sind, obwohl sie in entgegengesetzte Richtungen tendieren. So läuft denn auch die Arbeit am *Ketzer* nicht nur mit der an *Magnus Garbe* und an der *Winterballade* parallel, sondern auch mit dem Diktat des *Weißen Heilands*, der zwar erst 1920 erschien, aber im gleichen Jahr wie der dionysische Roman abgeschlossen wurde und ihn im Sinne der Widersprechung ergänzt.

Ganz äußerlich gesehen dramatisiert *Der Weiße Heiland* die Eroberung Mexikos durch Fernando Cortez, aber trotz des gelegentlich überbordenden Schlachtenlärms und der überhandnehmenden Stoffülle handelt es sich im wesentlichen um ein Drama lyrisch-monologischer Struktur, dessen Grundton die Wehmut ist. Denn was hier wesentlich geschieht, ereignet sich allein in der Seele des Kaisers und Sonnensohns Montezuma; das aber ist ein Gang nach Golgatha. In der Ankunft der Spanier erblickt er die längst prophezeite Rückkehr seiner göttlichen Ahnen, die vor 3000 Sommern aus der Welt gegangen sind; mit offenen Armen geht er also den Fremden entgegen, obwohl manche seiner Priester in ihnen — man erkennt wieder die Ambiguität — gerade umgekehrt die Abgesandten des „Abgrunds" und des „Teufels" sehen. Das ist der Beginn seines Martyriums, das ihn, der in Cortez den Heiland bewillkommnet, nun selbst das Heilandschicksal nachleben läßt. Schon von Anfang an lebt

er ja nicht „in dieser Welt", sondern „fremd auf der Erde"
(VIII, 573):

> Dieser König Montezuma
> wandelt gar nicht unter uns.
> Ihn umtönen andre Sphären.
> Ihn umrauschen andre Lüfte.
> Er hört Dinge, sieht Gestalten,
> die nicht von der Erde sind. (464)

Und besonders seit dem Nahen der vermeintlichen Götter glaubt
er weit ins „Himmelreich" hineinzuragen (472). Vollends aber
erfüllt sich diese Haltung, als ihn das Leid des Irdischen überwältigt. Im Verlauf des blutigen Machtkampfs zwischen Spaniern
und Mexikanern wird er gefangengenommen wie Christus, geschlagen und verhöhnt von den Kriegern, und wie stets bei
Hauptmann ist dieses Leiden, von dem (mit den Worten der
Atridentetralogie) er als der „Einzelne" „den größten Teil" zu
tragen hat, als gottverhängt aufgefaßt, und es findet seine eigentliche Mitte und Tiefe im Rätseln an dem problematisch gewordenen Transzendenten. Denn indem Montezuma endlich erkennt,
daß er sich in bezug auf die „weißen Götter" geirrt hat, kann er
sich nur auf die Inkommensurabilität des eigenen Gottes zurückgewiesen sehen:

> Ihr habt recht, wir sind verworfen.
> Schwarz und furchtbar unser Schicksal!
> Unser Gott bleibt unversöhnlich . . . (546)

„Des Landes alte Götter" selbst sind es, die den Sturm „aufgeregt"
haben, der ihm und seinem Volk dies Leid gebracht hat. Zwar
ist er an einer Stelle (547) geneigt, dies Leid als Strafe aufzufassen,
aber das bleibt ein blindes Motiv vor der Deutung als Versuchung,
und dabei ist im Auge zu behalten, daß der Begriff einer solchen
Versuchung durch die Götter nicht einfach zu einer problemlosen
Theodizee führt, sondern zu immer erneutem Grübeln über den
Widersinn aufrüttelt:

> war die Probe nicht zu schwer,
> nicht zu grausam die Versuchung,
> die der Gott uns auferlegte?
> Warum lieh er diesen Teufeln
> seine reine Lichtgestalt? (557)

Nichtsdestoweniger aber wird auch Montezuma wie so viele
andere Leidende in Hauptmanns Werk „die Hellsicht des Schmerzes" gewährt, in der sich doch noch eine — tragische — Theodizee

herstellt. Denn „endlich sehend nun geworden" unter der scheinbar sinnlosen Grausamkeit der Götter, erfährt er die Offenbarung seines deus absconditus und sieht sich plötzlich wie Odysseus „am Ziele" (560). In mystischer Entrückung, im Bewußtsein, daß er der erlöste und erlösende „wahre Sonnenheiland" ist (575), erblickt der Sterbende sich in einem mythischen Bild, das sein Schicksal zusammenschaut: seinen Eingang in ein wesenhaftes, göttliches Sein aus der Leidenswirklichkeit des Irdischen:

> Und der Kaiser Montezuma
> schwebt auf einer goldnen Barke
> über blaue Weltgewässer . . .
> und sein ganzes Gottesvolk.
> O wie schön ist dieser König,
> o wie groß ist dieser Kaiser,
> o wie herrlich, o wie göttlich,
> wie glückselig und doch wieder
> wie unendlich schmerzensreich! (576)

Das ist, dem kaum noch Lebenden gewährt, ein Blick in das Paradies, in das ihm, wie dem christlichen Heiland, den die Spanier auf dem Banner führen, einzukehren bestimmt ist.

Eben die Weltmüdigkeit, mit der *Der Weiße Heiland* ausklingt, herrscht in der aus dem gleichen exotischen Stoffbereich geschöpften „dramatischen Dichtung" *Indipohdi* (1920, entstanden 1913—1919) von Anfang an; der Vorhang hebt sich, und die Szenerie ist Abschied. „Dem Leben fern bin ich dem Leben näher" (VIII, 585).

Ursprünglich sollte der Titel „Almagrurim" lauten, und aus dem Volke derer, „denen jede Hoffnung trog", stammt Prospero, dessen lyrische Monologe das ganze „Drama" ausmachen, ganz ohne Zweifel. Freilich ist er auch der Shakespearesche Magier aus dem *Tempest*, und in der Tat ist *Indipohdi* aus einer unveröffentlichten „Paraphrase zu Shakespeares *Sturm*" hervorgegangen, in der Hauptmann sich in produktiver Auseinandersetzung über Gestalt und Schicksal Prosperos Klarheit zu verschaffen suchte. Aber näher noch steht Hauptmanns Prospero der Hölderlinsche Empedokles, dem sich — von äußerlichen Übereinstimmungen abgesehen — ebenfalls das Übermaß des menschlichen Leidens läutert zum Eingang ins Göttliche durch den Tod. Nur ist in Prosperos Abgesang der Überdruß am Leben beinah stärker ausgeprägt als die Sehnsucht aus der Zeitlichkeit hinaus, und das weist auf die stärkere und kennzeichnend Hauptmannsche Betonung des Leids der Welt. So sehen wir denn Prospero auch nur auf jenem Gipfel seines Daseins, auf dem er sein ganzes Lebensleid noch einmal und in höchster Intensivierung durchleben muß, — bevor er sich in ein wesenhafteres Sein entgrenzt. Der Herausarbeitung dieser leidvollen Situation dient alles Ereignishafte des Stücks.

Vor Jahren hat der Renaissancefürst Prospero vor den Verfolgungen seines machthungrigen Sohnes Ormann auf der entlegenen Ozeaninsel Zuflucht gefunden. Er hat sich allmählich zum geistigen Beherrscher der indianischen Bevölkerung aufgeschwungen, sie für Humanität und Kultur gewonnen und ist so in den Ruf gekommen, der Sohn des Sonnengottes, der verheißene „Weiße Heiland" der heimischen Mythologie zu sein. Nun aber verlangt ihn nach der Stille des Todes. Er weiß, sein Dasein „steht auf zweien Ebnen" (594). Aber kaum ist er im Begriff, die Ebene, mit der sein irdisches Schaffen und Leiden, sein Magiertum, wie er es nennt, bezeichnet ist, hinter sich zu lassen, als es ihm durch ein paar ungewöhnliche Ereignisse auf der Insel immer stärker zur Gewißheit wird, daß ihn so kurz vor dem Abschied die Welt und ihr Leid noch einmal in ihren Bann ziehen, und das schmerzlicher denn je: Sein Sohn Ormann ist mit einer Schar schiffbrüchiger Goldsucher auf die gleiche Insel verschlagen worden; der indianische Empörer Amaru erklärt ihn für den wahren „weißen Gott", und so zieht ein unnatürlicher Machtkampf zwischen Ormann und dem mittlerweile zum Priesterkönig ausgerufenen Prospero herauf. In dieser Situation vergegenwärtigt sich Prospero noch einmal die Qual, die „wir Leben nennen", und erkennt ihre Verankerung in einem rätselhaften Metaphysischen (630). Es überfällt ihn die Angst vor „des Grau'ns, des Grams tausendfachem Echo" (635). Unausweichlich sieht er sich einer steigenden Flut des Leids ausgeliefert, in der sein lebenslanges Leid sich in einem Moment zusammendrängt und seine Höhe erreicht; „wider diese Flut hilft keine Arche" (637). Und zwar gibt sich wie schon in der *Parzival*-Phantasie seine Qual in der Form des Paradoxes, aus dem kein Ausweg möglich scheint: entweder muß er sich von seinem Sohn mit Waffengewalt besiegen lassen oder ihn, den er noch väterlich liebt, nach indianischem Brauch den Göttern opfern. So beantwortet er seine Vergottung durch den Hohepriester Oro mit bitterer Ironie:

Kann wohl
ein Gott so leiden? Eines Gottes Brust
so Kampfplatz aller Ungewitter sein,
die sich in dieser sonnendüsteren
zweideutigen Schöpfung ballen und entladen? (657)

Daher ist es ihm auch keine Befreiung aus der schuldhaften Verstrickung ins Leben, daß er den Machtkampf gewinnt, daß Ormann gebunden auf den Opferpriester wartet; es verstärkt nur seinen Drang aus der Welt hinaus. Den versteht er aber nach diesen Ereignissen nun ganz als Opfer (wie das Stück bei der Uraufführung betitelt war), das das Christusmäßige dieses Leidenden noch prägnanter herausstellt als im *Weißen Heiland*. Denn wie Christus ist auch er „beladen mit der Menschheit Sündenschuld, unschuldig" (655). Doch wichtiger ist, daß ihm gerade in diesem größten Schmerz in einer letzten Reife der menschlichen Erkenntnis die erlösende Nähe zum Absoluten geschenkt wird mit der Alogie der Offenbarung. Als er mit seiner Lebensgefährtin Tehura die Gesteinswüste zum Gipfel des Vulkans hinaufsteigt, wo er seinem Leben ein Ende setzen will, wird er sich klar über diesen Kairos. Im mythischen Bild vergleicht er sich mit dem sagenhaften Indianerkönig, der aus dem Unbekannten kam und ins Unbekannte verschwand und den die Welt Indipohdi nannte: „Niemand weiß es", weil das Mysterium ihn umhüllte. Wie dieser Indipohdi ist nun auch Prospero „mit dem Finger nur an jenes Nichts, das alles ist", gestoßen (669), an jenes Umgreifende, das „Geheimnis", das dem mythischen Menschen Urerlebnis und eigentliche Heimat ist. Und in diese schreitet er in seinen letzten Momenten frei hinüber. Die mächtige „Schöpfung", die er selber als „Magier" gebildet hat, fällt von ihm ab wie der Zaubermantel von seinen Schultern, und er ist „losgelöst vom Leidenswirken, vom erwirkten Leiden" (672). In diesem Augenblick geschieht etwas Charakteristisches. Tehura wirft sich anbetend vor ihm nieder: „Kein Mensch, du bist es selbst, die Gottheit bist du!" Indem durch diese Worte der indianische Mythos vom weißen Gott wieder aufgegriffen wird, ist, ins Prosaische übersetzt, auf die Vergöttlichung gewiesen, die dem Hauptmannschen Menschen im Leid durch die Überhebung über die Zeitlichkeit zuteil werden kann, auf die Wiedergeburt, von der Emanuel Quint in seiner Mythensprache sagte, sie bedeute den Einzug des Herrn in die Seele des Menschen. Noch einmal zwar greift die „Schmerzenszeugung dieser Welt" nach „dem fast schon Freien", um ihn aufs neue ins „Netz der Täuschung und des Elends" zu verwickeln, als nämlich Ormann, auf ein zurückgelassenes Wort des Vaters befreit, ihm nachsteigt auf die Gebirgshöhe. Aber das macht Prosperos Schritt nur um so entschiedener. Im Schlußmonolog faßt er sein unabänderliches Schicksal in dichterisch großer Weise ins Wort und klärt zugleich sein schöpferisches „Magiertum": Nicht ist damit, wie man behauptet hat, die Haltung des absoluten Solipsismus gemeint, vielmehr ist Prospero jetzt bewußt, daß „eine andre Hand" unsichtbar an seinem Wirken beteiligt war, der er „ein freier Höriger" gewesen ist, und nicht *er* hat aus eigener Machtvollkommenheit seine Welt erschaffen. Sie ist vielmehr bloß das Vorgefundene, allenfalls „Umgestaltete":

> Ich schlage um mich. Kampf, noch immer Kampf,
> als hätte ein Wutbiß diese Welt gezeugt
> und diese blutige Riesenmühle Schöpfung,
> die grausam mörderisch die Frucht zermalmt ...
>   Zerstückt des Haies Kiefer nicht
> des Menschen Leib? Ist nicht des Tigers Hunger
> qualvoller Haß und Mordsucht, und zerreißt
> er nicht Lebendiges und schlingt sein Fleisch?
> War eine Kreatur in diese Welt
> hineingeboren ohne Waffe, und
> die Mutter, die in Furcht und Grau'n gebiert,
> gebiert sie Furcht und Grau'n nicht im Kinde? (679 f.)

Dies ist durch das Magiertum nicht aus der Welt zu schaffen. Wohl aber ist es dem Magier gegeben, es in seinem Wesen zu durchschauen und so über diese Ebene hinauszuschreiten zum Innewerden der platonisch-plotinisch, mit typisch Hauptmannschem Synkretismus auch leicht buddhistisch gefaßten Idealsphäre des Göttlichen, Transhumanen. Gerade in diesem letztmaligen geistigen Nacherleben des Weltleids geschieht daher dem Magier die Verklärung:

> Zwei Augen leuchten mir
> im Nebel. O Tehura! Und es dringt
> wie leise Sphärenklänge auf mich ein,
> vom Stern der Liebe. Nah ist die Versöhnung!
> O reine Priesterin, nimm weg die Welt
> und schenke mir das Nichts, das mir gebührt!
> Ich fühle dich, ich sinke in dich! Nichts! (580)

Man spürt: das ist nicht jenes Nichts, mit dem die *Nachtwachen des Bonaventura* aushallen, sondern das „Nichts" des Königs Indipohdi: das Jenseits des Hier. Und bedeutsam ist, daß Hauptmanns mythenschaffende Phantasie dieses noch mit dem mythischen Ort des „Sterns der Liebe" identifiziert: mit dem Eros also, der im *Ketzer von Soana* doch gerade die rückhaltlose Weltfreude geschenkt hatte! Es scheint nicht der gleiche Eros zu sein. Und doch, wir tun gut daran, uns an ein Wort aus dem *Armen Heinrich* zu erinnern: „die Liebe bleibt — himmlisch, irdisch — immer eine nur" (IV, 176). Denn dieses alle Ver-

134

wirrung und Disparatheit der menschlichen Existenz Einigende liegt für Hauptmann im Wesen des Eros; im Alterswerk vereint der Eros dann sogar die großen Antinomien, die in dieser Periode das Weltbild konflikthaft beleben: die dionysische Lebensbejahung und die christliche Weltüberwindung. So könnte man vermuten, daß mit dieser markanten Erwähnung des Sterns der Liebe im Schlußoratorium ein Moment ins Spiel kommt, das bereits weit hinausweist über die Abschiedsstimmung, die über *Indipohdi* liegt. Hauptmann hat zwar selbst bekannt, er habe den hier vollzogenen Abschied vom Leben ernstgemeint, er sei mit *Indipohdi* „sozusagen aus der Welt gegangen" (XVII, 255). Aber in der gleichen Äußerung hat er gestanden, daß er gerade am *Beginn* der Periode, die wir in diesem Kapitel besprachen, einen ganz ähnlichen „Abschied" vom Leben genommen habe: und wie sich aus jenem Tod neues Leben entzündete, so ist es auch um das Aus-der-Welt-Gehen in der Selbstdarstellung im Magier Prospero bestellt. In der Tat machen sich schon im Stück selbst, das zwar gewiß im überwiegenden Maße von der Stimmung der Weltüberwindung und des Kulturpessimismus beherrscht ist, die Keime zum Neuen bemerkbar. Nicht so sehr im Motiv des Eros, das hier, wie gesagt, nicht ganz schlüssig ist. Klarer zeichnet sich der Ansatz zur Vereinigung der entgegengesetzten Potenzen darin ab, daß Prospero zwar als der neue Heiland die Welt verneint, doch seinem Sohn Ormann und seiner Tochter Pyrrha das Vermächtnis hinterläßt: „Zeuget das Lebendige!" (667). Damit räumt er offenbar dem Dionysischen, als dessen Vertreter der macht- und lebensgierige Ormann dargestellt ist, ein Recht ein, oder mehr noch: eine Notwendigkeit, die ebenso welterhaltend ist wie sein eigenes Scheiden im Selbstopfer. Ja, es wird deutlich, daß Prosperos Opfer auch *den* Sinn haben soll, daß es Ormann dazu anspornt, als Herrscher und Nachfolger des Vaters seine Kräfte dem tätigen Leben zu widmen. Doch empfiehlt es sich, dies nicht allzusehr zu betonen, da man sonst schon hier eine vollendete Synthese des Entgegengesetzten konstatieren müßte, die in *Indipohdi* einfach nicht vorhanden ist; denn Ormann faßt die Nachfolge ja gerade — irrtümlich — im Sinne der gleichen Weltverneinung auf, zu der sich sein Vater entschloß:

> Er soll mich sehn . . .
> reif und bereit wie er, den letzten Weg
> gelassen neben ihm ins Nichts zu gehn. (678)

Die Synthese wird also nicht direkt verkündet als Ergänzung des Abschieds. Aber sie deutet sich an. Schon in der Vorstufe, im *Weißen Heiland,* wo wir bereits die auch für diesen Zusammenhang hochbedeutsame Ambiguität von Licht und Finsternis beobachten konnten, begegnete das mythische Bild der Synthese in den Worten des weise gewordenen Montezuma: der Abgrund ist nicht das teuflische Dunkel mit Heulen und Zähneklappern und dem „Tier aus der Tiefe", sondern:

> Gottes Glanz ruht in den Tiefen;
> der im Himmel stammt von dort!
> Dieses Tier kann ihn belehren,
> daß die Abgrundssonne heilig
> und voll dunkler Weisheit ist. (VIII, 546)

In *Indipohdi* selbst aber stellt sich beim Rätseln um den wahren und falschen weißen Gott, zunächst noch hypothetisch, einmal ein anderes mythisches Bild der Synthese ein:

> und wenn der Weinende im Ball der Sonne
> zwieträchtige Söhne hätte, wäre dieser
> vielleicht ein Brudergott, dem Bruder todfeind? (641)

In diesen Zeilen begegnet zum erstenmal die Vorstellung, daß die entgegengesetzten weltbestimmenden Kräfte, die Hauptmann mythisch als Christus und Dionysos (Lucifer, Satanael) bezeichnet, in einem höheren Göttlichen derart aufgehoben sind, daß sie den gleichen „Vater" haben. Hier ist das jedoch nur ein Vortasten. Erst im Alterswerk gewinnt dann die Synthese der Kräfte, deren Hauptmann sich in der hier besprochenen Periode vergewissert, ihre feste Gestalt im Mythos von den beiden Söhnen Gottes. Die Hauptwerke der letzten Periode sind von diesem Mythos beherrscht, vor allem aber Hauptmanns „Faust", *Der große Traum*, den er als sein poetisches Vermächtnis an die Nachwelt verstanden wissen wollte.

VOLLENDUNG: DAS ALTERSWERK

Wenn schon für das bisher behandelte Werk Hauptmanns die Bezeichnung „proteisch" mit Recht im Umlauf ist, so trifft diese in noch höherem Grade auf das Spätwerk zu. Man datiert dies am besten von dem „Abschied", den das Prosperodrama verkündet. Denn so sehr auch alle charakterisierenden Formeln vor dem Reichtum der dichterischen Produktion zur Wesenslosigkeit verblassen, so ist doch in den Werken seit etwa 1920 fast überall erkennbar, daß da ein Mensch spricht, der innerlich bereits abgeschlossen hat. Erst um diese Zeit wird Hauptmann der Weise von Agnetendorf, umgeben von der Aura ehrfürchtiger Scheu. Er zieht sich auf sich selbst zurück wie der späte Goethe, und wie der alternde Weimarer „Oberkollege" wird auch Hauptmann sich nun selbst zum Gegenstand der produktiv-kritischen Vergewisserung, wie die im engeren Sinne autobiographischen Werke bezeugen, die sämtlich aus dieser Epoche stammen: *Anna*, die Hohenhaus-Reminiszenzen *Mary*, *Das Abenteuer meiner Jugend* und das *Buch der Leidenschaft*. Jedoch vergrübelt er sich bei aller Gelassenheit nun mehr und mehr in „das von den Göttern verhängte Schicksal", in theologische, besonders eschatologische Fragen; er wird zum Magier, der immer tiefer einmündet in die mystisch-gnostische Tradition, die ihn in diesen Jahren in zunehmendem Maße beschäftigt. Kein Wunder also, daß sich seine Werke immer mehr der leichten Zugänglichkeit und schlichten Volkstümlichkeit verschließen; die pralle Wirklichkeitsfülle des geschauten menschlichen Lebens, die ihn einst berühmt gemacht hatte, tritt zurück vor der Transzendierung des Vorfindlichen, Vordergründigen, so daß davon oft nur ein blasser Schemen bleibt, dessen bestes Teil seine Transparenz ist. „Surrealismus" hat man diesen Stil genannt, auch „magischen Naturalismus". Aber es wäre natürlich verfehlt, mit diesen Klischees etwas völlig Neues in Hauptmanns Lebenswerk kennzeichnen zu wollen, denn was damit bezeichnet ist, gibt sich deutlich als Verstärkung von Tendenzen zu erkennen, die bereits in frühen, doch nicht frühsten Werken wirksam waren. Dennoch ist es nicht falsch zu betonen, daß die Richtung aufs Transzendente im Alterswerk stellenweise so intensiviert ist, daß wir glauben müssen, in einer völlig gewandelten dichterischen Welt zu sein. Doch für unseren Leitgedanken ist angesichts dessen bedeutsam, daß Hauptmann trotz der immer tieferen Versenkung ins gestaltlose „Mysterium" auch jetzt noch seinem gegenständlichen Denken treu bleibt, d. h. daß sich ihm jene Welt, die er im transzendierenden mystischen Bezug erschließt, stärker noch als je zuvor im *Mythos* konkretisiert. „Unendlich die Unendlichkeit gestaltend, neugestaltend, umgestaltend" — das ist Prospero-Hauptmann auch in der Spätphase (VIII, 672). Indem sich das also gleichbleibt, erreicht sein Mythenbilden (das nicht weniger als der Ausdruck seines In-der-Welt-Seins ist) aber über frühere Etappen hinaus seine innere Vollendung. Denn während sich dem Dichter bis in die zwanziger Jahre eine ganze Reihe z. T. recht verschiedener mythischer Verbildlichungen als Chiffre seiner Schau eingestellt hatten, werden diese jetzt im Alterswerk von einer großen synthetischen Mythenschöpfung überwölbt, in der sie nicht nur alle im Hegelschen Sinne „aufgehoben" sind, sondern auch Hauptmanns lebenslange Bemühung um weltanschauliche Klärung im Schaffen und durch das Schaffen endlich seine gültige und abschließende Objektivierung findet.

Diese späten Werke sind, wie die unbekanntesten, auch die, bei denen die wissenschaftliche Forschung noch ganz in den Anfängen steht, ja, von Einzelnem abgesehen, noch kaum recht begonnen hat. Schon der erste Überblick lehrt, daß sich der Schwerpunkt vom Dramatischen aufs Epische verlagert hat, das ohne Zweifel das geeignetere Medium ist für das jetzt immer stärker hervortretende Gedankliche und Grübelnde in Hauptmanns Werk. Das Drama, die *Atridentetralogie* vielleicht ausgenommen, bietet im allgemeinen nur einen schwachen Reflex der in den erzählerischen Formen gewonnenen Einsichten und nähert sich durch diesen Derivativcharakter den spannungsärmeren und bühnenschwächeren Typen der Romantik. Aber auch sonst gravitiert recht vieles zur Peripherie. Wenn wir uns dementsprechend bemühen, die Akzente der Sache angemessen zu verteilen, fällt noch bei dem ersten Überblick auf, daß sich das Weltbild im Spätwerk keineswegs konsequent entwickelt; so wäre es wenig sinnvoll, strikt chronologisch vorzugehen. Vielmehr heben sich mehrere Werkgruppen als zusammenhängende Komplexe heraus, deren Einzelteile trotz zeitlicher Entfernung voneinander, untergründig verbunden im gleichen wurzeln. Diese Werkkreise aber stehen nicht wahllos nebeneinander, sondern bilden trotz allseitiger Überschneidungen eine ungefähre chronologische Reihe, der eine gewisse Sachlogik der Abfolge nicht abzusprechen ist, so daß also beim Arrangement der Gruppen der darstellerischen Willkür keineswegs Tür und Tor geöffnet ist.

Die erste Gruppe steht eindeutig unter dem Zeichen des Fertigmachens und weist so eher zurück als voraus: *Phantom* (1922) wurde 1915 begonnen, *Die Insel der großen Mutter oder das Wunder von Ile des Dames* (1924) 1916 und *Veland* (1925) bereits 1898, während die tatsächliche Entstehungsgeschichte aller daran anschließend zu behandelnden Werke nur in ganz wenigen Ausnahmefällen, und da nur tangential, in den Zeitraum vor 1920 zurückreicht. Darüberhinaus haben die drei Werke der ersten Gruppe einen gemeinsamen Angelpunkt im Einbruch des Dämonisch-Dionysischen in das Menschenleben. Der Pendelschlag zwischen Weltabkehr und Dionysik, der den Rhythmus des Schaffens der vorausgehenden Periode ausmachte, wirkt also hier noch fort, und noch über diese Werkgruppe hinaus: denn die Stücke der späten „naturalistischen" Trilogie, die sich anschließt, klingen in Weltüberwindung aus, während die Werke, die im Banne des Shakespeareschen *Hamlet* entstehen (1924 bis 1936), wieder von der Bemühung ums Dionysisch-Luziferische getragen sind. Doch verringert sich jetzt der Durchmesser des Ausschlags zusehends, das heißt vor allem: daß das Dionysische kaum je noch in voller Eigenmächtigkeit auftritt, sondern meistens schon in deutlicher Gebundenheit an seinen Widerpart, aus dem es entweder entspringt oder in den es einmündet. Insgeheim bereitet sich also die spätere Synthese bereits vor.

Besonders deutlich ist das in dem Roman *Phantom* ausgeprägt, der autobiographiescher Phantasie entsprossen ist, vielleicht sogar direkt auf die verschollene romanhafte Selbstdarstellung aus den späten achtziger Jahren zurückgeht. „Aufzeichnungen eines ehemaligen Sträflings" lautet der Untertitel. Sie betreffen die Verführung eines biederen jungen Menschen zu Lebensrausch und Verbrechertum, gehalten sind sie aber im Ton der Abgeklärtheit und Gelassenheit dessen, der über diese Phase längst hinaus ist, ja sogar die Welt innerlich überwunden hat. Aber nicht nur das: die ganze Erzählung ist auch auf jenen Kairos hin angelegt, in dem das Rasen des „Dämons" umschlägt in die Stimmung der Weltüberhobenheit, in der sich die Ruhe in höherem Verstand wiederherstellt. Eines Tages, so erkennt Lorenz Lubota in der Rückschau auf sein im bürgerlichen Sinne verpfuschtes Dasein, war diese Ruhe unvermittelt gestört worden, als die Liebe mit elementarer Gewalt in sein Leben einbrach, die lang gestauten Lebenstriebe bis zum Wahnsinn entfesselte und ihm so zum Schicksal wurde. Um der reichen Fabrikantentochter Veronika Harlan, von der ihn unübersteigliche gesellschaftliche Schranken trennen, näher zu kommen, lebt sich der hinkende kleine Büroangestellte immer unwiderstehlicher in die Rolle des Hochstaplers und Betrügers hinein. Auf Grund einiger unveröffentlichter Gedichte spielt er sich als berühmter Schriftsteller auf, und unter dem Einfluß des Salonganoven Wiegottschinski steigert er seinen Größenwahn sodann zu derart absurder Verstiegenheit, daß er in der Pose des gewiegten Lebemannes schließlich der Halbwelt ins Garn gerät, die ihm höchste, nie gekannte Genüsse verschafft, sich seiner aber auch ohne sein Wissen zu ihren Zwecken bedient. Auf diese Weise wird er schließlich in den Raubmord an seiner begüterten Tante verwickelt, durch den er sich die Mittel zu imponierendem Auftreten nicht nur bei der unerreichbaren Geliebten, sondern auch bei der weniger distanzierten Melitta zu verschaffen sucht, mit der er nur darum eine Liebschaft unterhält, weil sie ihn an die eigentliche Geliebte erinnert. Soweit das Kriminalistische, und man spürt sofort, worum es Hauptmann unter dieser ereignisvollen Oberfläche in Wirklichkeit zu tun ist. Der Eros, dessen Vielgestaltigkeit eins seiner Grunderlebnisse ist, der etwa im *Buch der Leidenschaft* die höchste Beseligung zu schenken vermag, tut sich hier gerade umgekehrt in seiner destruktiven Gewalt kund. Er ist die Macht, die Lubota ganz wider dessen Willen in den Sog der moralischen Deterioration hinabreißt. Genauer gesagt, werden durch den Zufall der Begegnung mit Veronika Harlan „gefährliche Mächte" in dem jungen Mann selbst entfesselt (IX, 242), sein eigener „Dämon" wird verführt (214) durch eine übermenschliche Wirkenskraft, von der ein anderes Zeitalter als die Macht der Hölle, als der „Brandstiftung des Satans" (189) gesprochen hätte. Lucifer ist aber nur eine der vielen Hypostasen des Dionysos, und dionysisch ist der plötzliche Lebenstaumel dieses sonst vom Leben Benachteiligten in der Tat, doch haftet ihm auch immer noch das „Satanische" (also das aus dem christlichen Blickwinkel visierte Dionysische) an, so daß schon von vornherein das Dionysische über den Daseinsrausch hinaus zugleich als Anfechtung für die „ewige Seligkeit" (189, 303) ins Spiel kommt. Eine dynamische Dialektik entsteht dadurch, die ihrerseits weiterdeutet auf eine merkwürdig verzwickte Theodizee-Frage, die der anspruchslosen Erzählung in letzter Instanz zugrunde liegt. Demgemäß gibt sich die Geschichte vom Lebensgenuß *auch* als Bericht über einen „lebensgefährlichen Krankheitsprozeß mit unsäglichem *Leiden*" (205). Das Hauptmannsche Universalthema — die Leidverfallenheit alles Menschlich-Geschöpflichen — klingt an; nicht verwunderlich, denn stets hat der Dichter ja auch den Anteil des Schmerzes an der dionysischen Lust hervorgehoben. Noch in den höchsten Triumphen seiner Verbrecherlaufbahn ist Lubota nach eigenem Geständnis „von Schmerzen durchwirkt" (252) und spürt unablässig „das Messer an der Kehle" (275). Doch im Tiefpunkt dieses Leidens erfolgt eine völlig irrationale Wandlung, die mit *moralischer* Regeneration nichts mehr zu tun hat, sich vielmehr als in den Erfahrungsbereich des Religiösen gehörig ausweist, indem sie den verborgenen Sinn des scheinbar widersinnigen Eingriffs der Transzendenz in sein Leben freilegt. Als man Lubota an die Stätte des Verbrechens führt, offenbart sich ihm „das ganze hoffnungslose Elend, zu dem alles Leben verurteilt ist. Diese Offenbarung geschah ... mit der Macht des Blitzes in einem grellen ... fast tödlichen Licht" (306). Aber in der Hellsicht des Schmerzes ist ihm wie so vielen Hauptmannschen Menschen die Schicksalsmacht gegenwärtig geworden, die hinter den auch noch so feindlichen abgründigen Gewalten letztlich wirksam bleibt, und „mit seltsam erhobener Seele", „gleichsam über mich selbst erhoben", verläßt er dann das Zimmer (307).

Ahnten diese Gerichtspersonen, . . . daß mir gerade in diese Mord- und Pesthöhle, gerade unter diesem Kreuzfeuer mit der Kraft des Blitzes die Erleuchtung kam, die mir die Welt, in der ich jetzt lebe, aus dem Dunkel hob? (305)

So formuliert der Rückschauende seine paradoxe Sinnerfahrung im Leid. Ähnlich Michael Kramer erschließt sich ihm im Leid der „wahre Gewinn des Lebens" (307). Was kann das aber unter dem Gesichtspunkt des Hauptmannschen Gegeneinanders von Dionysik und weltabgewandter Mystik anderes heißen, als daß er seine „innere Freiheit" erlangt hat und die Einsicht in „Schein und Sein", die es bewirkt, daß er von den Dingen des welthaften Seins nicht mehr „im Kern" seines Wesens berührt wird (307). Mit anderen Worten: im Durchgang durch das Dionysische, das „Leben", ist ihm eine mystische Nähe zum jenseitig Göttlichen zuteil geworden. Hinausgehoben auch über die Alltagswelt des Nur-Humanen kann er nun in seherischer Abgeklärtheit fragen:

Und ist mein Bewußtsein nicht grenzenlos? Und sollte ich mich unter das Menschliche stellen, da ich mich doch jeden Tag, jede Nacht voll Inbrunst an das Göttliche andränge? (310)

Das Wort „grenzenlos" im letzten Zitat verweist uns auf eine weitere Nuance von Lubotas Wendepunktserlebnis: es ist zugleich die Grunderfahrung des Menschen im Stande des Mythos, dessen Vorstellungsweisen wir ja durch das ganze Werk Hauptmanns zu verfolgen suchen. Freilich verkörpert Lubota, soweit wir urteilen können, mehr den religiösen Menschen als den mythischen, sofern er sein Erlebnis nicht in einem bedeutungshaltigen Bild „stellt", gegenständlich artikuliert, sondern in seinen Bezügen wesentlich im Wort- und Gestaltlosen verharrt, also das tut, worum sich der Narr in Christo vergeblich bemühte. Der Ausgangspunkt ist aber nichtsdestoweniger deutlich genug; und blickt man von hier aus auf den auf weite Strecken gleichzeitig entstandenen Roman *Die Insel der Großen Mutter* hinüber, so fällt sofort auf, daß Hauptmann hier vom gleichen Ausgangspunkt den Schritt zum Mythischen unternommen hat, und zwar so ausgeprägt, daß man das Buch geradezu einen Roman der mythischen Existenz nennen könnte, während natürlich vom spezialisierteren Standpunkt geltend zu machen wäre, daß es durchgehend das dionysische Lebensgefühl ist, das sich hier mythisch selbst versteht. Fast hat es den Anschein, als bemühe Hauptmann sich um den poetischen Beweis der Schellingschen und seiner eigenen Lieblingsidee: es könne der Mensch nicht existieren außer im Mythos.

141

So setzt er ein mit einem völligen Neuanfang, wenn nicht der menschlichen Kultur, so doch der menschlichen Selbstverge-wisserung im All, der transhumanen Bezüge des Menschen. Aus dem Schiffbruch eines europäischen Luxusdampfers irgendwo in der Südsee retten sich mehrere Dutzend, zumeist recht kulti-vierte Damen und ein noch nicht halbwüchsiger Junge, Phaon, auf eine unbewohnte Insel des „utopischen Archipelagus" und gründen dort inmitten der paradiesisch üppigen, sinnenfrohen tropischen Vegetation eine Art Staatswesen, das bis ins kleinste geordnet ist. In diese perfektionierte Organisation bricht jedoch nach anderthalb Jahren eines Tages das Wunder ein: eine der Damen schenkt einem Kind das Leben, und rasch verbreitet sich das Wunder unter den übrigen Damen; aus immer mehr Hütten klingt das Kindergeschrei. Mit mehr oder weniger Selbst-verständlichkeit fassen die Inselsiedlerinnen das Ereignis der „übernatürlichen" Begattung nun in den Mythos vom göttlichen Schlangenkönig Mukalinda als ihrem geheimnisvollen Gemahl, und die „übernatürliche" Zeugung, die sie alle beseligt, weil ihrem Leben damit nicht nur Zukunft, sondern auch „wahre Gegen-wart" geschenkt ist, wird zum Dogma erklärt, natürlich nicht ohne Genugtuung darüber, daß somit der Mann als notwendige Erscheinungsweise des Menschentums entthront sei, die Frau der Alleinherrschaft fähig und würdig sei und, durch diese „Welt-wende" geweckt, die Aufgabe habe, von der Ile des Dames aus das Matriarchat über die ganze Erde, besonders aber das „Finster-mannland" der europäischen Kultur zu verbreiten, ein „Welt-reich der Mütter" zu etablieren (IX, 409, 485 f.). Nicht nötig zu sagen, daß der Erzähler gerade hier Gelegenheit zu seinem humoristischen Ton findet, der fast den ganzen Roman durch-zieht. Denn daß Phaon dieser selbstherrlichen Damen Herr ist, gibt Gelegenheit zu zahllosen ironischen Anspielungen des Erzählers.

Die Knaben, die aus diesen „mystischen" Ehen hervorgehen, „Halbmenschen" natürlich, werden bereits bei Erreichung des fünften Jahres aus der „Kulturmenschheit" in eine entlegene Ge-gend der Insel abgeschoben, wo sie sich selbst überlassen bleiben. Dort, in „Wildermannland" entsteht dann eine neue Staatsform, die von der der „Mütter" (wie sie sich ehrerbietig titulieren) streng geschieden ist, außer daß viele Jahre später regelmäßig zwölf Tempelknaben, „Lichtbringer" genannt, in das Mukalinda-Heiligtum beordert werden, wo die heranwachsenden Mädchen dem Brauch des Tempelschlafs huldigen. Dennoch bleibt die Trennung der beiden Lebensgemeinschaften selbst für das re-gierende Triummulirat der „heiligen Mütter" untunlich genug, und so kommt es im Finale dieses heiteren Gedankenspiels zum dionysischen Niederreißen der Schranken, die die überhebliche Laune errichtet hat: in Jubel, Tanz und Rausch strömen die Jungen und Mädchen aus den entgegengesetzten Gegenden der Insel auf dem „Tummelplatz jenes Gottes, der früher als alle andern war" (586), zusammen zu einem ausgelassenen Bacchanal, in dem die Natur „alles Künstliche von sich abschüttelt" (588). Was der Eros, das höchste Erleben des Dionysischen hier vereint, ist, auf den zweiten Blick gesehen, aber noch ein weiteres, nämlich die religiöse Seelenkultur, die der mukalindafromme Amazonenstaat geschaffen hatte, und die mehr technisch-praktische, materielle Zivilisation, die der Männergeist in der Isolation aus sich hervorgebracht hat. Denn auf diese Formel pflegt man, wenn auch etwas einseitig über die Übergänge (541, 555, 560) hinwegsehend, mit Recht den Gegensatz der beiden Gemeinwesen zu bringen.

Aber es wäre verfehlt, das Dionysische erst in der grandiosen, durch die Mannbarkeit der Wildermannländer ausgelösten erotischen Schlußorgie erkennen zu wollen. Das Urerlebnis des Muttertums, das das geheime Zentrum der vermeintlichen Frauenkultur ausmacht (so daß Hauptmann die Insel ausdrücklich nach der im Orient weitverbreiteten mütterlichen Natur-, Erd- und Fruchtbarkeitsgottheit, der Magna Mater, benennt), enthält von Anfang an Wesenszüge des Dionysischen, sofern es eine Steigerung des Lebensgefühls bewirkt, die es dann in letzter Instanz auch ist, die die ganze Gemeinschaft bewegt und erhält. Als die Jünglinge sich kurz vor dem rauschhaften Schlußereignis den Frauen verschließen und eine Zeitlang keine Kinder mehr geboren werden, brechen auch entsprechend Depression und kultureller Verfall über die Damen herein. Und nicht zufällig bezeichnet die angloholländische Hohepriesterin Laurence Hobbema, die den Mythos der Insel aus Motiven aller Weltreligionen ausbildet, die Ile des Dames als das sagenhafte Jugendland des Dionysos (423), wie denn auch ihr Kardinaldogma die Lehre ist, „man kann nicht das Leben auf Verachtung des Lebens gründen wollen" (434). Sogar der aus den Zusammenhängen der Hauptmannschen Dionysik vertraute Sonnenkult taucht hier wieder auf (446). Die bacchantische Feier am Schluß ist also tatsächlich nur die letzte Steigerung des dionysischen Lebensverhaltens, das schon lange geltend war. Und nichts spricht dafür, daß der Dichter hier dem Dionysischen eine Grenze zu setzen, also einen Wert über das Dionysische hinaus anzuerkennen bereit wäre. Freilich wirkt der dionysische Taumel zuletzt Zerstörung über Zerstörung, sogar die Tempel gehen ja in Flammen auf, und denken ließe sich, daß Hauptmann nun doch auf das negative Element des Daseinsrausches abzielt, aber im ganzen ist der Roman zu heiter gehalten, als daß er derartige Problembefrachtung ertrüge. Vielmehr will es so scheinen, als habe der Dichter diesen naheliegenden Aspekt der z. T. parallel entstandenen Tragödie *Veland* vorbehalten, während es ihm hier eher um das Wunder des ständig neuen Werdens aus der Vernichtung zu tun zu sein scheint. So wird denn die Raserei der jungen Menschen auch als Akt der Selbstkorrektur der Natur bezeichnet und als „eine Art Frühlingssturm" (589), der also neues Wachsen im Gefolge haben wird.

Besonders dürfen wir annehmen, daß sich dieses Keimen auch auf die geistige Kultur bezieht, die aus dieser neuen, natürlichen Gemeinschaft neu hervorgehen wird, und so kommen wir nochmals auf den eingangs angerührten, in der Literatur immer übersehenen Gedanken zurück: daß es sich über alles Gesagte hinaus hier letzten Endes um einen Roman der mythischen Existenz des Menschen handelt. In der Tat: der Schiffbruch und die Niederlassung auf der Insel bedeuten für diese Menschen, daß sie mit einem Ruck aus den Sicherungen der abendländischen Kultur und Zivilisation herausgerissen sind und „an den Busen der Natur" (325) zurückgeführt werden, d. h. aber: den ganz urtümlichen menschlichen Erlebnissen und Bezügen wieder ausgeliefert sind, aus denen der Mythos seinen Ursprung nimmt. So legt Hauptmann gleich eingangs großes Gewicht auf ein scheinbar banales Motiv: die Wirkung des ersten Sonnenuntergangs auf der Insel. Man war, heißt es, „dem Ereignis niemals so nackt, niemals so wahr gegenübergestellt" gewesen (326), niemals derart ungeschützt durch bergenden Vorstellungsbesitz der „Macht der Schöpfung", den wirkenden Kräften des Alls überantwortet: Die „Urangst der Kreatur" wird elementar erfahren, entsprechend am nächsten Morgen das „Urglück". Die Damen spüren denn auch in diesem Zusammenhang: sie sind „der Erkenntnis der wahren Lage des Menschen auf Erden ..., im Weltall ... bedeutend nähergerückt" (327), sie könnten auch sagen: der Grunderfahrung des „primitiven" Menschen im Stande des Mythos. Das wird noch einleuchtender, als die Hohepriesterin sie genauer bestimmt als die Empfindung, „in das unendliche Mysterium hinausgehalten" zu sein (436); denn das klingt wörtlich an viele ähnliche Hauptmannsche Formulierungen des mythischen Daseins an. Und wir wissen schon: für den Dichter ist damit keineswegs eine Primitivstufe menschlicher Entwicklung bezeichnet, eher eine permanente und sogar höchstmögliche. So sagt auch Laurence:

Einen höheren Zustand nenne ich den, wo das zeitlich und räumlich Beschränkte, wohl besteht, aber das zeitlich und räumlich Unbegrenzte dem darin eingeschlossenen Sinn trotzdem nicht verschlossen, sondern durchaus geöffnet ist. (389)

Diesen höheren Zustand, den Hauptmann selbst am intensivsten in Griechenland erlebte, verwirklichen die Frauen auf der welt-abgeschiedenen Insel, da das Gefühl der kosmischen „Verlassen-heit", das „die wahre Lage des Menschen zum Ausdruck" bringt, hier noch stärker ist als sonstwo, und „das stärkere Bewußtsein *davon* verstärkt wieder das Drängen ins Ewige, ins Unendliche, ins grenzenlose, freie Mysterium" (389). Das gilt für fast alle Menschen auf dieser Südseeinsel. Das dunkle Woher und Wohin des menschlichen Lebens sind die Pole ihres Denkens und Vor-stellens. Wirklichkeit im kruden Sinn und Traum zu scheiden, fällt sogar der humorig-realistischen Präsidentin Anni Prächtel schwer (388). So entsteht Mythos, und Geburt und Wachstum des Mythischen ist das eigentliche Thema des Romans. Vom Mukalindamythos als dem übergreifenden sprachen wir schon. Ganz allgemein aber heißt es später einmal, „der Geist von Ile des Dames" sei geschaffen aus „der Lust am Mythos" und der „Neigung zum Transzendenten" (413). Ja, „die auf Ile des Dames ... herrschende außer- und überweltliche Grundge-sinnung" geht soweit, „das Leben selbst nur noch als Mythos zu betrachten" (460).

Ein Hauptreiz des Romans ist nun aber, daß dieses Mythische, das alles Leben auf der Insel bestimmt, höchst verschieden auf-gefaßt wird. Fast jede der Damen hat ein anderes Verhältnis dazu. An den Extremen stehen einerseits die nüchterne Doktorin Egli, die „kaum einen Sinn für Kunst, Philosophie oder Religion noch einen entwickelten Geschmack" besitzt (520) und infolgedessen am liebsten auf der Ile des Dames „mit aller und jeder Phan-tasterei aufräumen" möchte (556), und andererseits das ehemalige Kammermädchen Babette Lindemann, die „Urmutter", die sich eine genealogisch und episch-fabelmäßig höchst detaillierte ab-struse Privatmythologie zurechtlegt, als deren Pythia sie sich gebärdet, die jedoch mit dieser Absurdität dem Wahnsinn nicht mehr allzu fern ist, wie ganz deutlich herausgestellt wird.

Zwischen diesen Extremen aber bewegen sich die ernster zu nehmenden Ansichten. Vor allem die der Hohepriesterin Lau-rence Hobbema. Für sie ist das Existieren im Mythischen Be-kundung der Grunderfahrung der Offenheit zum Kosmischen, in diesem Sinne also ein „Weg ins Freie" (390) aus der Begrenzt-heit des Menschlichen. Ihren Widerpart bildet die lebenserfahrene

145

Malerin Anni Prächtel: sie spricht sich zwar auch für die Forderung des Mythos aus, aber lediglich, weil sie darin nicht „Wahrheit" wie die Angloholländerin, sondern einen „fruchtbaren Schwindel" (391) sieht, eine lebensfördernde, und somit unentbehrliche Illusion, die dem unleugbaren „Trieb zur Selbsttäuschung" (357) genugtut und darüber hinaus allenfalls noch den Vorzug haben kann, daß sie das Schönheitsbedürfnis der menschlichen Seele befriedigt (523). Endlos entspinnt sich das Hin und Her zwischen diesen beiden Positionen. Zum Schluß bekommt jedoch die Priesterin die Oberhand mit ihrer Auffassung, das Mythische entspreche dem „Atmungsbedürfnis" der menschlichen „Seele" (360), und zwar brauche man die „phantastische Realität" (426) nicht aus nur lebenspraktischen Erfordernissen, sondern aus existentieller Notwendigkeit. Sogar Phaon, der sich in solche Diskussionen kaum einschaltet, spricht einmal davon, es gäbe nur eine „einzige Realität", die sei aber der Geist, der außer „Empfindungen und Gedanken" auch „Bilder" gebäre, also doch wohl die Mythen (491). Schließlich pflichtet selbst die Prächtel, die früher befürchtete, die Hobbema sei dem „Wahnwitz" verfallen (416), der Mythologin bei: In den „Kapriolen der Einbildungskraft", wie sie den Mythos schlechthin nennt, spürt auch sie nämlich „etwas tief Verborgenes", das eine „auf andre Weise unfaßliche *Wahrheit* symbolisch" ausdrücke (455). Und es ist kein Zweifel, daß das in Hauptmanns Sinn gedacht ist.

Gibt es ein Hinaus über diese Stufe des menschlichen Selbstverständnisses? Einen Eintritt des Menschen in das Jenseits des Mythischen, ins Bild- und Gestaltlose? Es scheint, daß Hauptmann auch diese Möglichkeit jedenfalls angedeutet hat, soweit sie sich nicht überhaupt dem Wort entzieht: Über der Ile des Dames befindet sich noch eine „Insel", ein, wie es scheint, nur Auserwählten zugängliches, märchenhaft entwirklichtes Plateau, eine Phantasielandschaft mit Zaubersee und Paradiesvögeln, wo sogar ein Einhorn gesichtet wird. Dort finden Phaon und seine Altersgenossin, Dagmar-Diodata, die aus dem Schiffbruch gerettet wurde, wie im Wunder zueinander; dort haust auch Laurence, aber erst nachdem sie sich ganz aus der Welt der Ile des Dames und ihres, von ihr selbst geschaffenen Mythos zurückgezogen hat. Ist diese obere „Insel", die frei im Äther zu schweben scheint, — ihrerseits freilich wieder notwendigerweise ein mythisches Bild — vielleicht das Jenseits aller mythischen Bilder, das Gestaltlose, an dem sich das Mythische erst entfaltet, der Stern der Liebe vielleicht, in den Prospero entschwindet? Mit deutlichem Anklang an *Indipohdi* heißt es im

Gespräch von Phaon und Laurence in diesem Zusammenhang: „Sind wir nicht innerlich dieser farbigen Welt, die wir aufbauen halfen, schon ein wenig abtrünnig?" (506). Und über diese Frage gelangen wir nicht hinaus.

Wir deuteten schon an: das Zerstörerische des Dionysischen kommt in der *Insel* nicht zur Geltung, dafür um so mehr im *Veland*. Zugleich aber stellt diese Tragödie auch in der Hinsicht eine Ergänzung zu dem Roman dar, daß das Leiden, das sich mit dem dionysischen Wollen verknüpft, stärker in den Vordergrund gespielt wird als zuvor. Und zwar hat Hauptmann sein Drama von Wieland dem Schmied ähnlich *Indipohdi* so angelegt, daß nur der Kulminationspunkt des Leidens gegenwärtig wird: Das ist aber zugleich der Moment, wo das dionysische Rasen zum Ausbruch kommt. Doch dieses wiederum trägt schon seine Überwindung in sich, jedoch ganz anders als in *Phantom*.

Veland, der einsam auf einer öden Insel in einem Höhlenlabyrinth haust, seit ihn König Harald Schönhaar gefangen und gelähmt hat, um sich seiner Goldschmiedekunst zu versichern, ist wahrlich „zum Leid verdammt" (X, 48), und zwar von Gott selbst (42 f., 121). Wenn der Schmied also der Tradition gemäß nur von der Gier nach Rache am Leben gehalten wird, so richtet sich diese Rache nicht bloß gegen den König, der ihm sein Leben zerstörte, sondern vor allem gegen den unzulänglichen Weltschöpfergott, der sich Haralds als eines Werkzeugs bediente, gegen den „feigen Gott" (52, 115 ff.). Wie so oft ist das Leiden mithin als Leiden am Göttlichen und seiner Ordnung gefaßt. Dieser schmähliche Gott ist aber der Christengott, der Allvater, den der Hirte Ketill demütig verehrt, und wenn Veland gegen diesen rebelliert, läßt sich schon erraten, daß sein Zurwehrsetzen sich in das Dionysische kleidet. Und in der Tat kann man das Rachewüten des „Höllenhundes" in Velands Seele nicht anders bezeichnen: er bringt die beiden Söhne des Königs um, fesselt die Königstochter Bödwild an sich, um sie wollüstig zu demütigen, und diese Rachetaten führt er zur Vollendung seines Triumphs noch dem König selbst vor, der dabei mit seinen Mannen wie zu Stein erstarrt. „Namenlose Seligkeit" und grenzenloser Jubel überkommt den lang Gedemütigten in diesem tierischen Rasen. Aber es wäre verfehlt, nun Velands Weg als den aus dem Leid zur Vertierung zu bezeichnen. Denn in seinem Überspringen des Menschlichen nähert er sich paradoxerweise dem Tierischen und zugleich dem Göttlichen: „Tiergott, Gottier" (115). (Man denkt unwillkürlich an die Worte des Kentauren im *Till* über die Affinität des Tierischen und Göttlichen.) Das Leid, das den animalisch-dionysischen Ausbruch zeitigt, vergöttlicht auch:

O Not, o heilige Not, nun erst erkenn ich ganz,
daß du es bist, die mich zum Gott emporgesäugt. (81)

Dem Irdischen gehört er schon kaum mehr an. Stattdessen überkommt ihn in der Tiefe des Leids ein irrationales Wissen um seine
Nähe zum Absoluten:

... Mit dem Tagesgrauen fahr ich hier
von diesem Unheilsholme, weit ins Morgenrot.
Nur meiner Qual Gespenster bleiben hier ...
O Täler, Gärten, Inseln ihr voll Seligkeit,
an deren Brust mein Flügelpaar nun bald mich trägt,
wenn erst die Furt des blutigen Sumpfs durchwatet ist.
(81 f.)

Indem Veland durch dieses Erlebnis selbst „zum Gotte gewandelt" wird (95, 122), überwindet er nun aber nicht nur den
christlichen Gott, er läßt zugleich auch den dionysischen Lebensrausch hinter sich. Das bedeutet jedoch keineswegs, daß durch
diesen Aufschwung nun das Göttliche schlechthin durch den
selbstgewissen Menschen überwunden wird, wie man gemeint hat.
Denn der Sinn dieses Übertrumpfens des sogenannten „Allvaters"
wie auch der „Läuterung" im Durchgang durch den dionysischen
Rausch (91) ist die Befreiung in ein übergeordnetes Bereich der
Wesenhaftigkeit:

Wo ich landen will?
Dort, wo das Schweigen unser aller Schicksal webt,
vor dem Allvater hinschmilzt wie ein Tröpflein Tau. (120)

Es ist letztlich das positive „Nichts" (122) jenseits des Lebens,
jenes nicht mehr Sagbare, in das auch Prospero entschwand und
dessen Ergreifen allem Gesagten zum Trotz die größte Ähnlichkeit zu der weltüberwindenden Haltung aufweist, die Hauptmann
der dionysischen entgegensetzt. Veland ist ein „erlöster Gott"
(122).
Die zweite Gruppe ist, mit der ersten verglichen, ungleich ge-
schlossener. Es sind die Tragödien *Herbert Engelmann* (unvollendet, 1924 entstanden), *Dorothea Angermann* (1926) und *Vor Sonnenuntergang* (1932), die man in der Regel als die spätnaturalistischen
Dramen bezeichnet. Will man damit allerdings eine Rückkehr des
Dichters zu seinem Ausgangspunkt markieren, so ist doch im
Auge zu behalten, daß ein durchgreifender Unterschied darin
besteht, daß in den drei frühen „naturalistischen" Tragödien die
Leidenden durch ihre Erfahrung *nicht* ins „Erhabene" hinausgewiesen werden, während die Sinnstruktur in der veristischen

148

Spätphase darauf angelegt ist, den Menschen im Schmerz des welthaften Existierens den höheren Raum einer absoluten Realität gewinnen zu lassen, und zwar geschieht der letzte Schritt in die Weltüberhebung in allen drei Stücken, die man die anti-dionysische Trilogie nennen könnte, auf die gleiche Weise: durch den Selbstmord.

Das erste Stück der Reihe ist ein Heimkehrerdrama. Der Schriftsteller Herbert Engelmann kommt an Körper und Seele zerrüttet aus den „unsäglichen Kämpfen und Leiden" des Weltkrieges zurück und findet sich nicht mehr recht in die Welt. Auch in der Heimat hinausgestoßen „in das Elend ungeahnter Höllen" (52), ist er in seiner grenzenlosen Verstörtheit in einen Briefträgermord verwickelt worden mit dem Ergebnis, daß es ihm Schuldgefühl und Verfolgungswahn jetzt noch unmöglicher machen, sich mit der Nachkriegsgesellschaft, die Hauptmann in repräsentativer Auswahl in der von Engelmann bewohnten Pension zusammenwürfelt, in Rapport zu setzen. So versinkt er immer mehr in seine geistige Not und Einsamkeit. Aber nicht als psychopathologischen Einzelfall hat der Dramatiker dieses Schicksal gestaltet, sondern als Erfaßtwerden des Menschen vom Strudel übergreifender Schicksalszusammenhänge, die nicht nach Schuld und Unschuld fragen. Denn „welcher Mensch auf der Erde ist unschuldig?" (117). Aber gerade in dem Moment, als sich dieses allesbeherrschende Leid zum äußersten verstärkt und auch die Flucht in die Liebe nicht mehr gelingen will, als nämlich der Verdacht auf Engelmann fällt, der seine ganze bürgerliche Existenz vernichtet, da offenbart sich ein geheimer Sinn des Leidverhängnisses darin, daß Herbert plötzlich über das „Leidenswirken und erwirkte Leiden" der Welt hinausgehoben wird. Im Abgrund des Leids, als er keinerlei Zukunft mehr vor sich sieht, ist er in plötzlicher Abgeklärtheit von einer magischen Aura des Nichtirdischen umgeben. „Seltsam, mein Hirn hat gebrannt, mein Herz hat gerast — auf einmal ist alles abgekühlt. Leben und Tod sind mir plötzlich gleichgültig" (119). „Da ist nur noch eine große Kühle, — eine große Klarheit. Fast Heiterkeit," dichtet Zuckmayer sinngemäß weiter. Im Erkennen seiner Schicksalsbestimmung überkommt den Gehetzten eine Befreiung, die ihm auch die Kraft gibt, sich selbst den Tod zu geben und sich so ganz jener höheren Macht zu überantworten, die nun nicht mehr das Prinzip des Widersinns ist, sondern ihm den „Frieden" schenkt (120f.).

Das im ganzen schwächere Stück *Dorothea Angermann* ist analog strukturiert: das Leiden weist den Menschen über die Welt hinaus in einen anderen Bezug. Die verführte Pastorstochter Dorothea, der niemand, nicht einmal der eigene Vater, auch nicht der

Geliebte mit Liebe begegnet und die infolgedessen unaufhaltsam immer tiefer in den Sog des Verderbens, der Qual und menschlichen Gemeinheit gerissen wird, muß „die ganze furchtbare Wahrheit" erfahren, daß „das Leben selbst die Brutalität ist". Aber das ist nicht das letzte Wort. Denn sie selbst erkennt, daß dieses Daseinselend, das sie wie alle Hauptmannschen Tragödiengestalten trägt, eine furchtbare „Schule Gottes" ist (X, 196) und deswegen in der Verheißung der Erlösung steht. „Ich sage nicht, das Leben ist klein. Das Leben wächst" (197). Im Zusammenhang heißt das: es wächst sogar über sich selbst hinaus. Daher spürt Dorothea selbst mit der Klarsicht der mystischen-irrational Teilhabe am Übersinnlichen, die ihr in der Schule Gottes zuteil wird: „Irgendwie ist die Atmosphäre, sind die Bedingungen dieser Erde nicht mehr für mich" (240). So versteht sie den paradoxen Sinn ihres Leids, der sie allem Irdischen und aller Verzweiflung enthebt. „Es ist eine wundersame Klarheit um Dorothea Angermann in ihren letzten Stunden, eine Klarheit, deren Lichtschimmer nicht mehr von dieser Welt ihren Ursprung nimmt."

Geheimrat Clausens Schicksal *(Vor Sonnenuntergang)* trägt die gleiche Sinnlinie. „Der neue Lear" sollte der Titel ursprünglich lauten, und eine Tragödie der kindlichen Undankbarkeit ist das Stück gewiß, doch noch deutlicher sind die Anklänge an Goethes Altersliebe zur Ulrike von Levetzow. Denn was den Kern des Werks ausmacht, ist die tragisch umschattete *vita nova*, die sich der siebzigjährige Geheimrat (in dem Hauptmann seinen schlesischen Freund Max Pinkus modelliert hat, dem er 1937 auch das schöne und mutige Requiem *Die Finsternisse* schrieb) von der Liebe zu der jugendlichen Inken Peters erhofft. Er weiß um die Absurdität der Beziehung, die es ihm zur Pflicht macht, sie zu brechen, aber gerade beim Versuch, Abschied zu nehmen, kommt ihnen beiden die innige Gemeinsamkeit zu Bewußtsein, die sie aneinander bindet. Nichtsdestoweniger sind sie zum Scheitern verurteilt, und zwar nicht, weil der eigene Dämon sie zugrunde richtet, sondern weil die kleinlich-bürgerlich gesinnte Familie des Geheimrats ein Kesseltreiben gegen den Vater entfesselt, gegen das er seelisch machtlos ist. Als die Verwandten schließlich seine Entmündigung beantragen, die Entmündigung des Mannes, der ein Leben lang weit und breit geradezu als Kulturmacht gegolten hat, da bricht er zusammen. Er flieht wie ein gejagtes Wild, mit dem er, wie auch Dorothea, der Hauptmannschen Lieblingsvorstellung gemäß verglichen wird. Doch „das Unglück öffnet die Augen". Wie ein Abgrund kommt ihm plötzlich sein Leben vor, niemand könne ohne Schwindel hineinblicken (XI, 687). Aber gerade jetzt fühlt er sich der Zeitlichkeit und ihren Bezügen merkwürdig enthoben:

„Du bist ein Bote vom Jenseits", wendet er sich an Inken, als sie auf das unaufhaltsame Vorrücken des Uhrzeigers verweist und ihn zur Selbstrettung drängt, die in kurzer Zeit nicht mehr möglich sein werde. „Wenn deine gesegneten Hände so um mich sind und mir wohltun und ich sehe sie nicht und ich sehe dich nicht . . . so fühle ich, fühle ich klar und rein, daß eine ewige Güte ist" (687) antwortet er darauf nur, denn er weiß, er ist schon „nicht mehr im Leben" (688). Spielte sich sein Dasein bisher in den Dimensionen des Nur-Menschlichen und diesseitig Kulturellen ab, so ist er nun plötzlich entrückt und vernimmt, während die anderen nichts hören, einen Chorgesang, ein Oratorium, ähnlich wie auf Prospero in seinen letzten Augenblicken „leise Sphärenklänge . . . vom Stern der Liebe" eindringen: außerirdische Kräfte wirken mystisch auf ihn ein, ahnungshaft ist ihm gewiß, daß seine Stätte „doch mitten im Weltendome" sei (690). So erlebt auch er erst im größten Leid die Nähe des Göttlichen, in der sich das Menschliche für Hauptmann vollendet. Erst danach greift er (wie Engelmann und Dorothea) zum Gift.

Die Arbeit an der spätnaturalistischen Trilogie erstreckt sich von den mittleren zwanziger Jahren bis in die frühen dreißiger. Doch Hauptmanns zentrales Interesse im Zeitraum von etwa 1924—1936 richtet sich auf den *Hamlet* Shakespeares, des Dramatikers, den er als einzigen als seinen „Vordermann" anzuerkennen bereit war. Freilich war ihm Hamlet schon seit der Kindheit vertraut und ist ihm, ähnlich wie der „griechische Hamlet", Lykophron, „all die Jahre" (V, 203) nicht aus dem Gesichtskreis geschwunden. Aber erst in diese Zeit fällt die intensive Auseinandersetzung, in deren Verlauf er nicht nur die Grundlagen seiner Weltanschauung erneut überprüft und klärt, sondern, wie es bei einem schaffenden Künstler nicht anders sein kann, produktiv Stellung nimmt: Außer den beiden Bearbeitungen des Hamlet-Dramas (von denen besonders die zweite [1929], die gegenüber der ersten [1927] auch sprachlich ändernd in die Schlegelsche Vorlage eingreift, eigentlich eine Umdichtung im Sinne der Urdrama-Konzeption des späten Hauptmann darstellt) entstehen in dieser Zeit noch die Dramatisierung der Vorgeschichte, *Hamlet in Wittenberg* (1935), und der Theaterroman *Im Wirbel der Berufung* (1936). Das letztere Werk, das gewisse äußere Anklänge an *Wilhelm Meisters Lehrjahre* aufweist, gehört nur zum Teil in diesen Zusammenhang, ist allerdings auch nur durch ihn von Interesse. Es handelt sich da nämlich um die Kombination eines stark autobiographischen Bildungsromans, der die Wirren des Werdens eines jungen Künstlers schildert, mit der quasi wissenschaftlichen Unterbauung der Hauptmannschen Lösung der *Hamlet*-Frage (die die Gesprächssituationen über Gebühr befrachtet) und zwar so: Der junge Dr. Erasmus Gotter wird in dem Ostseekurort „Granitz", wo er sich zur Erholung aufhält, mit einer Schauspielergruppe bekannt und bewogen, im fürstlichen Residenztheater den *Hamlet* in seiner Deutung zu inszenieren, und von da an verteilen sich die Akzente gleichmäßig auf die Interpretation des Stücks und auf Gotters eigene Erlebnisse, vor allem Liebeswirren mit einer Schauspielerin und einer Prinzessin, die seine an sich schon prekäre junge Ehe zu zerrütten drohen. Dabei wird der Zusammenhang geschickt dadurch hergestellt, daß Gotter sich in Granitz immer mehr in die Hamletrolle hineinlebt und sein Schicksal immer mehr, z. T. in direkt aufdringlichen Parallelen, Züge des metaphysischen Zwangs annimmt, der Hamlet (Hauptmann zufolge) tragisch werden läßt. Durch die rechtzeitige Lösung aus den Granitzer Verhältnissen weiß er sich jedoch vor dessen verhängnisvollen Konsequenzen zu entziehen. So kommt er aus der hamletisch-luziferischen Anfechtung mit einem bloßen gesundheitlichen Zusammenbruch davon, den er dann in Davos ausheilt, so daß er alsbald unter dem Motto „Gesundheit, Arbeit, Unabhängigkeit" eine neue, geklärtere und gefestigtere Lebensperiode antreten kann.

Etwas peripher ist auch *Hamlet in Wittenberg*. Diese aus eigener Phantasie geschöpfte, von Gutzkows ähnlichem Versuch kaum beeinflußte „Dramatische Dichtung", die als eine Art eigenständiges Vorspiel zu dem durch Hauptmanns Augen gesehenen Shakespeareschen *Hamlet* zu betrachten ist, hat ihren Ursprung der Überzeugung Hauptmanns zu verdanken, die Studentenzeit in der humanistisch-reformatorischen Atmosphäre der Hohen Schule zu Wittenberg sei — weit entfernt, ein „leidiger Anstoß" zu sein, wie Goethe-Serlo meinte, — zum Verständnis des Charakters des Dänenprinzen unerläßlich. Doch in Wirklichkeit läuft dieses Stück ähnlich *Im Wirbel der Berufung* auf eine von kulturgeschichtlichem Detail kaum überwucherte geraffte Entwicklungsstudie hinaus, an deren Ende sich wieder die gefestigte Persönlichkeit abzeichnet, die sich dem Gesetz ihres Lebens stellt und in den großen Daseinszusammenhang einordnet. So begegnet uns der junge Studiosus, ein komplexer Charakter, in dem sich Feuergeist und grüblerische Weltflucht und Erlösungssehnsucht zu einer leicht erschütterlichen Einheit finden, in den Wirren der Liebesleidenschaft zu einem Zigeunermädchen. Daraus löst er sich erst ganz am Schluß mit Gewalt, als nämlich das Schicksal in Gestalt des Geistes seines ermordeten Vaters mit seiner Forderung an ihn herantritt. Er stellt sich dem Anruf des Schicksals, dem typisch Hauptmannschen metaphysischen Muß, bereit, in seine vorgezeichnete Bahn zu treten, die nur ins Verhängnis führen kann. Das aber entfaltet sich dann in *Shakespeares tragischer Geschichte von Hamlet, Prinzen von Dänemark* — wie Hauptmann sie verstand: „in deutscher Nachdichtung und neu eingerichtet".

Kommen wir nach diesen Exkursen also auf den *Hamlet* zurück, so ist zum Verständnis von Hauptmanns Interesse an diesem Werk zunächst ausschlaggebend, daß er darin nicht lediglich eine Tragödie sieht, sondern „die Tragödie selber" (XIII, 626), er hätte auch sagen können: Mimesis des Urdramas, das in der Struktur der Welt angelegt ist. Der Dänenprinz ist nicht, wie bei Shakespeare, aus dem Grund tragisch, daß ihm die Fragwürdigkeit des Seins zum beherrschenden Erlebnis wird, an dessen Enträtselung er sich innerlich aufreibt, sondern weil er einer metaphysischen Macht zum Opfer fällt, die sich im Irdischen zerstörerisch ausrast. Er ist nicht der Denker und Zauderer, sondern der politische Täter im Dienst jener Macht. Und zwar wird diese Macht durch den ermordeten Vater entfesselt, der den Sohn schon in Wittenberg durch seine Erscheinung in seine vorbestimmte Rolle zwang. Denn „der Heros hat sofort nach dem Tode einen ähnlichen Rang- und Machtbereich wie die chthonischen, also unterirdischen Götter", und ist er, wie Hamlets Vaters Geist, unbefriedigt, so wird er

zu einem gräßlichen, furchtbaren, unversöhnlichen, racheglühenden Geist, der Gut und Böse, Schuld und Unschuld in wahlloser Raserei vernichtet . . . Der beleidigte Dämon zerstört und zertritt sein eigenes Haus. Und so wird er im Stück . . . zur unterirdischen, schicksalbestimmenden Hauptsache. (XIII, 531 f.)

So wird Hamlet geradezu ein Besessener im Dienst des unversöhnlichen Heros. Seiner Entschlüsse nicht mehr Herr, ist er selbst ein Rachedämon, ja ein „gefallener Erzengel", in dem das Luziferische ebenso lebendig ist wie in dem zur Weltkraft gesteigerten toten Heros (540). Hauptmann selbst bezeichnet es denn auch als „Kernstück" (570) seiner Neuschöpfung, daß der Aufstand des Laertes gegen den unrechtmäßigen König Claudius auf Hamlet übertragen wird, der sich natürlich auch mit den norwegischen Invasionstruppen des Fortinbras verbündet, um die Rache tatkräftig ins Werk zu setzen. So entsteht ein dem Aufbauprinzip der Haupt- und Staatsaktion nicht unähnlicher schneller, ja hektisch bewegter Verlauf, den „der Paroxymus höchster Gluthitze" unablässig vorantreibt, ohne auch nur „eine Minute" „bloßer losgelöster Meditation oder gar Behaglichkeit" zu gestatten (518). Zwar bricht der Schwarze Prinz, bevor es zum entscheidenden Schritt kommt, zusammen, nämlich als ihm, dem Richter des Claudius, am Geschick Ophelias seine eigene Schuldverstrickung zu Bewußtsein kommt. Aber dieses Moment kann nicht mehr als dramatische Windstille zur Geltung kommen. Das überpersönliche Wirken des Dämons, des Dämonischen, des Luziferischen, das sich Hamlets nur als eines Werkzeugs bedient, geht auch jetzt weiter und über den Prinzen hinweg: Gertrud, Claudius und Hamlet selbst werden in dem turbulenten Schluß in den Sog des Untergangs hineingerissen, und erst dann hat der beleidigte Heros „durch übermenschliche Raserei Ruhe gefunden" (628). Man sieht: Wie schon in den Meditationen des *Griechischen Frühlings* enthüllt sich in dieser Neueinrichtung, die zwar weder im Sinne der elisabethanischen Zeit noch der Shakespeareforschung ist, das Tragische wesentlich als Einbruch unterirdischer, chthonischer Gewalten in den Bereich des Menschen, die ihn dem Leid überantworten, zugleich aber auch die kosmische Orientierung schenken, deren das Menschliche bedarf. Die Shakespearesche Tragödie ist auf diese Weise ihrer reizvollen Zwielichtigkeit und vielsagenden Vieldeutigkeit verlustig gegangen, wie man gern abfällig betont, doch der Gewinn wiegt auch nicht eben leicht.

Überblickt man die bisher herausgestellten Gruppenbildungen, so mag man den Eindruck einer relativen Zielstrebigkeit in der Gedankenentwicklung Hauptmanns zu entdecken geneigt sein: ihr Verlauf berührt die Extreme und scheint einer mittleren Linie zuzusteuern (s. o. S. 138f.). In Wirklichkeit jedoch ist solche ausschließliche Finalität nicht vorhanden. Denn wenn auch die allgemeine Richtungstendenz wie angedeutet besteht, so wird sie doch unablässig umspielt von einer ganzen Reihe von Nebenwerken, die in nur recht lockerem Bezug zum „Hauptgeschäft" stehen, ihren Ursprung mehr in der proteischen Vielseitigkeit des Dichters haben, die im Alter eher zu- als abnimmt. Und zwar sind damit nicht nur die lyrischen Kleinigkeiten der späten Jahre gemeint, die 1939 mit früheren Gedichten vereint als *Ährenlese* erschienen und deren Umfang die 1942er Gesamtausgabe dann noch erheblich erweiterte. Vor allem gehören auch dramatische und epische Werke von z. T. erheblichem Umfang dazu, die größtenteils zu Recht heute so gut wie vergessen sind.

Zuerst heben sich aus diesem Rankenwerk drei „realistische" Erzählungen heraus. Als ihren gemeinsamen Kern könnte man das Rätsel der Vielschichtigkeit und Vieldeutigkeit des Charakters bezeichnen: ein Thema also, das bereits in dem Theaterroman angeschlagen wurde (XIII, 504, 506, 523, 562). Am stärksten mit dem Überraschungseffekt arbeitet in dieser Hinsicht die Novelle *Die Hochzeit auf Buchenhorst* (1931, 1927 beendet), die Hauptmanns eigene Hohenhausreminiszenzen und die verunglückte Eheschließung seines Freundes Max Müller (Kühnelle) zu einem locker gefügten Ganzen zusammenwebt. Dies würde ganz zerfallen, wenn nicht das „labyrinthisch verzweigte Seelenleben" (XI, 31) des jungen Musikers Dietrich Kühnelle beherrschend im Mittelpunkt stände und das Interesse konzentrierte. Er ist ein von Dämonen besessenes Genie, noch dazu belastet vom Fluch des Erbes und schwerer Werdejahre. Ein Hauptreiz des Werkchens besteht folglich darin, daß der Leser ständig im Unklaren über Kühnelles Charakterbild ist; jedermann in der Erzählung beurteilt ihn anders, in fast jeder Situation erleben wir ihn von einer anderen Seite, die nicht zu den bereits bekannten passen will: glänzender Kavalier und schwerringendes Genie, innig Liebender und hoffnungslos Vereinsamter, der überzeugt ist, daß „man keinen Menschen in der Welt hat", dem dieser Umstand schmerzlich ist und beseligend zugleich, — was ist er „eigentlich"? Auf diese Frage gibt auch der knappe Handlungsverlauf keine Antwort: Der Musiker verliebt sich in die an Iphigenie erinnernde Teresa, eine der vier Schwestern auf dem Herrensitz „Buchenhorst". Es sieht ganz so aus, als werde seine ruhelose Existenz damit ihren Frieden finden, die Hochzeit wird vorbereitet — doch der Bräutigam erscheint nicht; als Kohlentrimmer, so erfährt man später, ist er nach Amerika gegangen. Vielleicht, um sein Dasein der Bindungslosigkeit weiterzuführen, seine „Idealform des Lebens" zu verwirklichen, wie einmal (63) angedeutet wird? Man weiß es nicht. Mehr scheint den Dichter das Rätsel gereizt zu haben.

Mit dem gleich anschließend entstandenen, merkwürdigerweise aus dem Pippa-Galahad-Material abgezweigten Künstlerroman *Wanda* (1928) läßt Hauptmann sich in die Niederungen einer geradezu reißerischen Unterhaltungsmache fallen. Das ist dem Genie oft eine Notwendigkeit seines Produktionsrhythmus, die ihm keineswegs anzukreiden ist, aber man sieht am besten über ihre Ergebnisse hinweg. Immerhin blickt durch das turbulente und sinnenaufreizende Geschehen, in das der Bildhauer Paul Haake sich im Hin und Her zwischen künstlerischer Berufung und Liebesbindung an eine Zirkusreiterin verwickelt, noch deutlich das Interesse an der komplexen Charakterstruktur durch, und auch die typisch Hauptmannsche Überwindung der Daseinsqual fehlt im Schicksal dieses „Zerrissenen" nicht ganz, wenn es am Schluß des aufreibenden „Lebenskampfes" heißt: „Man fand schließlich einen Mann hinter einer Hecke an der Landstraße, der bewußtlos auf dem Rücken lag und, halb singend, immer nur: ‚Bolibö! Bolibö! Bolibö!' lallte. Es ist ein Wort der Gaunersprache, das Himmel heißt" (XI, 285). Deutlichere Sinnaussprache stände zu dem realistischen Darstellungsstil im Widerspruch, aber das Symbol ist auch so deutlich genug. Man denkt da vielleicht noch an Hauptmanns Ausspruch: „Ganz unwillkürlich nenne ich den Himmel mitunter, zu ihm aufblickend, den blauen Gott" (XVII, 406).

Als Nachzügler gehört in diesen Kreis die locker gefügte Altersnovelle *Der Schuß im Park* (1939), die das Gleichen-Motiv variiert und insofern das frühe Thema des Mannes zwischen zwei Frauen wieder aufnimmt. Doch ist die Inkommensurabilität des komplexen Charakters hier stärker in den Vordergrund gerückt als in den vergleichbaren Werken des Dichters: Der Baron Degenhart, der, ehemals Forschungsreisender in Afrika, auf seinem hochherrschaftlichen schlesischen Gut im Kreise seiner Familie ein vorbildliches Leben als Ehemann, Vater und Stütze der Gesellschaft führt, wird plötzlich aus der Bahn geworfen, als seine erste Frau auftaucht, von der er noch ungeschieden ist: ein Halbblutmädchen, das ihm vor Jahren in Daressalam angetraut wurde und die einen mittlerweile zwölfjährigen Sohn von ihm hat. Der Baron sucht das Weite, um den Konsequenzen zu entgehen, doch wird angedeutet, es sei wahrscheinlich, er habe auch weiterhin sein Leben „als ein ihm aufgedrängtes Abenteuer" weitergelebt, „vielleicht im Süden, bei den Buren als Knecht oder in einem Kafferndorf unter Kaffern — möglicherweise auch irgendwo am Kongo versteckt" (XV, 339). Das Charakterrätsel als das eigentliche Fascinosum bleibt also hier ebensowenig aufgehellt wie in den beiden anderen Erzählungen.

Zweitens rechnen wir zu den Nebenwerken der späten Periode den Komplex der Dramen *Die Schwarze Maske* (1930), *Hexenritt* (1930) und *Die Goldene Harfe* (1933), die sich von der eben behandelten Reihe der erzählerischen Werke vor allem dadurch unterscheiden, daß das Übernatürliche die Dimension des Weltbildes bereichert, wie das ja überhaupt in der „surrealistischen" Spätphase in zunehmendem Maße der Fall ist. Auch das bereits erwähnte Requiem *Die Finsternisse* wäre hierherzuzählen, in dem das Leid, das den im Sterbehause versammelten Freundeskreis getroffen hat, am Schluß chorartig in deutende Worte gefaßt wird, die stark an Michael Kramers einsames Oratorium erinnern:

Der Tod eines nahen geliebten Wesens ist wohl das gewaltigste unter allen Ereignissen, die einen gebildeten Geist treffen können. Die Seele des Menschen wird davon unbarmherzig gepackt und mit einem neuen qualvollen Sinn ausgestattet. *Von Herdberg*: Das innere Hören und Sehen erfährt eine ungeheure Steigerung. *Kroner*: Und dermaßen ober- und überweltlich ist diese Steigerung, daß man darüber geneigt wird, alles, was sonst den Menschen treffen kann, ... als geringfügig anzusprechen ... *Von Herdberg*: Ich meine das Beheimatetsein auf Erden und mehr noch im bodenlosen Mysterium. (*Ausgew. W.*, ed. J. Gregor, I, 384 f.)

Bezeichnend ist der Gesamttitel *Spuk*, unter dem die beiden erstgenannten Stücke zusammen erschienen. Freilich hat dieser „Spuk" eine etwas schillernde Bedeutung. In der *Schwarzen Maske*, dem gewichtigeren Werk von beiden, ist er gewiß einer „realistischen" Erklärung fähig, doch ist es für das Verständnis der Skizze entscheidend, daß man erfaßt, wie sich die Wirklichkeit hier öffnet für einen Raum dahinter, aus dem geheimnisvolle Kräfte in sie hineinwirken und sie unheimlich umschatten. Oberflächlich gesehen, stellt sich das Haus des schlesischen Bürgermeisters Schuller, in dem sich Menschen verschiedenster Überzeugungen zusammenfinden, als eine Friedens- und Kulturinsel inmitten der religionspolitischen Wirren des siebzehnten Jahrhunderts dar, in Wirklichkeit aber ist es umlauert von Dämonen. Besonders die Angststimmung der Gattin Schullers, Benignas, läßt diese ahnungshaft gegenwärtig werden, und so ist es kaum noch eine Überraschung, als sie schließlich nach vielen mysteriösen Geistervorzeichen real auftauchen, und zwar in der Gestalt eines Negers, mit dessen Gegenwart zugleich die schuldvolle Vergangenheit Benignas greifbare Unmittelbarkeit wird und damit weiter die blutbefleckten Hintergründe der kultivierten Harmonie im Hause Schuller. Und nur diese Mächte, die noch weiterhin symbolisiert werden durch den Einbruch des Schwarzen Todes, dessen Panikstimmung ein Tänzer in Totenkopfmaske wirkungsvoll aktualisiert, sind es, die dann Schuldige und Unschuldige in den Abgrund reißen, allen voran Benigna selbst. Zwar klingt in Benignas Selbstmord das Alkestis-Motiv an, das ursprünglich den Titel für das Stück abgeben sollte: freiwilliges Opfer, um dem Leben der anderen Licht und Reinheit zu bewahren. Aber es ist gar nicht zu verkennen, daß es um diese Entschlußfreiheit genauso bestellt ist wie um die der Iphigenie in Delphi, die lediglich in dem ganz und gar nicht mehr ausschlaggebenden Jasagen zu dem Willen der Dämonen besteht.

Bei dem „Satyrspiel" *Hexenritt* handelt es sich dagegen um ein Traumspiel, das aus der bloßen Freude am Experimentieren mit dem Ineinandermengen von Traum, Halluzination, Wirklichkeit und halbwachen Dämmerungszuständen, ja von Traum im Traum entsprungen zu sein scheint, — ein wirres Durcheinander, das die unendliche Reichweite der inneren menschlichen Erlebnismöglichkeiten mehr abzutasten als zu ergründen sucht, für unseren Gesichtspunkt aber nur insofern ergiebig ist, als das bewußte menschliche Dasein hier hinausgehalten scheint in ein unabsehbares Chaos geheimnisvoller Mächte.

Wie solche Gewalten nach dem Menschen greifen, ist ein Leitmotiv in Hauptmanns Menschenbild und besonders das Thema seiner Tragödien. In diesem Sinne deutete er Shakespeares *Hamlet*, in diesem Sinne wird er die Atridenfabel deuten; und nicht anders ist es in jener Tragödie, die sich als einzige zwischen diesen beiden beherrschenden Stoffkreisen des Alterswerks profiliert: *Die Goldene Harfe* (1933). Auf den ersten Blick gesehen, geht es da freilich um die bei Hauptmann seltene Konstellation der Frau zwischen zwei Männern, und der Eichendorffsche Ton der Schloß- und Landschaftsromantik mit ihren mondbeschienenen, efeuumrankten Gemäuern, Käuzchen, Seen, Harfen- und Posthornklängen läßt uns in der Tat ein vornehmes Idyll vermuten: die Zeit ist die der ausklingenden Romantik, der Ort ein reichsgräfliches Schloß, und was sich da abspielt, ist ein zartes Seelendrama zwischen den zu Besuch weilenden jungen Zwillingsgrafen und der Komteß Juliane. Für wen wird sie sich entscheiden: den empfindsamen „Dichtergrafen" Günther oder den fester im Leben stehenden „Musikgrafen" Alexis? Unter dem Druck der Situation trifft sie zwar die Entscheidung zugunsten Günthers, da dieser durch ein Nein vermutlich stärker entwurzelt würde als Alexis; zwar beantwortet Günther diesen Entschluß, dessen Motive er durchschaut, mit dem Freitod, um sich als ebenso stark und entsagungsfähig zu erweisen wie die beiden andern, deren Füreinanderbestimmtsein längst klargeworden ist. Doch ist ebenfalls längst offenbar geworden, daß es auf solches Entscheiden wenig ankommt. Eine höhere Macht wird ihr aller geheimer Gegenspieler, auch während sie noch frei zu entscheiden glauben. Von Anfang an fürchtet sich Juliane vor „einem dunklen Etwas" (XIII, 33) und weiß sich wie so viele Hauptmannsche Gestalten „der Welt nicht gewachsen" (69). Grade was die Entscheidungssituation angeht, ist ihr gewiß, daß dabei „etwas, wofür ich nicht verantwortlich bin, im Spiele ist" (72); und die Brüder wissen schon lange vorher: „Unsere Lose [sind] über den Sternen bereits gefallen" (42). Vom Schicksal wird überhaupt viel geredet im Sinne des Fatalismus; noch kurz vor Schluß heißt es, „wir alle" seien „den Mächten des Himmels preisgegeben" (93), dem „Schicksal" also, wie es im gleichen Atemzug heißt. Man zweifelt aber, daß dies so himmlisch ist, wie diese Äußerung einer Nebenfigur glauben machen will. Denn von Anfang an ist ein Motiv stark in den Vordergrund geschoben, das uns eher an unterirdische, dämonische Gewalten denken läßt, und das ist dies, daß die Komteß einen merkwürdigen Kult mit dem Andenken ihres gefallenen Bruders, des Kriegskameraden der Zwillinge, treibt, an den sie sich in äußerster Weltabgekehrtheit gebunden fühlt; und wie in Hauptmanns *Hamlet*, doch inkommensurabler jetzt, übt der Tote, der einer der aktivsten Mitspieler dieses Werkchens ist, eine magische Gewalt aus über die Lebenden und ruht nicht eher, als bis ihm sein Tribut entrichtet ist. Demgegenüber bedeutet es dann natürlich kaum eine Aufhellung des Dunkels, daß die Liebenden, Alexis und Juliane, sich am Ende finden. Denn wie in der *Schwarzen Maske*, im *Hamlet* Hauptmanns und in seinen *Atriden* ist solche Verwirklichung der menschlichen Möglichkeiten eben nur erkauft durch Blutzoll an die Mächte, „die unterm Tage schlimmgeartet hausen" (*Wallensteins Tod*, II, 2).

Diesen vier surrealistischen Dramen stehen ein paar surrealistische Erzählungen zur Seite, in denen das Übernatürliche jedoch noch krasser zum Durchbruch kommt, ja durchweg schon in reine Phantasmagorie umschlägt. Ihr Motto könnte geradezu Hauptmanns vielzitiertes Wort sein: „Entbinden wir nur unsere Phantasie und machen sie zum Erkenntnisorgan: das ist der höchste und letzte Sinn unsres Lebens" (XIII, 119), nur wird es zunehmend schwerer, solche Erkenntnis nachzuvollziehen. Eröffnet wird der Reigen durch *Die Spitzhacke* (1931), eine Serie bizarrer und wohl kaum symbolisch-allegorisch ausdeutbarer visionärer Erlebnisse, die der Dichter in seinem Vaterhaus, dem Hotel „Preußische Krone", in der Nacht vor dessen Abbruch hat. Aber am gewichtigsten ist wohl die anschließende „unwahrscheinliche Geschichte" *Das Meerwunder* (1934), in der ein todgezeichneter Kapitän, Cardenio, die „ungeheure Offenbarung des andren Reichs" ins Wort faßt, der er als Seefahrer mit seinem Verlangen nach dem „Grenzenlosen" zwar sein Leben lang auf der Spur gewesen ist, die ihm aber eines Tages in einer Weise zuteil wurde, die an Phantastik jedes Seemannsgarn übertrifft. Er hat in jüngeren Jahren, so stellt sich im Laufe seiner umständlichen Ausführungen im „Klub der Lichtstümpfe" heraus, eine Meerfrau geheiratet, ein „dämonisches Wesen", „Chimaera". Als diese jedoch von seiner Seite in ihr Ursprungsbereich zurückkehrte, entzündete sich in Cardenios Geist ein neuer Sinn, ein „mystisches Licht" (XIII,117), das ihn der realen Welt „entrückte" in ein Zwischenreich höherer Wirklichkeit, dem auch Chimaera angehörte, soweit sie menschlich wurde. Alles Weitere steht im Zeichen dieser Entrückung, die nur noch immer stärker wird. Als Galionsfigur am Bug von Cardenios Schiff, das in der Südsee scheitert, bringt Chimaera ihn „dem Unergründlichen näher" (121). Denn die Insel, auf die er verschlagen wird, entpuppt sich sofort als eine „Urwelt", eine „übersinnliche Welt, die anderer und höherer Sinne bedarf, um erkannt zu werden" (123); sie ist „der Raum der Götter, der Raum der Dämonen" (134), wo die Natur ihr innerstes Geheimnis preisgegeben hat. Cardenios Einweihung durch Chimaera wird dort vollendet durch ein ihr ähnliches, sirenenhaftes Elementarwesen namens Astlik, das den Gestrandeten (charakteristischerweise im Tiefpunkt seiner Daseinsverzweiflung) in dieses Jenseits einführt — eine Meerfrau, berückend schön, beseligend und grauenerregend zugleich in ihrer Dämonie. Erst nach der Erfahrung der „höllischen Seligkeit" in ihren Armen (164), die das Weltall berauschend auf ihn eindringen läßt und ihn in ein grenzenloses „höheres Sein" befreit, ist Cardenio dem Menschlichen ganz abgestorben, versteht er erst ganz den qualvollen Schrei, den die in die menschliche Daseinsweise übergewechselte Chimaera ausgestoßen hatte: „Ich will kein Mensch sein!" (146). So sinnt er jetzt nicht mehr darauf, diesen Beglückungszustand im Irdischen zu realisieren: anstatt daß die Wasserjungfer, wie Chimaera es tat, in die Menschenwelt herübergeht, die ihr dann doch nur „die ganze Furchtbarkeit des Daseins" und die „Unentrinnbarkeit der Hölle" erlebbar machen würde (148 f.), tritt Cardenio nun durch den gleichsam selbst herbeigeführten *Tod* endgültig aus dem Menschlichen, ja, aus dem Zwischenreich hinaus und ins Außermenschliche hinüber, wo Astlik ihn erwartet.

Alle Maßstäbe unserer Alltagswirklichkeit sind hier außer Kraft gesetzt. Wäre nicht der Bezug auf den Rahmen, auf die reale Erzählsituation ständig lebendig gehalten, so glaubte man, im Märchen zu sein, so phantastisch mutet die Erzählung an, noch phantastischer dadurch, daß die „Wirklichkeit" unablässig mitten hineingreift. Ein Reich der Unbegreiflichkeit also, aber, so sagt Cardenio, „ein Gebiet der *Wahrheit und Unbegreiflichkeit*" (156), ähnlich wie es in der *Mignon*-Erzählung heißen wird: „Das Wunderbare ist immer das Wahre." Und Hauptmann hätte dieser paradoxen Logik natürlich zugestimmt, da sich ihm mit zunehmendem Alter seine mystischen Gesichte, die sich an der menschlichen Grenze entzünden, in immer inkommensurableren Bildern verdichten, d. h. also unmittelbarer und zugleich entrückter werden, — wie die Träume, die sich überall eingestreut finden. Kein Wunder also, daß Hauptmann sich nun auch dem Märchen zuwendet, und zwar *dem* Typus, der diese aller rationalen Entschlüsselung trotzende Phantastik des rein Bildlichen, die totale Entwirklichung der Welt zur Vollendung führt: dem Kunstmärchen, wie es Goethe in den *Erzählungen deutscher Ausgewanderten* gestaltet hatte: „zugleich

bedeutend und deutungslos" (Goethe an W. v. Humboldt, 27.
V. 1796). Das ist auch Hauptmanns *Märchen* (1941), wie es schlicht
genannt ist. Seine schemenhaft-symbolische Bilder- und Gestalten-
fülle erinnert sogar im einzelnen an das Goethesche Vorbild, auf das
denn ja auch direkt verwiesen wird. Das Zwischenreich, in das man
über einen Strom gelangt und das dem Schattenreich benachbart ist,
taucht hier wieder auf wie in so vielen Hauptmannschen Spät-
werken, aber im übrigen versagt die Orientierung und bestätigt statt
dessen den Goetheschen Hinweis, daß man „an nichts und an
alles erinnert werden solle" (W. A. XVIII, 223f.).

„Unbegreifliches im Menschen" (96) behandelt auch die „Stresa-
Novelle" *Mignon* (1947; 1944 beendet). „Das Leben eines Menschen, der einsam ist", sagt der Erzähler, „erweist sich überwiegend als unwirklich. Er weiß, daß er Freunde, nahe und
ferne Verwandte hat, aber er nimmt sie nicht sinnlich wahr, sie
leben in seiner Einbildung. Und da es so ist, treten die Toten
beinahe gleichwertig neben die Lebenden" (13). Er ist geradezu
von einer „aura magica" (27) umgeben. Und nun das Merkwürdige: In einem solchen Fall (der, wie ausdrücklich betont,
nur die allgemein menschliche Situation in klareres Bewußtsein
hebt) findet sich der Erzähler der Novelle, das heißt aber (wie
so häufig in den epischen Werken der Spätzeit) Gerhart Hauptmann selber. Mit den vielfältigen autobiographischen Anspielungen, die sich ja überall in den locker gefügten Altersnovellen
geltend machen, berichtet der Dichter also ein Erlebnis, das er
am Lago Maggiore gehabt haben will: Einem unwiderstehlichen
Drang, einem Geisterruf nach dem Süden folgend, begegnet er
dort einem Mädchen, das ihm nur eine wiedergeborene Mignon
sein kann; auch äußere Umstände, wie die Seiltänzergesellschaft,
die die Körpergeschicklichkeit der Kleinen ausbeutet, sind die
gleichen wie im *Wilhelm Meister*, wenn auch einiges Abweichende
gewissenhaft verbucht wird; sogar der Harfner fehlt nicht; ja:
Goethe selbst kreuzt Hauptmanns Weg mehr als einmal und
mehr als zufällig in dieser oberitalienischen Gegend; er hinterläßt tatsächlich seine Visitenkarte in Hauptmanns Hotelzimmer!
Halluzination eines überhitzten Gehirns? Die Gestalten geben
sich ganz real, werden außer von Hauptmann auch von anderen
Menschen gesehen, gesprochen, beobachtet. Also vielleicht ein
Spiel der Natur? Das ist um so wahrscheinlicher, als Goethe ja
Liebesabenteuer in Italien hatte, die nicht ohne Folge geblieben
sein mögen, — so sinniert der Erzähler selbst. Aber er ist solchen
Rationalisierungen zum Trotz von der Überwirklichkeit des
Erlebten überzeugt, von der Unwirklichkeit des Wirklichen, von
der Wirklichkeit des Unwirklichen, in einem Wort: von der

Ausweitung seiner Welt bis in die Geisterwelt, von der ausdrücklich aus dem *Faust* zitiert wird, sie sei nicht verschlossen (11). Zumindest bleiben hier Wirklichkeit und Unwirklichkeit absichtlich doppeldeutig — wie in dem Zitat aus dem Goethe-Schiller-Briefwechsel, das Hauptmann seiner Erzählung als Motto vorangestellt hat: „Ich will nun an die Gespenstergeschichten gehen."

Soweit die Nebenwerke. Erinnern wir uns an den größeren Zusammenhang: bis in das Alterswerk hinein, so ließ sich zeigen, liefen die mit dem Christlichen und Dionysischen bezeichneten Haltungen mehr oder weniger parallel nebeneinander her, dementsprechend sich auch ein dualistisches Bild der Überwelt abzeichnete: hier der Gott der Erde, des Weins, der grenzenlosen Lebenshingabe, dort der Herr des ewigen Lichtbereichs im Jenseits. „Dionysos wider den Gekreuzigten", wie es am Schluß des *Ecce Homo* heißt. Doch wir betonten bereits, daß sich im Spätwerk eine Synthese der Haltungen ausprägt, die das Lebensideal des alternden Hauptmann darstellt. Wie die sich allerdings im Lebensvollzug realisiert, ja: ob eine solche Verwirklichung tatsächlich als effektiv mögliche existentielle Leistung gedacht ist oder aber nur als ideales Leitbild, als eine nie erreichbare Utopie von allenfalls bildender Relevanz, — das entzieht sich der Klärung, da es hierzu einfach an eindeutigen Äußerungen des Dichters fehlt. Doch mag dieser Sachverhalt auch sein Positives haben, denn der Umstand, daß unsere Zeugnisse für jene Synthese nur der dichterischen Bildgestaltung zu entnehmen sind, läßt uns vermuten, daß wir es bei dieser Mythenkombination nicht anders als bei den einzelnen Mythen mit einem Gebilde zu tun haben, das zugleich von einer Erfahrung spricht und ihren letzten Gehalt ins Unerreichbare und Unsagbare verweist.

Anzeichen einer sich anbahnenden Synthese bereits vor Beginn der „Altersperiode" zu erkennen, erfordert keinen besonderen Scharfsinn. Schon auf die allerdings auch wieder uneindeutige Naturfrömmigkeit des Apostels, seinen Weg zu Christus durch die Natur, wäre aufmerksam zu machen, ebenfalls auf Glockengießer Heinrichs Tirade auf den wiedererstandenen bukolischen Christus und schließlich auf das 1904 geschriebene Gedicht „Col di Rodi", in dem der „bleiche Schmerzensgott" den Griechengöttern im Sinne des Sowohl-als-auch zur Seite gestellt wird (XVI, 32—34). Sogar im *Griechischen Frühling* begegneten uns Andeutungen von Synthese und vollends in den scheinbar so konträren Romanen *Der Narr in Christo* und *Der Ketzer von Soana*. Doch erst seit den zwanziger Jahren macht sich eine bewußtere Zusammenschau geltend. In dem kleinen Stanzen-Epos *Die*

Blaue Blume (1924) z. B., das Phantasien, Erinnerungsbilder und Visionen mit der flüchtigen Logik des Traums aneinanderreiht, zieht plötzlich der rebenbekränzte Gott mit seiner bacchantischen Schar in die Kathedrale auf der von verschiedenen antiken Sagen umwobenen Insel Leuke ein, wo ihm die Rolle Christi zu übernehmen bestimmt ist: Kreuz und Auferstehung (X, 29f.). Das ist eine Vorstellung, die noch im *Großen Traum* (1942) nachklingt, wo Dionysos von den Mänaden auf dem Parnaß ans Kreuz geschlagen wird (16. Gesang), und natürlich ist Hauptmann auch die Ähnlichkeit des gekreuzigten Christus mit dem an den Kaukasus geschmiedeten Prometheus nicht entgangen, der ihm als eine Metamorphose des Dionysos gilt (XIII, 539). In einer Vision im *Till Eulenspiegel* (1927) dagegen umschlingt eine Weinranke das Bild des Gekreuzigten in der Kirche (X, 503f.), und als Beleg aus den letzten Lebensjahren darf endlich noch das Gedicht „Harut und Marut" (1944) angeführt werden, wo die Synthese so gefaßt ist, daß der Heiland vor Gottes Thron tanzt wie Dionysos. Gehen wir von solchen durch das Alterswerk verstreuten Einzelmotiven zu den Großformen über, so fällt zunächst das Drama *Die Tochter der Kathedrale* (1939) in den Blick, dessen Gesamt-Struktur ganz auf die Lösung des in Rede stehenden Konflikts gestellt ist. In dieser „Dramatischen Dichtung" gestaltet Hauptmann den von der Marie de France bekannten Lai von dem fürstlichen Findelkind Frene neu, indem er manchen großzügigen Eingriff in das Handlungsgefüge vornimmt, um den symbolischen Sinn des Fortgangs von Konflikt zu Lösung zu akzentuieren: Die jahrelange Fehde zwischen dem Herzogtum Andorra und dem Herzogtum Foix, die den historischen Handlungshintergrund bildet, ist bei Hauptmann zugleich als Kampf des Christlichen mit dem Dionysischen gefaßt: Weltabgewandtheit und ihr Machtinstrument, die Inquisition, auf der einen Seite, Lebenslust, Schönheitsgenuß und Kulturfreudigkeit auf der anderen (wobei noch allerlei kulturhistorisches Detail ins Spiel kommt; vor allem, daß die heidnischen Sonnenanbeter von Foix, die auf druidische Geheimlehren zurückgreifen, im Anschluß an Otto Rahn mit den häretischen Katharern und Gralshütern zugleich ineinsgesetzt werden, die im frühen 13. Jahrhundert im „Kreuzzug gegen den Gral" ausgerottet wurden). Was auf der einen Burg als „Krankheit" gilt, heißt auf der anderen „Gesundheit" (XV, 184). Doch im Gegensatz zu *Helios* und *Elga*, wo die gleiche Konstellation herrschte, ist hier die symbolische Bedeutung des Handlungsverlaufs die *Harmonisierung* des Entgegengesetzten: am Ende des Dramas läuten die Friedensglocken in Andorra und Foix, und besiegelt wird der Bund durch die bedeutungsschwere

Doppelhochzeit, in der die Zwillingssöhne des Herzogs von Andorra die Zwillingstöchter des Herzogs von Foix heimführen, deren eine, wie sich am Schluß herausstellt, eben jene Frene ist, die als Kind auf dem Altar in Andorra gefunden wurde und daher den Beinamen „Tochter der Kathedrale" erhielt. Mit diesem märchenhaften happy end der gehaltvollen „Spielerei" ist, wie in einem weitausholenden Interpretationsmonolog dargestellt wird, nun endlich ein Webfehler Gottes im Geflecht des Weltlaufes bereinigt worden (269 ff.). Aber keineswegs bedeutet dieses „Wunder" den Sieg des Geistes von Foix über die Weltverneinung, wie man gesagt hat, vielmehr legt der Dichter besonderes Gewicht auf das Synthesemotiv, das sich ganz zuletzt auch in dem glücklichen Einfall geltend macht, daß die Traufeier *zweimal* abgehalten wird: in der Kathedrale der Dreieinigkeit zuerst und dann im Tempel des iberischen Sonnengottes Abellio in Foix.

Ihre Krönung aber findet die coincidentia oppositorum in dem Mythos des Hauptmannschen Spätwerks, daß Christus und Dionysos-Luzifer-Satanael beide gleichermaßen Söhne Gottvaters sind, die, in die Welt entlassen, dort das „Urdrama" entfesseln, in das jedes menschliche Leben auf Gedeih und Verderb hineingestellt ist. Die Gegensätze, das Ja und Nein, stammen also letztlich aus Gott und sind auch in Gott aufgehoben, so daß beide Brüder von sich sagen dürfen, was Satanael im *Dom* von sich erklärt:

> Wär' irgendwas an mir nicht ER,
> wo bliebe Gottes Macht und Ehr'? (55)

In der indianischen Mythologie von den zwieträchtigen Söhnen des großen Weinenden im Ball der Sonne *(Indipohdi)* war das bereits angedeutet (VIII, 641), auch im *Till* findet sich ein Hinweis (X, 544f.), ebenso in der *Dom*-Dichtung, doch in voller Entfaltung begegnet uns das mythische Motiv erst im *Großen Traum*, Hauptmanns „Faust", wo es zu einer ganzen mythischen Kosmologie entwickelt wird. Aber bevor wir uns der zuwenden, ist gleich zu betonen, daß es sich bei dem Gegeneinander von Christus und Satanael nicht, wie man in der Literatur immer wieder liest, um einen „Urgegensatz" handelt, der dann in der schließlichen Synthese entsprechend im Sinne einer wesentlich monistischen Theologie gelöst würde. Im Gegenteil: Hauptmanns Weltbild bleibt grundsätzlich, der Coincidentia der Gegensätze in Gottvater zum Trotz, dualistisch-dialektisch orientiert. „Im Anfang der Dinge stehen zwei Kräfte. *Eine* Kraft gibt es nicht. Um sich als Kraft zu erweisen, braucht die Kraft eine zweite Kraft. Gott aber ist eine Kraft, und so kann er nicht allmächtig sein" (IX, 567). Diese theologische Elementarmechanik muß auch für Gottvater gelten; und in der Tat finden sich bereits gerade in *den* Werken Hauptmanns Anspielungen auf diesen Sachverhalt, die im ganzen mehr auf die Synthese von Christus und Dionysos angelegt sind. So liest man in der *Tochter der Kathedrale*:

> Doch eine Vielfalt
> ganz ohnegleichen ist das Geistbereich,
> die Heimat aller Höllen, aller Himmel,
> grundloser Abgrund, der uns rings umgibt,
> und Stern, der allen Götterbergen leuchtet! (XV, 225)

„Himmel" und „Abgrund" verschmolzen ja auch bereits in Lucifer-Dionysos-Promethus (XIII, 541), und im *Dom* heißt es:

> Freund, ein Ort der Verdammnis muß bestehn!
> Zwar hat ihn der Teufel nie gesehn. [!]
> Hier aber haben wir Höllenhunde
> aus dem unbekannten Abgrunde. (66)

Dem Gott, der den relativen Gegensatz von Christus und Dionysos aus sich hervorgehen läßt, steht eine „untere" Gewalt gegenüber, die ihm ebenbürtig, *nicht* in ihm aufgehoben ist. Die mit Christus und Dionysos bezeichneten Mächte haben eine gewisse Ähnlichkeit mit diesen wahren Urmächten, Christus mit Gott, Dionysos mit dem Abgrund, aber sie fallen keineswegs damit zusammen, so sehr auch die gelegentliche Gleichheit der Bezeichnungen dazu angetan ist, hier Unklarheit zu stiften: Hölle und Abgrund waren z. B. bisher der mythische Ort des Satanael-Dionysos, werden jetzt aber vorwiegend auf die Gott absolut entgegengesetzte Macht angewendet. Entsprechendes gilt von der Schlange. (Ob sie aber auch schon vorher in diesem Sinn verstanden werden können, ist nicht zu entscheiden — aus dem einfachen Grund, daß damals nur *ein* Dualismus wirksam ist, ein im wesentlichen ungelöster. Dieser erweist sich erst im Spätwerk zweifelsfrei als lösbar, während zugleich ein neuer, ähnlicher, doch unlösbarer hinzutritt.) Letztgültig durchgestaltet sind diese kosmologischen Vorstellungen in den Epen *Till Eulenspiegel* und *Der Große Traum*, die in weltanschaulicher Hinsicht aufs engste zusammengehören und auch zum Teil parallel entstanden sind.

Der barocke Titel: *Des Großen Kampffliegers, Landfahrers, Gauklers und Magiers Till Eulenspiegel Abenteuer, Streiche, Gaukeleien, Gesichte und Träume* ist dazu angetan, die Vorstellung einer wirren Überfülle der Ereignisse und Motive zu erwecken; diese Befürchtung stellt sich jedoch bald als unzutreffend heraus. Tatsächlich ist das durch dieses Vielerlei des abenteuerlichen Wanderlebens des neuen Eulenspiegels erstellte Weltbild trotz des chaotischen Wustes recht einfach und konsequent beibehalten, so daß ein Beurteiler mit Recht sagen konnte, man könne fast beliebig viel von den Gesichten und Abenteuern weglassen, ohne daß der Sinn der Gesamtkomposition irgend beeinträchtigt würde. Vor allen Dingen bleibt ja Till selbst immer der gleiche: nicht so sehr als „dionysischer Narr", wie es in der Literatur immer heißt, sondern eher als der „Dionysos-Platon", als der er einmal bezeichnet wird (X, 545), aber das auch nur, sofern man hier an einen christlich-plotinisch gedeuteten Platonismus denkt (wie Hauptmann ihn ja verstand): Gemeint ist, daß Till, der nach Kriegsende entlassene Luftwaffenoffizier, der in den frühen zwanziger Jahren als humanistisch gebildeter Jahrmarktsgaukler mit Spiegel (Selbsterkenntnis) und Eule (Todeswissen) durch die kriegszerstörten deutschen Lande reist, sich aus der ironischen Weisheit Hamlets heraus zwar einerseits dem „Leben", der „Realität" geradezu draufgängerisch verbindet: namentlich natürlich in seinen diversen (wirklichen und imaginierten) Liebesaffairen, andererseits aber in zunehmendem Grade, doch im Prinzip bereits von Anfang an, wie jeder „höhere Mensch" auf der Flucht ist „vor dem blutenden Haupt der Medusa", als das Hauptmann hier, wie so oft, das dem Schmerz überantwortete Leben in seiner Gesamtheit erscheint (603). Als solche zwiegespaltene Existenz, die in gewisser Weise die Hauptmannschen Kontrastfiguren Christus und Dionysos zusammennimmt, wenn auch nicht synthetisch verschmilzt, hat Till also seine Erlebnisse, die realen, wie die visionären (die allerdings nicht immer genau zu scheiden sind, wie ausdrücklich betont wird). Die realen haben zu Beginn entschieden das Übergewicht: im schlesischen Warmbrunn gerät der Conferencier gleich im ersten „Abenteuer" mit den Behörden in Schwierigkeiten, als er den Gaffern in seinem Jahrmarktzelt die Wahrheit zu zeigen verspricht, aber nur mit einem Spiegel aufwarten kann; im Weiterziehen, während er als Diogenes der Nachkriegszeit wahre Menschen sucht in der totalen Verkommenheit, erlebt er den Kapp-Putsch bei Lauban mit, ist auch bei dem entthronten König „Abalus" auf einem schlesischen Gut zu Gast, wie überhaupt eine Menge zeitgeschichtliche Vorkommnisse in seine Wanderungen und Gedankengänge hineinspielen. Berlin und Wittenberg sind weitere begegnungsreiche Stationen der „Gaukelfuhre", auf der Till es sich mit einer primitiv-sinnlichen Bauernmagd, die er nach mythischen Vampyrwesen seine Gule nennt, häuslich eingerichtet hat; von da an wird die Route seines Zigeunerns undeutlich, nur die Endstation ist wieder ganz klar: das Tessin, wo Till wie Emanuel Quint in den Schnellen der Maggia den Tod findet.

Wichtiger aber sind die Erlebnisse im Reiche der Phantasie, in das der Gaukler immer mehr hinüberwechselt. In den Träumen und Visionen, in die er sich immer enger verspinnt, macht sich nun die vitale, lebenszugewandte Richtungskomponente seiner Daseinsstruktur zwar auch noch geltend: indem sie ideale Wunschwelten erstehen läßt. So besonders auf dem grandiosen Weltkonzil zu Wittenberg, wo Till in dem Tohuwabohu der Irrlehrer nicht verhindern kann, daß er als neuer Kaiser ausgerufen und verherrlicht wird, wo er dann auch den Gedanken faßt, sich wirklich zum politischen und sozialen Retter Deutschlands und der Gegenwart aufzuschwingen; so auch in der sinnlich-drastischen Vision seines tausendjährigen Idylls mit der üppigen Halbgöttin Baubo auf den Höhen des Taygetos. Aber im allgemeinen verstärken die Gesichte, die den Hauptteil des Epos ausmachen, die entgegengesetzte Tendenz: heraus aus dem irdischen Dasein mit seinen Vorspiegelungen von Glück und Erfüllung, „hinaus aus den Grenzen der Menschheit" (470) in ein Jenseits, wo ihm „das große Verhallen von allem" in die Seele schlagen wird (489).

> . . . immerfort durch die Wüste des Daseins, . . .
> bis ich endlich den Ort, in der Stille der Wälder gefunden,
> wo man tritt in den Berg. Und ich trete hinein, und ich finde
> dort am Tische bedient drei ehrwürdige Greise von Jesus:
> drei Gevattern, genannt Zoroaster und Gotamo, endlich
> Konfutse! Und allhier nun erwart' ich das Zeichen zum
> Ausgang.
> Denn es hat dieser Berg zwei der Tore: Durch das man
> hineingeht,
> ist das eine. Nie kehret zurück, wer hier einmal hindurchging:
> Durch das andre entfernt man sich wieder, wohin, das weiß
> niemand. (470)

Und zwar faßt Till dieses Indipohdi-Ende bereits ganz am Anfang seiner parzivalesken Fahrt ins Auge. Vom „Grünen Strahl", der Hauptmann gelegentlich als Symbol des außerweltlichen Seins dient, ist die Rede, auch vom mythischen Ort der Seligen Inseln. Aber je mehr Enttäuschungen ihm die Weltfahrt bringt, je mehr er das Hier nur noch als Stätte der Qual und Täuschung sieht, desto sehnsüchtiger sucht er die Überwelt. Als Helena verkörpert sich ihm dieses Wunschziel seiner Seele, und die wahre Helena zu suchen, macht er sich, in der Phantasie, auf, nachdem seine erste Vorstellung von ihr sich ihm auf dem Wittenberger Konzil als hohläugige Leidensfratze entlarvt hatte. Er findet sie zwar auch in Hellas nicht, wohin ihn eine Art Pegasus durch die Lüfte trägt, dennoch ist ihm schließlich, im Tod, der Eingang in jenes „andere

Dasein" (VII, 287) gewährt, in dem er dem in Helena verkörperten Absoluten nahe sein wird (681).

Bevor er jedoch in dieses göttliche Jenseits einkehrt, das als Absolutes für Hauptmann grundsätzlich unerkennbar ist (IX, 523), wird er noch ein letztes Mal der bereits erwähnten „Grenzen der Menschheit" inne, hat er also noch einmal, und nun in exemplarischer Form die Grunderfahrung des Menschen im Stande des mythischen Lebensbewußtseins. Und zwar geschieht dies in dem berühmten Phantasieabenteuer des Kentaurenritts. Auf dem Rücken Cheirons läßt Till sich an die Enden der Welt tragen, und hier offenbart sich dann die eingangs betonte bleibende Doppelpoligkeit im Kräftefeld des Transhumanen. Denn eigentlich sind es zwei scharf voneinander geschiedene Explorationen der menschlichen „Grenze" gegen das „Unendliche" (680f.): Auf dem ersten Ritt, der hoch hinauf in die Regionen der „Weltraumkälte" führt, zeigt sich ihm „ein Schatten vom Schatten des Zipfels der Allmacht" (633):

> Sieh, der Himmel erhellt wie von einem allmächtigen Glanz
> sich;
> leuchtend fällt, ob unnahbarem Weiß der stumm ragenden
> Gipfel,
> düsterer Glut, eine purpurne Kugel. (634)

Mythisch konkretisiert wird *diese* Erfahrung des Grenzenlosen durch Saturn, aber dann vor allem, und sinnrichtiger, auch durch den Lichtgott Zeus, den „oberen" Zeus, den Sohn des Saturn, der in Gestalt eines Schwans mit Leda das Leben zeugt (640). Doch ist diese Macht keineswegs „Allmacht" in der einfachen Bedeutung des Wortes, eher Allmacht im Sinne des *Großen Traums*, wo damit Gottvater bezeichnet ist, der nichtsdestoweniger ohnmächtig ist gegenüber dem in der Schlange symbolisierten „Urfeind" (XVI, 311f.). Entsprechend geht dann auch der zweite Kentaurenritt in die entgegengesetzte Richtung und endet am Rande der Unterwelt, des Erebos, der als ein ungeheuer Schlammpfuhl vorgestellt ist, in dessen bleiernem Halbdunkel sich ebenfalls das Werden regt, — und darunter dann das urtümliche Chaos, der „Abgrund", der zugleich auch, mit der Sprache der christlichen Mythologie, als Hölle verstanden wird wie im *Großen Traum* und vor dessen Anblick selbst die oberen, olympischen Götter „vergehen" würden (650). Nur die Gorgonen und noch näher am Abgrund: die Gräen können ihn ertragen.

„Nicht umsonst hab' ich Blicke getan aus dem Diesseits ins Jenseits" — so faßt Till seine Erlebnisse zusammen (660). Durch sie ist er reif geworden für den Eingang in „das tiefste Geheimnis" —

den Frieden, den er im Tod findet (671). So folgt er denn, nachdem ihn Christus selbst in einer Vision im „Ewigen" willkommen geheißen hat, dem Seelenführer Hetairos, seinem idealen Selbst, das zugleich auch mit dem Gott Eros identifiziert wird (601f.), auf den Gebirgskamm hoch über dem Bett der Maggia, in das er sich hinabstürzt. „Sprung in den Himmel" wird dieser Freitod genannt, doch heißt es gleich darauf „und schweigend empfing ihn der Abgrund" (683). Soll mit dieser absichtlichen Verwirrung der Richtungsbestimmung nicht doch auf eine letztliche Einheit der entgegengesetzten Weltmächte gewiesen sein, die Till auf dem Kentaurenritt erlebte und die sich jetzt, wie in den Schlußzeilen angedeutet wird, wie im *Faust* um das Unsterbliche des Toten streiten? Der Gedanke, daß also wie der relative Gegensatz der Gottessöhne Christus und Dionysos so auch der *eigentliche* „Urgegensatz" aufgehoben würde, liegt gewiß nahe, aber daß daran im Ernst nicht festzuhalten ist, klärt sich bald aus den folgenden Werken, besonders dem *Großen Traum*.

Wie der *Till* so bietet auch das 1914 begonnene und nicht mehr zum Abschluß gekommene Terzinenepos *Der große Traum* zunächst den Eindruck einer ziemlich wirren Fülle von Motiven, Bildern und Geschehnissen, nur daß das Hin und Her zwischen Wirklichkeit und Visionslandschaft jetzt aufgegeben ist zugunsten einer reinen Traumwelt, durch die der Dichter im Schlaf von seinem „Knaben Lenker", seinem „anderen Ich" hindurchgeführt wird. Wie in dem Hexameterepos geht auch hier die Wanderung durch die verschiedensten Bereiche der Welt des Traums: persönliche Reminiszenzen („Mary"), zeitgeschichtliche Vignetten (die Notlage Deutschlands nach dem Ersten Weltkrieg), höhnische Zerrbilder der Korruption und des Versagens der Kirchen, dann aber auch die Erhebung „vom zeitlichen ins ewige Schicksal", wie Hauptmann es selber genannt hat: die Ewigkeitsschau im Mythos. Denn seinem dichterischen Auftrag, „das Größte, unaussprechlich wie es ist, in Zeichen und Symbolen zu berichten", ist Hauptmann auch hier treugeblieben (XVI, 379), indem er in seinen Visionen konsequent jene menschliche „Grenze" umspielt, die mitgemeint war, wenn es im *Till* hieß: „und weil er Grenzenlosem ist vermählet, so hasset und liebet er die Grenze" (X, 637). Nur durch den Mythos aber gewinnt die chaotisch drängende Bilderfülle des „Weltgedichts" einen festen inneren Zusammenhalt, und da dieser zugleich das gehaltliche Grundgerüst des ganzen Werks ausmacht, bekommt man damit sofort die führenden Kategorien in den Griff, denen sich alle Visionen einordnen — und die so in gewisser Hinsicht ein geschlossenes Werkganzes aus dem großen Bruchstück erstehen lassen. Damit kommen wir auf den Mythos von den zwei Söhnen Gottes zurück, der sich jetzt jedoch wesentlich klärt und vollendet. Und zwar macht sich Hauptmann bei der detaillierteren Ausgestaltung dieses mythischen Vorstellungskomplexes Gedankengänge und Bildkonzeptionen der gnostisch-manichäischen Spekulation des Mittelalters zunutze, allerdings in einem dichterisch-produktiven Aneignungs- und Umformungsverfahren, das über den Vorwurf der direkten Übernahme von Fremden im allgemeinen (von motivischen Kleinigkeiten abgesehen) erhaben ist, wenn auch nicht zu verschweigen ist, daß gerade das genaue Quellenstudium nicht selten für Verunklärungen und Unstimmigkeiten der dichterischen Gesamtkonzeption verantwortlich zu machen ist. Vor allem waren es zwei Bücher, die Hauptmann hier Anregungen vermittelt haben: für die allgemeinsten Umrisse des Denkens Hans Leisegangs *Gnosis* (1924), für das spezifisch Mythische jedoch namentlich Ignaz Döllingers *Beiträge zur Sektengeschichte des Mittelalters* (Erster Teil 1890), und darin besonders die Darlegung der Lehren der häretischen Bogomilen, die im frühen Mittelalter im Orient und in Südosteuropa verbreitet waren.

Aus dieser Quelle stammt zunächst der Name des älteren Bruders Christi, Satanael. Er ist es auch, der den Träumenden in den meisten Gesängen der Dichtung als Führer dient, ähnlich wie Virgil in der *Divina Commedia*, die Hauptmann sich in dieser epischen Darbietungstechnik wie auch in vielen gestalterischen Einzelheiten zum Vorbild nimmt.

Gottvater hatte diesen Satanael, seinen erstgebornen Sohn, aus seinem Reich verstoßen, weil dieser es für unvollkommen gehalten hatte: aus Mitleid mit den ersten Menschen hatte er die Schlange, die Eva zur Übertretung des göttlichen Gebotes verleitete, aus dem Paradies in die Hölle zurückgeschleudert, aus der sie gekommen war. Anders als in der Mythologie der Bogomilen, wo Satanael sich aus Stolz und Machtgier gegen den göttlichen Vater auflehnt, ist die Formel seines Schicksals hier also nicht bestrafte *superbia*, sondern die Tragik des Seelenadels in gebrechlicher Welt. In der Verbannung wurde er dann der Demiurg der Erde, der Schöpfer nicht nur der belebten und unbelebten Natur, sondern auch der Menschen, obwohl Gott die von der Schlange zur Widersetzlichkeit verführten ersten Menschen *seiner* Schöpfung, Adam und Eva, mit aus dem Pleroma verstoßen hatte (XVI, 251, vgl. 247, 286). Aber Satanaels schöpferische Kraft ist nicht schrankenlos, und so ist er schließlich selbst kaum mehr als eine Kreatur in seiner — ebenfalls unvollkommenen — Erdenwelt. Indem er aber nun gerade dieses Dasein mit heldenhafter Leidensbereitschaft auf sich nimmt, erreicht er tragische Größe: In allem Heilenden und Großen, was er schuf, ist „Gift" und Qual, aber er bejaht diese Welt in ihrer von ihm selbst mitverschuldeten Zwienatur:

> So, wisse, gab ich hin mein höchstes Leben
> und bin nun selber darin nur zu Gaste,
> dem Bettler gleich Almosen aufzuheben.
>
> Doch klag' ich nicht, selbst wenn ich darbend faste.
> Denn was ich gab und so verlor, verlieren:
> das war mein Wille und fällt mir zu Laste.
>
> Die Perle mag des Buddhas Stirne zieren.
> Ich will den Irrtum, und ich will das Leiden
> in Not und Mühsal unter Mensch und Tieren.
>
> So kam's, daß ich vom Vater mich zu scheiden
> beschloß, mit seinem Zorne dann beladen,
> in Gram, in Schmerz, in Wollust mich zu kleiden,
>
> zu wandern auf chaotisch dunklen Pfaden,
> zu fliehn, zu suchen, endlich auch zu finden,
> Gefundnes im Triumphe heimzutragen,
>
> Gebundenes befrein, Befreites binden,
> des Unvollkommnen froh bei jedem Schritte
> im Unterliegen und im Überwinden.
>
> So bin ich, wollt' ich sein, was ich auch litte.
> So, Lieber, sieh empor zu meiner Sonne,
> dem Lichtbrunn über uns in Himmelsmitte!
>
> Nenn sie den Born des Wehs, den Born der Wonne:
> sie wird uns keins von beiden rein kredenzen,
> sie mischt mit Wonne Weh, mit Weh die Wonne. (248 f.)

Unverkennbar werden hier Wesenszüge des Prometheus, der Sinnfigur des frühen Hauptmann, in das Charakterbild der neuen mythischen Gestalt eingeschmolzen: das Mitleid mit den Menschen und das Aufsichnehmen der Leiden, die der Vatergott ihm als Strafe für seine großmütige Tat im Dienste des unvollkommenen Menschengeschlechts auferlegte. Ja, in dieser grenzenlosen Bereitschaft zur liebenden Hingebung übertrifft er sogar noch die „Leidenswollust" seines Bruders, des Messias; er steht also „weit höher, als tief er fiel":

> Dein Bruder kam, um abermals zu scheiden
> die Böck' und Lämmer, wie die Sintflut tat.
> Du aber wirkst mit Liebeskraft in beiden.

171

Täglich erneust du die Erlösertat,
nie müde über Welt und Himmel brütend,
so trotzend dem, der sie verworfen hat.

Ich sehe dich Böck' und Lämmer hütend,
den beßren Hirten, als dein Bruder war. —
„Doch traf ihn Gottes Zorn nicht weniger wütend",

sprach jemand deutlich, aber unsichtbar. (318)

Satanaels besondere Art jedoch, das Leid und die Lust, das
Irdische und das Göttliche als das gegebene Lebensganze zu
bejahen und in schöpferischer Bewältigung immer aufs neue in
Niederlage und Gelingen zu gestalten (vgl. auch 286f.), war für
Hauptmann das Luziferische und Dionysische, das er überhaupt
in allen höheren Existenzformen, der künstlerischen besonders,
zu sehen geneigt war (XIII, 539ff.).

Tragen dementsprechend die Nachwirkungen der für Hauptmann
früheren Mythenfiguren wesentlich zur Aufhellung und Veredelung des Satanaelbildes zur großen Tragödienfigur bei, so ist es
doch völlig einseitig, Satanael in die Reihe der Prometheus- oder
Luzifernachfolge einzuordnen, wenn man dabei übersieht, daß
auch das Abgründige, Böse noch in ihm lebendig ist — bleibt
er doch ganz wie bei den Bogomilen der böse Dämon, der listenreiche Verführer, der Versucher Jesu in der Wüste, ja sogar, in
einer der charakteristisch Hauptmannschen Mythen- und Symbolsynthesen, der Maro der buddhistischen Lehre. Sündenschuld
und Seelenadel halten sich also rätselhaft die Waage. Das mythische Handlungssymbol dafür ist, daß Satanael die Schlange als
Verkörperung des widersinnig Bösen straft, aber zugleich von
ihr gebissen, eben durch ihr Gift in seinem positiven, göttlichen
Wesen beeinträchtigt wird (286f., 290, 329, 251, 297).

An diesem Wesen der mythischen Gestalt ist Hauptmann im
Großen Traum stärker interessiert als an einer „Göttererzählung",
in der er figurierte. Was davon da ist, ergibt sich schon aus den
Worten Satanaels über Christus: zwischen den Brüdern herrscht
feindliche Spannung, und diese dynamische Antinomie von Welthingabe und Verlangen nach dem göttlichen Ideal- und Ursprungsraum hebt sich gemäß dem Synthese-Denken des späten
Hauptmann schließlich auf: Satanael wird in seiner Erscheinungsweise als Dionysos von den rasenden Bacchanten auf dem Parnaß
gekreuzigt. Er erleidet also das Schicksal seines Bruders Christus;
er und der Crucifixus verschmelzen zu einer Gestalt und zu einem
Schicksal (16. Gesang), was möglicherweise angeregt wurde durch

eine verwandte Einheitsspekulation der euchitischen Gnostiker, über die Döllinger in dem genannten Quellenwerk berichtet hatte, oder aber auch durch Hölderlin.

Aber mit dieser Synthese, die ja nur eine erneute Demonstration der Einheit darstellt, die im gemeinsamen Ursprung der Brüder bereits gegeben ist (auch Satanael ist „sündlos doch im unberührten Kern" [286]), ist das „Urdrama" noch keineswegs erschöpft, — nicht, weil sie sich gleich wieder auflöst, sondern, wie wir bereits oben knapp andeuten mußten: weil der primäre Dualismus von Gott (dem Vater von Christus und Satanael) und dem Widergott, dem „Abgrund", davon gar nicht berührt wird und weiterhin bestehen bleibt als das Gegeneinander von Urprinzipien alles Seienden. Es ist derselbe Dualismus, den Till auf dem Kentaurenritt bereits erahnte. Seinen Visionen entsprechen im *Großen Traum* die zwei antithetischen Traumbilder, die charakteristischerweise gleich auf die Christus-Dionysos-Synthese folgen: einmal, im 18. und 19. Gesang, die Schau „der wahren Höllen Glut", deren Abgründe der christliche Dichter Dante niemals ahnen konnte, da er eine weniger absolute Vorstellung von der Gegenmacht des Göttlichen hatte (369), und dann die Schau des Glanzes des höchsten Gottes als Gegenpol des chaotischen Abgrunds (20. Gesang). Ins Zwischenreich der Totenstadt, die der Dichter in der zweiten Hälfte des „Ersten Teils" und weiter noch im „Andern Teil" durchwandert, wirken die oberen ebenso wie die unteren Gewalten unablässig hinein (351, 379). Der unaufhebbare Urzwiespalt kennzeichnete sich aber auch bereits in der Verstoßungsepisode: die Schlange, die Satanael aus dem Garten Eden entfernte, ist ja eben nicht wie bei den Bogomilen sein Geschöpf, sondern Symbol der „frühsten Höllen" (252), die um das Paradies „rauchen" und also schon vor der Feindschaft zwischen Gott und seinem Erstgebornen den Gegensatz zu den lichten Gewalten bilden. So ergibt sich aus der Verbindung des relativen Dualismus (Christus-Satanael) mit dem absoluten die paradoxe Konstellation, daß sowohl Gott als auch Christus und Satanael die höllischen Mächte des Chaos, des Abgrunds bekämpfen und von ihm bekämpft werden. „Ich weiß, wer unentweget mir Fäulnisgift in meine Schöpfung trägt", sagt der Demiurg: „die Schlange ist's" (292f.). Darum muß er rastlos tätig sein, damit nicht „Abgrundswölfe" seine Herde würgen (286). Letztlich ist er gegen den „alten Feind", gegen „der Schlange Gift" machtlos (329).

Nicht anders ist sein Bruder Christus der „rätselhaften Urfeindin, die in Gottes Eden drang", wehrlos ausgesetzt, wofür Hauptmann das allegorisch dichte Bild der sich um den Crucifixus ringelnden

Schlange findet (311). Und selbst Gott vermag nichts auszurichten gegen das Wüten jener Gegenkraft:

> Auch jetzt hast du die Macht zunicht gemacht,
> die Allmacht heißt und doch nicht kann bestehen
> vor dir, du allgewaltige Niedertracht.

> Wo kommst du her, wo hast du dein Entstehen? (312)

> Ohnmächtig ist Gottvater hier und Sohn;
> von beider Geist wird keiner hier verspüret. (306)

Das tragische Urdrama vollzieht sich also unablässig weiter — aber es gibt für Hauptmann und seine Menschen das Geschenk des (relativen) Einklangs vor dem Hintergrund der Zwiegespaltenheit.

Nachdem wir die großen Umrisse des Altersmythos Hauptmanns soweit verfolgt haben, drängt sich die Frage nach der Stellung des Menschen in diesem mythischen Kosmos auf. Die Menschen sind Geschöpfe Satanaels bzw. die Nachkommen des von Gottvater geschaffenen und mit Satanael verbannten Paares Adam und Eva, das also bereits im Pleroma eine Präexistenz innehatte — letztlich ist dieser genealogische Unterschied nicht entscheidend, da ja auch die vom Gottessohn geschaffenen Wesen Hauptmanns Mythos zufolge aus der Kraft des Vatergottes gezeugt sind (251, 286). Und so ist auch beiden Menschengruppen das gleiche Schicksal bestimmt: was Gott Adam und Eva bei der Verstoßung verheißen hatte:

> Der Schlaf, der Tod, um euch aus Kampfgetösen
> zurückzunehmen in das Ungeborne,
> sei mit euch: und er wird euch einst erlösen,

gilt auch für Satanaels Geschöpfe (286). Ja, diese Vorstellung vom heilgeschichtlichen Kreislauf zurück zum Ursprung wirkt sich geradezu bestimmend auf die Abfolge der Visionen des *Großen Traums* aus. „Alles, was geschah und wird geschehen, mit mir zu heben aus den Dunkelheiten" hatte Satanael dem Träumer verheißen und das erläutert mit den Worten:

> Es ist ein Quell, benannt der Frühe Morgen,
> aus dem dereinst die Welt hervorgegangen
> mit Tag und Nacht, mit Wonnen und mit Sorgen.

> Dort wird sich endlich stillen ein Verlangen,
> mit dir verbunden, schmerzlich süßer Treue,
> seit du die Pilgerreise angefangen.

Du brauchst nicht fürchten, daß es sich erneue
und wieder dich zu andern Zielen locke,
zu Irrtum, Täuschung, Sündenschuld und Reue. (241)

Das ist das Programm für das ganze Werk, und im Gang des
Träumers durch die Visionenlandschaft wird es denn auch erfüllt.
Aus der Welt des Irdischen geht es in die Totenstadt, die als eine
Zwischenstation vorgestellt ist, in der der Mensch der Auf-
erstehung ins „wahre Sein" harrt. Das aber ist als „Erfüllungsland
von allem Sehnen" (394) mit dem Ursprungsbereich des Menschen
identisch, mit dem noch Ungestalteten, das Hauptmann „Frühe
Quelle" benennt und das nur ein Sein im „oberen" Göttlichen
bezeichnen kann. Diese Heilsgeschichte der Seele, die schon so viele
Hauptmannsche Menschen durchliefen, ohne daß sie auf diese
Weise mythisch gefaßt wurde, hat natürlich wieder in den Lehren
der Gnostik ihre Parallelen ebenso wie das christlich-dionysische
und darüberhinaus das göttlich-widergöttliche Kraftfeld, innerhalb dessen sie sich abspielt. —

Auch in dem letzten großen vollendeten Werk, der *Atridentetralogie* (1949, entstanden 1940—1944), ist das Weltbild vom
Widerstreit von übermenschlichen Mächten bestimmt. Ja, das
eigentliche Neue — auch im griechischen Mythos nicht vor-
gegeben — an Hauptmanns Bearbeitung des oft gestalteten
Stoffes besteht in erster Linie darin, daß der tragische Zwiespalt
im Hause der Atriden überwölbt wird durch eine Antinomie
im Raum der Götter, die nicht nur in manchen auffälligen Einzelheiten genaue Entsprechungen aufweist, sondern den menschlichen Kampf auch verursacht als ihre Auswirkung in der Welt
(z. B. 41, 56). Die Menschen sind konsequent als „Werkzeuge"
der Götter dargestellt; sie handeln unter deren Zwang und das
besonders ausdrücklich, wenn sie ihr Leben gegenseitig durch
ihre Untaten zerstören. Denn die geschehen auf Geheiß der
Götter, gegen das die Atriden sich vergeblich im Namen der
Menschlichkeit auflehnen. Nun dürfen wir es uns hier wohl
schenken, die blutrünstige Fabel vom Geschick der Atriden, die
von Agamemnons (im letzten Moment verhinderten) Kindes-
mord in *Iphigenie in Aulis* über Klytemnestras Gattenmord in
Agamemnons Tod und Orests Muttermord in *Elektra* zur endlichen
Entsühnung des Geschlechtes in der *Iphigenie in Delphi* führt,
im einzelnen zu rekapitulieren. In unserem Zusammenhang ist
es aufschlußreicher, statt dessen den Konflikt im Göttlichen zu
verfolgen, der hier natürlich in der Figurenkonstellation der
griechischen Mythologie gefaßt ist. Erwartet man dabei allerdings,
in den griechischen Göttererzählungen die gleichen Dualismen

175

wiederentdecken zu müssen, die im *Großen Traum* in die Vorstellungswelt des biblischen „Mythos" gekleidet wurden, so wird man enttäuscht.

Denn daß der „die andre Welt ... im tiefsten Grund verkennt, der meint, daß sie von Kampf und Not befreit sei" (96), ist zwar die mythologische Grundvoraussetzung der ganzen Vierdramenreihe und sogar schon der nachdrücklich in Erinnerung gebrachten Vorgeschichte, sofern in der Atridenfamilie ja auch der Tantalidenfluch weiterwirkt, der auf einen primären Konflikt unter Göttern und Göttersöhnen zurückverweist. Doch sind die Fingerzeige auf den Widerstreit im außermenschlichen Bezirk keineswegs so eindeutig, wie man sich wünschen könnte. In den drei ersten Dramen ist es infolgedessen auf Schritt und Tritt unklar, welche Götter es sind, die hier miteinander im Kampf liegen und so Zwist und Leid unter den Menschen heraufbeschwören. Sind es die olympischen Götter unter sich, oder streiten die Olympier mit den Titanen, die „sich im Abgrund, nie ganz überwunden regen" (56)? Anhalte gibt es für beide Möglichkeiten. Oder sollten beide Konflikte zugleich statthaben? Auch dagegen spricht nichts. Immerhin zeichnet sich so bereits eine zweifache Antagonie aus dieser vielfachen Verschwommenheit ab. Aber keineswegs entspricht die der des *Großen Traums*. Denn obwohl es sein mag, daß die Titanen, die Zeus in den Tartarus verbannte, der noch unter der Unterwelt der Toten gelegen ist, nicht völlig überwunden sind, bleibt doch gültig, daß sie keineswegs eine uranfängliche Macht darstellen wie der Widerpart Gottes, Satanaels und Christi in dem Terzinenepos. Vielmehr haben Titanen und Olympier einen gemeinsamen Ahnherrn, Uranos; ihr Gegensatz ist also in der Sprache des Mythos auf höherer Ebene doch wieder aufgehoben — genau wie der Streit der olympischen Götter und Göttinnen untereinander von vornherein nur ein relativer ist. Dennoch ist aus diesen göttergenealogischen Bemerkungen ebenfalls offensichtlich geworden, daß es sich bei den beiden relativen Dualismen, die im Menschlichen zum Austrag kommen, um erheblich verschiedene Grade von Relativität handelt, so daß mancher Deuter unter Umständen geneigt sein könnte, im rein Strukturellen eine vage Entsprechung zur biblischen Mythologie des späten Hauptmann zu erblicken. Aber das ist alles. Solcher Mangel an Übereinstimmung überrascht natürlich und wirkt störend. Positiv kann man ihn vielleicht nur so verstehen, daß der Dichter jetzt, nach der gründlichen Fixierung der kosmischen Mächte im *Großen Traum* und *Dom*, noch einmal zurückkehrt zur ganz allgemeinen und recht unbestimmten Sicht des Menschen sub specie aeterni; leider aber sind auch so noch

Inkonsequenzen und Unklarheiten stehengeblieben, die man nur zur Not aus der Unklarheit entschuldigen kann, die bei den Menschen des Stücks selbst über das herrscht, was mit ihnen geschieht.

Im ersten Drama, *Iphigenie in Aulis*, ist der Streit unter den Olympiern in den Vordergrund gespielt. In der Auseinandersetzung über die Situation von Aulis stehen Zeus und einige seiner Anhänger Apoll und Artemis gegenüber. Artemis will dem Griechenheer nur dann die Abfahrt von der aulischen Küste ermöglichen, wenn Agamemnon zuvor die Tötung einer ihr heiligen Hinde durch das Opfer seiner Tochter Iphigenie gesühnt hat. Zeus aber wendet sich gegen diesen Starrsinn und entscheidet den Zwist in der göttlichen Familie in seinem Sinne.

Spätestens in der *Iphigenie in Delphi* aber (die zuerst geschrieben wurde) ist ein anderer Aspekt des „Urdramas" beherrschend geworden. Völlig unmotiviert haben die Geschwister Apoll und Artemis sich nun in unversöhnlichem Haß gegeneinander gekehrt, und doch eine zweite Veränderung ist eingetreten: Artemis erscheint jetzt nicht mehr als die bisher im ganzen doch sehr freundlich, ja human gesehene Göttin der Jagd, sondern als die „gnadenlose", „grause" Hekate, mit der sie schon in den archaischsten Schichten des Mythos ineinsgesetzt wurde. Hekate ist aber auch Göttin der Unterwelt, und indem nun Artemis nur noch als Hekate gegenwärtig wird, kommt in dem übermenschlichen Kräftespiel auch die Unterwelt mit ins Treffen, die Hauptmann noch dazu mit dem Tartarus, dem „Abgrund" ineinsgesetzt hat. In dem Gegensatz von Apoll, dem „Herrn des Lichts", und Artemis, der „Todesgöttin", wütet also zugleich auch der größere Antagonismus zwischen der Welt des oberen Zeus und dem Reich des unteren, „schwarzen" Zeus. Ja, Hauptmann hat es bei der Betonung des Abgründigen Widerparts so wenig an Farbstärke fehlen lassen, so daß man stellenweise sogar den — wie wir sagten, letztlich doch unzutreffenden — Eindruck eines Kampfes von Urmächten bekommen, wie sie Gott und Schlange in Hauptmanns Schöpfungsmythos waren.

Daß sie das nicht im gleichen Sinne wie die im *Großen Traum* sind, erhellt besonders eindringlich aus dem Schluß der Tetralogie. Gleich zu Beginn des letzten Stücks klingt schon die Verheißung auf, daß sich der unerklärliche Streit der Götter, der hellen und der lichten Gewalten lösen werde, und zwar — in direkt an Hebbel erinnernder Weise — so, daß ein Mensch dabei die Schlichterrolle spielte. Orests Mission war es gewesen, das Bild der Artemis und ihre Priesterin Iphigenie aus Taurien zu rauben und an den Altar Apolls in Delphi zu bringen. Durch diese Tat, hatte das Orakel verheißen, soll der Götterfluch vom Hause der Atriden genommen werden. Das entspricht der Tradition. Die Hauptmann eigene symbolische Sinngebung ist darüber hinaus jedoch, daß durch diese Handlung eines Sterblichen — und ferner durch den von der Tradition überhaupt nicht sanktionierten freiwilligen Opfertod der Iphigenie — die Harmonie im Göttlichen, zwischen Apoll und Hekate-Artemis, wiederhergestellt wird, womit erst, den Bedingungen des ganzen Werks gemäß, die Voraussetzung gegeben ist für die Aufhebung des Fluchs, der auf den Menschen lastet. Das also ist in der *Atridentetralogie* der Sinn des großen Friedensfestes in Delphi, das das ganze Werk beschließt.

Doch lädt gerade dieser versöhnliche Schluß zu Mißverständnissen ein. Die Deutungen der *Atridentetralogie* zerfallen, wie man richtig gesehen hat, in zwei Gruppen, eine optimistische, die mehr von der *Iphigenie in Delphi* her interpretiert, und eine pessimistische, die sich stärker an den drei vorhergehenden Stücken orientiert. Optimismus und Pessimismus beziehen sich dabei darauf, ob die Götter Grausamkeit und Feindseligkeit gegenüber den Menschen an den Tag legen werden oder Güte und Versöhnungsbereitschaft. Doch wird in dieser Schematisierung das Wesentliche übersehen: daß nämlich das Verhalten der Unsterblichen nicht von logisch-rationalen ethischen Prinzipien geleitet wird, sondern — wie z. B. in der völligen Motivationslosigkeit des Streits zwischen Apoll und Hekate deutlich wird — mit der Alogie und Unberechenbarkeit des Überwirklichen erfolgt, und das wohl letztlich auch darum, weil auch über den Göttern noch der Spruch der Kere herrscht, der erst recht nicht berechenbar ist. Folglich wird durch die delphische Versöhnung nicht eine neue, hellere Weltperiode eingeleitet, sondern der Götterfluch — als Chiffre der Ausgesetztheit des Menschlichen an das inkommensurable Leid — ist nur „auf Widerruf" von der Welt genommen. Auf den Götterraum angewandt heißt das, daß auch hier der Streit nur vorübergehend aufgehoben gedacht werden darf. Als immer wieder neu aktualisierbare Möglichkeit bleibt er auch weiterhin latent bestehen, und Elektras Wort „Wie viele Schwerter zücken über uns in jeder Stunde, jedem Augenblick" (255) gilt auch weiterhin für die Lage des Menschen in Hauptmanns Sicht: für seine Fremdbestimmung durch die Mächte, die hier als die Götter und die Moira gefaßt sind.

Hauptmann hat für diesen Sachverhalt noch eine Symbolsprache gefunden, die man geradezu genial nennen darf: Artemis-Hekate wird auch als Mondgöttin, Selene, verstanden, während Apoll durchgehend als Sonnengott bezeichnet wird. Nun ist aber der ganze letzte Akt in der für Hauptmanns Gestalten so überaus wichtigen Atmosphärekategorie ganz auf den Gegensatz zwischen Mondlicht und Sonnenhelle gestellt, und die entscheidenden Ereignisse und Enthüllungen geschehen in der Stunde des Zwielichts im ganz wörtlichen Sinne, in der die beiden Gestirne sich also wie die Göttlichen Geschwister, deren Attribute sie sind, in geschwisterlicher Nähe und Gemeinschaft befinden. Diese Stunde bedeutet also! Und mehr als das: es bedeutet auch, daß diese Stunde als kurze Phase im kosmischen Ablauf vorübergehen wird, daß Nacht und Licht, Hekate und Apoll, auch wieder in Gegensatz und Hader stehen mögen, aber auch, daß der Stunde der Harmonie noch Wiederkehr und ewige Erneuerung beschieden ist. Und das alles nicht im Sinne eines naturgesetzlich absolut determinierten kosmischen Ablaufs; denn Hauptmann hat bereits dafür Sorge getragen, deutlich zu machen, daß die Gestirne nicht ganz eigenmächtig sind, sondern auch dem Willen der Götter unterstehen.

Das „Mysterium", das Unendliche, das jenseits allen menschlichen Zugriffs ist, an dem Hauptmanns Dichten und Denken sich aber nichtsdestoweniger immer wieder entfacht, ist somit in der Weise, die wir einleitend als für Hauptmann kennzeichnend beschrieben haben, ins Bild gefaßt. Das Bild mag orientieren, gibt aber letztlich doch keine „allgültige" und „zwingende" Antwort, wie Hauptmann sehr wohl wußte. Aber er wußte auch, daß gerade die vermeintlich ewigen Antworten eine verräterische Tendenz zur Überholbarkeit haben. Höher stand ihm die Hoffnung und vor allem: der Glaube, zu dem er sich als Dichter recht eigentlich geboren meinte. So hat etwas unverkennbar Symbolisches, daß noch die letzten Tage dieses Dichterlebens — Hauptmann starb am 6. Juni 1946 — im Zeichen der Arbeit an dem bereits mehrfach erwähnten pädagogischen Roman *Der Neue Christophorus* standen. Dieses Alterswerk ist unvollendet und, wie Hauptmann selbst erkannte, unvollendbar; aber eins steht in den Äußerungen des Dichters über die noch unveröffentlichten späteren Teile des großen Fragments ohne Zweifel fest: daß es, obwohl zu großen Teilen in einer der finstersten Stunden der Weltgeschichte geschrieben, ein Buch des Zukunftsglaubens ist und des Vertrauens auf den Menschen. Handelt es doch um die Vorausschau auf den „neuen Menschen" (Hauptmann), der, im Sinne der Gedanken des Bergpaters über die bildende Kraft des Mythischen, in Zukunft einmal erstehen werde. Hauptmann faßt diese Hoffnung hier in den Erlösermythos von der Wiederkehr des Christus, der jetzt in Gestalt des grabgeborenen „Erdmann" erscheint, der ursprünglich sogar als Sohn Pippas gedacht war. Freilich hat der Dichter auch von diesem neuen Christus einmal gesagt: „Er müßte wohl wiederum gekreuzigt werden" (zu Behl, 9. 4. 1944). Aber die allerletzte Äußerung zum *Neuen Christophorus* klingt doch hoffnungsvoller: „Mein Werk ist ein Fanal der alten Zeit", sagte Hauptmann am 3. 2. 1945 zu Behl, setzte aber gleich „mit einem großen Aufblick, in dem sich Frage und Zuversicht [!] die Waage hielten", hinzu: „Aber in Erdmann, ja in Erdmann verkörpert sich die ewige Neugeburt!"

ANMERKUNGEN

ABKÜRZUNGEN

DU	=	Der Deutschunterricht
GGA	=	Göttingische Gelehrte Anzeigen
GLL	=	German Life and Letters
GR	=	Germanic Review
GRM	=	Germanisch-Romanische Monatsschrift
JEGP	=	Journal of English and Germanic Philology
MLN	=	Modern Languages Notes
MLQ	=	Modern Language Quarterly
Monatshefte	=	Monatshefte für deutschen Unterricht (Wisconsin)
PMLA	=	Publications of the Modern Language Association of America
PQ	=	Philological Quarterly
Pr. Jb.	=	Preußische Jahrbücher
ZDP	=	Zeitschrift für Deutsche Philologie

Die Zahlen am linken Rand bezeichnen die Seiten.

5 *Noch heute :* W. Kayser, *Die Vortragsreise*, Bern 1958, S. 214. Vgl. C. F. W. Behl, <u>*Maske und Kothurn*,</u> V (1959), 107.

Holz : C. F. W. Behl und F. A. Voigt, *Chronik von GHs Leben und Schaffen*, München 1957, S. 29.

Theaterhimmel : nach dem Bericht über die Uraufführung von Adalbert v. Hanstein, *GH*, Leipzig 1898, S. 3—5.

Fontane : H. v. Hülsen, *GH*, Leipzig 1927, S. 52.

Frenzel : Behl in *GH und sein Werk*, ed. L. Marcuse, Leipzig 1922, S. 164.

„*König der Hochberühmten*" : W. Muschg, *Die Zerstörung der deutschen Literatur*, Bern 1956, S. 10.

Shaw : H. v. Hülsen, *GH*, 1927, S. 118.

6 *Übersetzungssprachen :* F. A. Voigt in: *GH zum 80. Geburtstag*, Breslau: Schlesien-Verlag, 1942, S. 66.

Biograph : H. v. Hülsen, *GH*, 1927, S. 102f.

Theaterzensur : Behl, *Wege zu GH*, Goslar 1948, S. 144—169.

Hofmiller : *Zeitgenossen*, München 1910.

Expressionistische Generation : Vgl. O. Walzel, *Pr. Jb.* CXC (1922), 171—196.

„*Los von Hauptmann*" : Titel eines Buches von Hans Landsberg, Berlin 1900.

„*Schwierigeren*" *Autoren* : Muschg, *Zerstörung*, S. 11.

Absagen : Marcuse, *GH und sein Werk*, S. 9.

7 *Drittes Reich* : Vgl. O. Seidlin, *Monatshefte*, XXXVIII (1946), 332—337 und Voigt ebda 298—303. Seidlin macht GH schwere Vorwürfe, Voigt rechtfertigt ihn.

Thomas Mann, Ehrerbietung : Bes. die Rede von 1952, *GH*, Gütersloh 1953.

„*Von ihm*" : A. Kerr, *Die Welt im Drama*, Berlin 1917ff., II, 204.

8 „*Im Schöpferischen . . .*" : nach Behl, *Zwiesprache mit GH*, München 1948, S. 207.

9 *Surrealismus* : Siehe E. Alker, *ZDP*, LXVII (1942), 62—79.

Dichter des Mitleids : GH selbst wehrte sich dagegen (Behl, *Neue Juristische Wochenschrift*, 8. VI. 1956, S. 849). Vgl. GH, XIV, 595, 734 (über Schopenhauer).

10 „*Figurehead*" : H. F. Garten, *GLL*, III (1949), 32.

„*Repräsentant*" : Behl, *Wege*, S. 28.

11 „*Ikarier*" : A. Zieglschmid, *GR*, XIII (1938), 32—39.

12 *Schleiermacher* : Heuser, *GR*, V (1930), 48.

Buddhismus : J. Chapiro, *Gespräche mit GH*, Berlin 1932, S. 64 (GH hörte u.a. auch bei Paul Deussen).

13 *Philister* : Behl, *Zwiesprache*, S. 220; H. v. Hülsen, *Freundschaft mit einem Genius*, München 1947, S. 58.

14 „*Plunder*" : Vgl. G. Erdmann, *GH* : *Gedächtnisstätte Kloster auf Hiddensee*, Rostock 1959, S. 30.

Tendenzgedichte : Vgl. W. A. Reichart, *GR*, XXXIII (1958), 176—180.

A-Historisch : Voigt, *GR*, XXXIII (1958), 208. Vgl. GH, XVII, 418.

15 „*Majestätische Unzulänglichkeit*" : *Die Entstehung des Doktor Faustus*, 1949, S. 175; das Zitat vorher: ebda S. 171.

„*Zerflocktes*" : Erhart Kästner, *Zeltbuch von Tumilad*, Wiesbaden 1949, S. 154.

Diktieren : Vgl. F. A. Voigt, „Die Schaffensweise GHs", *GRM*, XXXII (1950/51), 93—106.

Sprache : Dazu P. Böckmann, „Der Naturalismus GHs", *Gestalt-probleme der Dichtung* (Günther-Müller-Festschrift), Bonn 1957, 239ff.

Maxime : GH, XVII, 309.

16 „*Innere Gesetz*" : GH zu Behl, *Zwiesprache*, S. 261.

An anderen Stellen : Gespräch mit R. Italiaander, *GH-Jahrbuch* 1948, S. 136.

17 *Entwürfe* : Zitate nach K. L. Tank, *GH*, Hamburg 1959, S. 40f.

Drei Weltanschauungen : R. H. Grützmacher, *Pr. Jb.*, CC (1932), 106—119. Er schlägt auch die weiter unten genannte relativistische Lösung vor: das bleibende Fragezeichen sei die höchste Stellungnahme, die es für GH gäbe. Die beiden folgenden Formeln sind die von H. F. Garten, *GH*, New Haven 1954, und Voigt, *GRM*, XXVII (1939), 285.

Einer . . . ein anderer : Garten (1954), S. 13; Reichart, *Monatshefte*, XXIX (1937), 325.

Einzelfälle : H. v. Hülsen, *GH*, Wien, Leipzig 1942, S. 15; Garten, *GLL*, III (1949), 34. Dagegen z.B. Gottfried Fischer, *Erzähl-formen in den Werken GHs*, Bonn 1957, S. 272.

18 *Ausgeht :* Vgl. GHs Äußerungen zu Chapiro, *Gespräche*, S. 166, und den in *GR*, XIII (1938), 12, mitgeteilten Ausspruch.

„Bilde . . .“ : Nach Voigt, *GH-Jahrbuch* 1948, S. 20.

20 *„Aussagen“ :* Vgl. H. Weigand, *Monatshefte* XLIV (1952), 318: GH war "always more concerned with the matter than with the manner of what he had to say".

Zurückzukehren : Nach H. v. Hülsen, *Freundschaft*, S. 176.

21 *Stehr :* Vgl. GH über Stehrs „Verbohrtheit“ in *Zwiesprache*, S. 98; Ähnliches über Barlach ebda S. 197.

22 *„Fromme, nüchterne Weis“ :* Th. Mann, *Doktor Faustus*, Stockholm 1947, S. 757.

„Nihilistisch von Natur“: Th. Mann, *Nachlese*, Berlin und Frankfurt 1956, S. 44.

23 *„Der Künstler . . .“ :* Tagebuchnotiz nach Behl, *Wege*, S. 84.

Pippa-Premiere : Nach Kästner S. 157.

Kerr : Neue Rundschau, XLIII: 2 (1932), 581.

Tschechow: nach Th. Mann, *Nachlese*, S. 48.

24 *Zunächst lebendig :* Vgl. Chapiro S. 166.

25 *Chaotische Szenenführung :* Dazu *Zwiesprache*, S. 68.

Selbsteinschätzung : Vgl. das GH-Wort bei K. L. Tank, *GH*, S. 41, 42, das den Allgültigkeitsanspruch einschränkt.

26 *„Sie war da . . .“ :* Tank S. 41.

Betont : Reichart, *Monatshefte*, XXIX (1937), 323.

27 *Bölsche :* Nach Voigt und Behl, *Chronik*, S. 25 f.

Baginski : H. v. Hülsen, *GH*, 1927, S. 66.

29 *„Leben ist . . .“ :* GH zu Behl, *Zwiesprache*, S. 195.

Im Leid das Göttliche : Vgl. K. S. Guthke und H. M. Wolff, *Das Leid im Werke GHs*, Bern 1958, Kap. I.

Hirtenlied : Ed. F. A. Voigt, Breslau 1935, S. 9; F. A. Klemm, *The Death Problem in the Life and Works of GH*, Diss. Philadelphia 1939.

An Kalbeck : Nach F. A. Voigt, *H-Studien*, Breslau 1936, S. 87.

Behl : Siehe oben *„Dichter des Mitleids“*.

31 *Mimus-Reich :* Nach Behl, *Zwiesprache*, S. 212.

Gewiss ist . . . : H. Gutknecht, *Studien zum Traumproblem bei GH*, Diss. Fribourg 1954, Kap. I.

„Objekte . . . der Mächte“ : Nach Behl, *Zwiesprache*, S. 124.

C. G. Jung : Jung und K. Kerenyi, *Einführung in das Wesen der Mythologie*, Amsterdam und Leipzig 1941, S. 130.

32 *Zuweilen noch heute :* Dazu Guthke, *GGA* 1961 („Probleme neuerer GH-Forschung“).

„Blindes“ und „vernunftloses“ Leben : GH, XVII, 323.

Der Neue Christophorus: Seitenhinweise im Text (*NC*) beziehen sich auf J. Gregors Ausgabe der *Ausgewählten Werke*, Gütersloh 1954 ff., Band V. Dieses Zitat steht auf S. 403. Die nur mit arabischer Ziffer nachgewiesenen Zitate sind dem 17. Band der Ausgabe letzter Hand entnommen, außer wo eindeutig vom *NC* die Rede ist bzw. von den Gesprächen mit Chapiro.

35 *Hiob:* Vgl. Guthke und Wolff, *Das Leid . . .*, S. 17 f.

37 *Als Mythologie versteht:* Vgl. auch XVII, 15: „christliche Mythologie".

40 *Nietzsche: Richard Wagner in Bayreuth*, Abschnitt 9.
Moderner Mythenforscher: W. F. Otto, *Die Gestalt und das Sein*, Düsseldorf und Köln 1955, S. 87 f.

41 *„Die Symbolik . . ." :* Goethe, Hamburger Ausgabe, XII, 470.

42 *Mythenforschung:* Vgl. außer den genannten Werken von Otto, Jung und Kerenyi bes. Max Scheler, *Die Stellung des Menschen im Kosmos*, Darmstadt 1928; E. Cassirer, *Philosophie der symbolischen Formen*, II, Berlin 1925; Hans Leisegang, *Die Gnosis*, Berlin 1925 (dies Werk führe ich an, weil GH es nachweislich durchgearbeitet hat) (F. A. Voigt, *Antike und antikes Lebensgefühl im Werke GHs*, Breslau 1935, S. 114); K. Jaspers und Rud. Bulthaupt, *Die Frage der Entmythologisierung*, München 1954.

43 *„Grenze" :* Heidegger, Jaspers, Scheler (a. a. O. bes. S. 105 f. und 109), Leo Schestow, Camus, Sartre, Ernst Mayer, *Kritik des Nihilismus*, München 1958.
Schlegel: „Rede über die Mythologie", in: *Gespräch über die Poesie.* Ein gewisser Zusammenhang seiner Bemühungen mit denen Schlegels ist GH nicht verborgen geblieben; vgl. Behl, *Zwiesprache*, S. 212.
Menschenkenntnis: Ähnlich findet Th. Mann „kosmologische Weltbetrachtung", „Milchstraßenspekulation" pueril gegenüber der „psychologischen" (*Adel des Geistes*, Stockholm 1945, S. 54). So natürlich auch die gesamte „klassische" Literaturrichtung.

44 *Vorspiele:* Zum Jugendwerk vgl.: W. Heynen, ed., *Mit GH*, Berlin 1922; F. A. Voigt, *H-Studien*, Kapitel I und II; W. A. Reichart, „H before *Vor Sonnenaufgang", JEGP*, XXVIII (1929), 518—531; F. W. J. Heuser, "Early Influences on the Intellectual Development of GH", *GR*, V (1930), 38—57; C. F. W. Behl, „Das Schulheft des Dichters", und „Aus GHs Jugend" in *Wege zu GH*, Goslar 1948, S. 86—89, 90—94; Alfred Kloß, „Ein vergessenes Jahr in GHs Breslauer Zeit", in *GH: Studien zum Werk und zur Persönlichkeit*, Breslau: Korn, 81—109; Wilhelm Studt, „Früheste Dichtungen GHs: Neue Funde aus den Jahren 1875—1881", *GR*, XXXIII (1958), 181—196; W. A. Reichart, „A H letter concerning *Tiberius", GR*, IV (1926), 198—201; dazu Behl, *Ostdeutsche Monatshefte*, XXII (1956), 525—531. Zu *Germanen und Römer:* W. A. Reichart, *PMLA*, XLIV (1929), 901—910; Heuser, *GR*, XVII (1942), 174—196; J. H. Seyppel, *PQ*, XXXVI (1951), 286—288 (Datierung). Zur frühen Lyrik: F. B. Wahr, „*Das Bunte Buch", JEGP*, XXVI (1927), 325—336; ders., „Hs *Promethidenlos", GR*, II (1927), 213—228; ders., „Hs Shorter Poems",

GR, XXI (1946), 215—229; Hans Hennecke, „Der Lyriker GH",
Neue Rundschau, LII (1941), 201—214 (vorwiegend über spätere
Lyrik); K. L. Tank, *GH*, S. 58—62; nützlich auch Wahr, „Hauptmann and the Prometheussymbol", *Monatshefte*, XXX (1938),
345—354. Zu *Bahnwärter Thiel*: Paul Requadt, „Die Bilderwelt in
GHs *Bahnwärter Thiel*", *Minotaurus*, Wiesbaden o. J., S. 102—111;
F. B. Wahr, „The Art of Hs Shorter Stories", *GR*, XXIV (1949),
52—64; F. Martini in *Das Wagnis der Sprache*, Stuttgart 1954,
S. 56—98. Zum *Apostel*: S. D. Stirk, *GHs Jesusstudien in ihrer Beziehung zu dem Roman „Der Narr in Christo, Emanuel Quint*", Breslau
1937; E. H. Zeydel, „Georg Büchner and GH", *JEGP*, XLIV
(1945), 87—88. Zum Lykophron-Plan (1883): Behl und Voigt,
Chronik, S. 62. Daten der Dramen sind Entstehungsdaten.

48 *Geist von seinem Geist*: GH, XIV, 755.

51 *Moralische Pointe*: So Max Herrmann (nach Voigt, *H-Studien*, S. 49).

54 „*Regelmäßig*": Dieses Motiv ist bes. bei Requad betont.

56 *Der Apostel*: Zur Datierung s. Voigt, *H-Studien*, S. 41.

58 *Auseinandersetzung*: Eine viel radikalere Abgrenzung der in Rede
stehenden Dramen GHs nimmt W. Rasch vor in der *Festschrift
für F. R. Schröder*, Heidelberg 1959, S. 241—253. Vgl. auch P.
Böckmann, „Der Naturalismus GHs", Günther-Müller-Festschrift,
Bonn 1957, S. 239—258 (Ausgesetztheit des Menschen an die „Eigen-
macht eines Lebensgeschehens"). Ähnlich W. Emrich, „Der Tra-
gödientypus GHs", *DU*, 1953, Heft 5, 20—35.

   Exemplarisch naturalistisch: Vgl. H. Weigand, *Monatshefte*, XLIV
(1952), 322: „exemplary embodiment of naturalism". Ähnlich K.
L. Tank über die drei ersten Dramen (*GH*, S. 122).

   „*Naturalismus*": Außer den bekannten Handbüchern und Literatur-
geschichten, die den Naturalismus einbegreifen, sei bes. verwiesen
auf R. Hamann und J. Hermand, *Naturalismus*, Berlin 1959, und
Bruno Willes Aufsatz in *Mit GH*, ed. Walter Heynen, Berlin 1922.
Nützlich auch: Th. C. van Stockum, „Die Anfänge des Naturalismus im deutschen Drama", *Neophilologus*, XXXVI (1952), 215—
224 (dort auch Bibliographie); W. H. Root, „German Naturalism
and the ‚aesthetic attitude'", *GR*, XVI (1941), 203—215.

59 *Umwelt . . . ändern*: Zur Problematik dieses Gedankens s. Guthke,
GRM 1961.

   Im Allgemeinen: Eine Ausnahme macht vor allem Bölsche (s. o.
die Bemerkungen anläßlich der Novelle *Fasching*). Doch auch seine
Haltung wird gekennzeichnet durch den Satz: „Wir haben gebrochen
mit der Metaphysik. Jenseits unseres Erkennens liegt eine andere
Welt, aber wir wissen nichts von ihr; unser Ideal . . . muß irdisch
. . . sein" (*Naturwiss. Grundlagen*, S. 69).

   „*Spielerei*": E. Steiger, *Der Kampf um die neue Dichtung*, Leipzig
1889, II, 145.

60 *Behauptet*: Hamann und Hermand, S. 326. So die östlichen Kritiker,
etwa P. Rilla, *Sinn und Form*, VII (1955), 739—749.

   Bestritten: Nach Voigt, *H-Studien*, S. 39, *GR*, XIII (1938), 15.

Kuriosität: Nach Behl und Voigt, *Chronik,* S. 33; Voigt, *H-Studien,* S. 57, auch 39 ff.

Forderung: Gute Belege bei Hamann und Hermand, S. 300, 314. Vgl. F. B. Wahr, „Theory and Composition of the H Drama", *GR,* XVII (1942), 163—173.

61 *Fontane:* Zitate: Hülsen, *GH,* 1927, S. 52; *Briefe Fontanes,* 2. Sammlung, ed. Otto Pniower und Paul Schlenther, II, Berlin 1910, S. 222. „*Neues Kunstprinzip":* J. Röhr, *GHs dramatisches Schaffen,* Berlin 1912, S. 1.
Manier: Dietrich Dibelius, *Die Exposition im deutschen naturalistischen Drama,* Diss. Heidelberg 1935; René Hartogs, *Die Theorie des Dramas im deutschen Naturalismus,* Diss. Frankfurt 1931.

63 *Ineinssetzen:* Z. B. Christian Herrmann, *Die Weltanschauung GHs in seinen Werken,* Berlin und Leipzig 1926, S. 41. Ähnlich Röhr, S. 35, 38; Schlaf bei Voigt, *H-Studien,* S. 70.
Fontane: Nach Voigt, *H-Studien,* S. 75.
„*Klare Lehre":* Röhr, S. 35.
Hauptmann selbst: Voigt, *H-Studien,* S. 79.

64 *Das Friedensfest:* Heuser, „The personal and literary relations of GH and Frank Wedekind", *MLN,* XXXVI (1921), 395—402 und *GR,* XX (1945), 54—68; W. A. Coates, „Dostoyevski and GH", *American Slavic Review,* IV (1945), 107—127; Hans M. Wolff, „*Das Friedensfest*" in Guthke und Wolff, *Das Leid...* (Schopenhauer); K. S. Guthke, „GHs Menschenbild in der ‚Familienkatastrophe' *Das Friedensfest",* *GRM* 1961; Th. v. Stockum, *Neophilologus,* XXXVI (1952), 222—224 (Willensfreiheit).

68 *Bölsche: Naturwiss. Grundlagen,* S. 34. Das denkbare Gegenargument: auch die aufbrechende Tiefenschicht sei erblich bedingt, ist trivial. Es mündet bei weiterem Durchdenken wieder in meine Auffassung ein: man müßte dann ja eine Erbdialektik zwischen zwei Schichten der Persönlichkeit annehmen, deren eine völlig unberechenbar, undefinierbar und unbeeinflußbar bliebe und damit den akkuraten Schematismus naturalistischen anthropologischen Denkens durchbräche und auf *diese* Weise ad absurdum führte.

69 *Einsame Menschen:* F. W. J. Heuser, „Biographical and Autobiographical Elements in GHs *Einsame Menschen",* *GR,* XXII (1947), 218—225. Eine alle frühere Literatur berücksichtigende Deutung gab U. E. Fehlau in den *Monatsheften,* XLII (1950), 409—413. (Die Frage der Auseinandersetzung mit dem Naturalismus wird jedoch nicht berührt.)

72 *Die Weber:* J. C. Blankenagel, „Alfred Zimmermann as a source of H's *Weber",* *MLN,* XLI (1926), 242—248; C. H. Moore, „A Hearing on *Germinal* and *Die Weber",* *GR,* XXXIII (1958), 30—40 (untergräbt überzeugend die zur Selbstverständlichkeit gewordene Annahme, es bestehe ein Einfluß; Ähnlichkeiten seien durch die grundsätzliche Ähnlichkeit jedes revolutionären Verlaufs bedingt); Hans Rabl, *Die dramatische Handlung in GHs ‚Webern',* Halle 1928; Kurt May, „*Die Weber",* in *Das Deutsche Drama,* ed. v. Wiese, Wies-

baden 1958, II, 157—165 (bedeutend); H. M. Wolff, „Der alte Hilse",
in *Leid* ...; Guthke ebda S. 21 f.; C. F. W. Behl, „Der einzelne
und die Masse im Werke GHs", *GR*, XXXIII (1958), 167—175.
Zur Aufnahme: Behl, *Wege zu GH*, S. 95 ff. und 145; Karl Glossy,
Wiener Studien und Dokumente, Wien 1933, S. 171.
Sozialkritisches Stück : Der neueste und zugleich theoretisch größt-
angelegte Versuch bei M. Sinden, *GH : The Prose Plays*, Toronto
1957; ähnlich auch L. Shaw, *Witness of Deceit*, Berkeley 1958; zu
beiden vgl. Guthke, *GGA* 1961. (Vgl. auch L. Shaw, „H's suspended
Present", *The University of Texas Studies in Literature and Language*,
II, 1960, 378—382.)
„*Wohl sozial* ...": Nach *GR*, XXXIII (1958), 32 f. (datiert
Sommer 1893).

73 *Gesprächsweise* : Nach M. Dessoir in *GH und sein Werk*, ed. Marcuse,
S. 19.
Heine : Vgl. Heinrich Mutzenbecher, *Heine und das Drama*, Diss.
Bonn 1914, S. 157.

79 *Bezeichnet hat* : Voigt, *GRM*, XXIII (1935), 243. Zum folgenden
ebda 241—260 (Bericht über das Schaffen in dieser Zeit).

80 *Verlorengegangen* : Nach Voigt, *ZDP*, LXIX (1943), 149.
Komödien : Vgl. Lotte Langer, *Komik und Humor bei GH*, Diss. Kiel
1932; Guthke, „GH und die Kunstform der Tragikomödie", *GRM*,
XXXVIII (1957), 349—369. Zu *Ulrich v. Lichtenstein* : F. A. Voigt
in *GH : Studien zum Werk und zur Persönlichkeit*, Breslau 1942,
S. 46—80. Zu *Anna* : Voigt, *GH-Jahrbuch* 1948, S. 52—69.
Zurückreichen : Vgl. die Angaben über das Schaffen in diesen Jahren
bei Behl und Voigt, *Chronik*.

81 *Wesenskomponente* : L. Langer.
Hauptmann selbst : Zwiesprache, S. 92.

82 *Kompositionslosigkeit* : W. Schulzes Versuch, das Gegenteil zu be-
weisen, ist Geistaufwand am falschen Objekt (*Wirkendes Wort*, X,
1960, 98—104).
Velas Testament : GH, *Ausblicke*, Berlin 1922, S. 120. Das folgende
Zitat ebda S. 118.

83 *Sein und Schein* : Voigt in *GH* (1942), S. 76 (s. o. *Komödien*).

86 *Künstlerdramen* : Karl S. Guthke, „Die Gestalt des Künstlers in
GHs Dramen", *Neophilologus*, XXXIX (1955), 23—40. Davon
angeregt: W. R. Maurer, „Hs *Versunkene Glocke* and Ibsen's *Auf
den Höhen*", *Monatshefte*, 1960, 189—193.

88 *Helios* : Dazu Voigt, *H-Studien*, S. 100—109, und W. Krogmann,
„GHs *Versunkene Glocke*," *ZDP*, LXXIX (1960), 350—360.

91 „*Im höchsten Sinne sozial*" : GH, XVII, 415, vgl. 253 f.

92 *Hanneles Himmelfahrt* : Guthke und Wolff, *Das Leid* ..., S. 22 ff.,
74 ff. Zum unveröffentlichten 3. Akt: Voigt, *H-Studien*, S. 81 ff.;
H über sein Werk ebda S. 86 ff.

94 *Florian Geyer* : Quellen der Sprache: H. J. Weigand, *PMLA*,
LVII (1942), 1160 ff., LVIII (1943), 797 ff.; H. Herrmann, *Pr. Jb.*,
CLXXXVIII (1922), 307 ff. (Gryphius); H. Lemcke, *N. Jb. f. d.*

kl. Altertum, XLI (1918), 460ff. (Götzens Lebensbeschreibung);
F. A. Voigt, *ZDP*, LXIX (1944f.), 149ff. (Entstehung).
96 *Fuhrmann Henschel*: E. Glass, *Psychologie und Weltanschauung in GHs
'Fuhrmann Henschel'*, Diss. Erlangen 1932 (unklar in der Bestimmung
der Schicksalsmacht); Behl, *Wege*, S. 105—108 (Biographisches);
GHs Äußerung über seinen „Naturalismus": *Zwiesprache*, S. 149.
98 *Ida Orloff*: Vgl. F. W. J. Heuser, *PMLA*, LXXII (1957), 737—774.
Kaiser Karls Geisel: K. G. Rendtorff, *GHs 'Kaiser Karls Geisel'*,
Leipzig 1908, und Behl, *Wege*, S. 109—112.
Böhme: Im Frühjahr 1898, als *Fuhrmann Henschel* entstand, wurde
auch ein Aufsatz über Böhme geschrieben, der jedoch verschollen
ist. Zu „Hauptmann und Böhme" s. Guthke und Wolff, *Das
Leid . . .*, S. 47ff.
99 *Th. Mann*: *GH*, 1953, S. 18f.
100 *Der arme Heinrich*: H. Tardel, *Der arme Heinrich in der neueren
Dichtung*, Berlin 1905, bes. S. 43ff.; zur Entstehungsgeschichte:
W. A. Reichart und Ph. Diamond in *GH-Jahrbuch* 1936, S. 59ff.
101 *„Willkür"*: Röhr, S. 192.
102 *Rose Bernd*: J. H. Schrimpf in *Das Deutsche Drama*, ed. B. v. Wiese,
Wiesbaden 1958, II, 166—185 (bes. guter Vergleich mit Wagner
und Hebbel).
„Breite Schilderung . . .": Vgl. Behl, *Zwiesprache*, S. 180f.
104 *Humanität*: Vgl. Guthke und Wolff, *Das Leid . . .*, Kap. V.
Und Pippa tanzt!: W. Rasch, in *Das Deutsche Drama*, ed. B. v. Wiese,
II, 186—206. Die umfangreiche frühere Literatur ist dort in Auswahl
genannt.
105 *„Das Wunschbild . . ."*: Behl, *GH-Jahrbuch* 1948, S. 97 („Die Meta-
morphosen des alten Wann").
Der Venezianer: Behl, *Merkur*, IV (1950), 12—23.
Valenzauber: Voigt, *GH-Jahrbuch* 1936, 135—139. Die Jahres-
angabe bezeichnet das Entstehungsdatum.
Galahad: Hgg. von Behl: Fränk. Bibliophilengesellschaft, 1948;
die unten erwähnte Notiz: dort S. 86.
106 *Almagrurim*: Galahad, S. 37f.
Hauptmann über Pippa: Siehe H. v. Hülsen, *GH*, 1927, S. 120f.
(Interview 1907). Otto Rommel ist GHs Interpretationswink gefolgt, indem er ihn im Sinne des klassisch-romantischen Schönheits-
begriffes verstand (*DU*, XXXVI, 1922, 385—404). Die mytho-
logisch-allegorische Festlegung wird bes. weit getrieben bei Robert
Mühlher, *Dichtung der Krise*, Graz 1951, S. 291—406. Davon rückt
man heute im allgemeinen ab (Rasch, a. a. O., II, 444f.), wenn auch
Mühlhers Essay noch als der wichtigste zum Pippa-Problem zu
gelten hat.
107 *„Mysterium im kleinen Rahmen"*: Nach Rasch, a. a. O., II, 192.
Jumalai: Jacob Grimm, *Kleinere Schriften*, II (1865), S. 100.
109 *Griechischer Frühling*: Bes. Voigt, *Antike*, Kap. 3; F. B. Wahr,
„H's Hellenism", *JEGP*, XXXIII (1934), 421—451.
112 *Ergänzen*: GH hatte die Absicht, eine dionysische Ergänzung zum

Quint-Roman zu schreiben, betonte jedoch, dies sei nicht der *Ketzer* (*Zwiesprache*, S. 270). Sachlich gesehen darf er jedoch dafür gelten.

Emanuel Quint : K. S. Weimar, „Another Look at GH's *Der Narr in Christo Emanuel Quint*", *GR* XXXIV (1959) 209—222. Dort frühere Literatur. Vgl. auch Voigt, *Antike*, S. 75 f.

Konfessionen : Siehe M. Buber, *Ekstatische Konfessionen*, Jena 1909, S. xiii f.

113 *Bekannt* : Nach S. D. Stirk, *GHs Jesusstudien*, Breslau 1937, S. 25.

114 *So hat man gemeint* : Bes. W. Sulser, *GHs ,Narr in Christo . . .'*, Bern 1925.

Neuerlich : K. S. Weimar.

118 *[Quint]* : Im Original: „Schwarmgeist"; der Chronist ist dem Sachverhalt jedoch nicht gewachsen (vgl. R. Faesi, *Der Narr in Christo . . .*, Zürich 1912).

Wie man bemerkt hat : Voigt, *Antike*, S. 76.

Festspiel : Voigt, Antike, S. 78—83; Grete Litzmann in *Mitteilungen der Literarhistorischen Gesellschaft Bonn*, VIII (1908), 63—106; F. X. Braun, *GR*, XXII (1947), 106—116.

„Echte Hauptmann-Werke" : Paul Schlenther, *GH*, Berlin 1922, S. 269 (bearbeitet v. A. Eloesser).

119 *Bogen des Odysseus* : Voigt, *Antike*, S. 69—73; Behl, *Wege*, S. 116—120; R. B. Matzig, *Odysseus: Studie zu antiken Stoffen in der modernen Literatur, bes. im Drama*, St. Gallen 1949. Die Diss. von Paul Gaude über das gleiche Thema ist wertlos (Greifswald 1916).

122 *Magnus Garbe* : GH darüber: Behl, *Zwiesprache*, S. 92.

Wiedertäufer : Drei Szenen erschienen 1937 in der *Neuen Rundschau*, XLVIII: 2, 429—458.

124 *Winterballade* : A. Jolivet, „La *Winterballade* de GH et *Herr Arnes Penningar* de Selma Lagerlöf", *Mélanges offerts à M. Charles Andler*, Strasbourg 1924, S. 163—170. Dort frühere Literatur.

Ketzer von Soana : Zur Gehaltsinterpretation bes. F. Rauhut, „Zola — Hauptmann — Pirandello", *GRM*, XXVI (1938), 440—466.

128 *„Syrische Göttin"* : Dazu Voigt, *Antike*, S. 84 ff.

129 *Urmythos* : F. R. Schröder, *GH-Jahrbuch* 1937, S. 61 ff.

131 *Indipohdi* : S. Aschner („man weiß nicht recht, woran man mit ihm ist, und wird seiner nicht froh"), *Euphorion*, XXIII (1920/21), 699—706; Stefan Denk („Titanengetue", „was geht das uns an?"), *Hochland*, XXII (1925), 724—729; F. B. Wahr, *GR*, XI (1936), 87—108; H. Wocke, *GRM*, XXXI (1943), 235—244; Voigt, *Antike*, S. 93—98; Ralph Fiedler, *Die späten Dramen GHs*, München 1954, S. 13—20.

„Almagrurim' : Nach Voigt, *H-Studien*, S. 141.

„Sturm" : Vgl. W. A. Reichart und F. A. Voigt, *H und Shakespeare*, 2. Auflage, Goslar 1947, S. 34 ff.

133 *Solipsismus* : So Fiedler S. 19.

136 *Alterswerk* : W. Milch, „GHs Alterswerk", *GRM*, XX (1932), 424—437 (Mythos; Antike; Ausgriff in die Weltliteratur); H. F. Königsgarten, „GHs späte Werke", *Neue Rundschau*, XLIII (1932),

604—617 (Abkehr und Einkehr, magischer Naturalismus); Ernst Alker, „Bemerkungen zu GHs Altersstil", *ZDP*, LXVII (1942), 67—79 (Surrealismus); F. A. Voigt, „Der religiöse Weg GHs", *Neue Rundschau*, XLVIII (1937) 474—485; ders. in *GH: Sieben Reden*, ed. H. v. Hülsen, Goslar 1947, S. 82—101 (Materialübersicht); Ralph Fiedler, *Die späten Dramen GHs*; F. B. Wahr, „The Art of H's shorter Stories", *GR*, XXIV (1949), 52—64; Hermann Schreiber, *GH und das Irrationale*, Aichkirchen 1946.

137 „*Das von den Göttern* . . .": *Zwiesprache*, S. 80. Brauchbare allgemeine Einführung in die Probleme des Alterswerks GHs im ersten Kapitel von Fiedlers Buch.

138 *Werkkreise*: Erwähnt wurde schon die Komödie *Ulrich v. Lichtenstein*, die sich im Spätwerk wie ein erratischer Block ausnimmt. Auf den bruchstückhaften Winckelmann-Roman kann wegen der ungesicherten Textverhältnisse überhaupt nicht eingegangen werden (dazu Guthke, *GGA*, CCXI, 1957, 306—308). Von den Fragmenten aus dieser Zeit ist wenig bekannt. Doch darf man, nach den Berichten der Biographen zu urteilen, davon i. allg. nichts Revolutionierendes erwarten; gerade die weltanschaulich wichtigsten unvollendeten Werke sind ja in ihren bedeutenderen Teilen zugänglich (*Dom, Der Große Traum, Der Neue Christophorus*).

139 *Zurückgeht*: *GH*, XIV, 796 und J. Gregor, *GH*, Wien 1951, S. 211 f.

141 *Insel*: H. Steinhauer in *MLN*, LIII (1938), 516—521; Voigt, *Antike*, S. 98—106; zum Einfluß Bachofens auf die Stellung zum Matriarchat vgl. F. B. Wahr, „H und Bachofen", *Monatshefte*, XLII (1950), 153—159 passim; Kurt Sternberg, *Die Geburt der Kultur aus dem Geiste der Religion*, Berlin 1925 (versteht den Roman einseitig als Paradigma von Blüte und Verfall der Kultur, wobei die Kultur eine Funktion der Religion sei, die aber wiederum nichts weiter sei als Hypostase des kulturell Wünschbaren: Inbegriff des Guten, Schönen, Wahren; komplett mit „Nutzanwendung für die Gegenwart").

147 *Veland*: H. Steinhauer in *MLN*, L (1935), 258—264 (Allegorie des proletarischen Klassenkampfes!).

148 *Gemeint*: W. Emrich, *DU* 1953, H. 5, 29—31.
Spätnaturalistische Dramen: Siehe Guthke und Wolff, *Das Leid* . . ., S. 39.
Herbert Engelmann: Seitenverweise im Text beziehen sich auf GH und Zuckmayer, *Herbert Engelmann*, München 1952.

150 „*Es ist eine* . . .": Behl, *Wege*, S. 127.
Die Finsternisse: A. Meetz, *GRM*, XL (1959), 29—47; S. D. Stirk, *MLQ*, IX (1948), 146—151.

151 *Hamlet*: GH selbst zu seiner *Hamlet*-Erneuerung: XVII, 342—363. Ausführliche Darstellung seiner Hamletdeutung bei Voigt und Reichart, *H und Shakespeare*, 2. Aufl. Goslar 1947, 51—103 (dazu H. Weigand: *GR*, XVI [1941], 225 f.). Knapp zusammengefaßt von Voigt in *Sieben Reden*, S. 84 f.; vgl. auch Fiedler, S. 45—59. Zur Hamlet-Bearbeitung noch Reichart, *JEGP*, XXXI (1932),

27—50, und A. Busse in *Monatshefte*, XXX (1933), 163—170.
Vergleich des *Hamlet in Wittenberg* mit dem Gutzkowschen Fragment
gleichen Titels bei S. D. Stirk, *MLN*, XXXII (1937), 595—597.
Vergleich von *Im Wirbel der Berufung* mit *Wilhelm Meisters Lehrjahre*
bei S. H. Muller, *GH und Goethe*, Goslar 1950, S. 70—77.

159 *Tribut :* Vgl. Fiedler, S. 78.

161 *Märchen :* Vergleich mit Goethes „Märchen" bei Hans Mayer, *Aufbau*, XIII (1957), 374—392, und S. H. Muller, S. 77—80.
Mignon : S. H. Muller, S. 80—84 (Vergleich mit Goethe). Zitate
nach der Ausgabe Zürich 1949.

163 *Die Tochter der Kathedrale :* Heuser, *GR*, XV (1940), 137—145;
J. Nadler, *Anz. d. öster. Akad. d. Wiss.*, phil.-hist. Kl., LXXXIX
(1952), 201—212; F. A. Voigt, *GRM*, XXXIV (1953), 1—12.

164 „*Spielerei*" : GH nach *Zwiesprache*, S. 37.
Gesagt hat : Voigt S. 10.
Dom : Hgg. von Voigt, Privatdruck Chemnitz 1942, Zitat nach
dieser Ausgabe.
Urgegensatz : So bes. Mühlher, *Dichtung der Krise*, S. 259; Voigt,
ed. *Dom*, S. 77; H. Schreiber S. 286.

166 *Beurteiler :* L. H. Schwager, *Die Bildungsidee und das ethische Programm
GHs im Kampf um die Zukunft*, Leipzig o. J. (ca. 1932), S. 1. (Über-
betonung des Opfermotivs im Tod Tills). Einführungen geben
O. Enking (*GHs Till Eulenspiegel*, Berlin 1930) und F. B. Wahr,
JEGP, XXXI (1932), 478—503. Die gnostischen Elemente be-
handelt Voigt, *Antike*, Kapitel V.
In der Literatur : Bes. auch Voigt, *Sieben Reden*, S. 95; ähnlich
Schreiber, S. 128 ff.

169 *Der große Traum :* K. S. Guthke, „Die Mythologie des späten GH",
Monatshefte, XLIX (1957), 289—303; F. B. Wahr, *GR*, XXVIII
(1953), 42—54. Fragmente des „Anderen Teils" bringt Hans Rei-
sigers Ausgabe des *Großen Traums*, Gütersloh 1956 (dazu K. S.
Guthke, *GGA*, CCXI, 1957, 300—303), und K. L. Tanks GH-
Buch, S. 144 ff.
„*Vom zeitlichen ...*" : *Neue Rundschau*, XXXVIII: 1 (1927), 12.

170 *Divina Commedia :* Zum stilistischen Einfluß vgl. E. v. Richthofen,
Archiv f. d. Stud. neuer. Spr., CLXXXVI (1950), 76—83.

173 *Hölderlin :* Voigt, *Antike*, S. 55—60.

175 *Atridentetralogie :* Bibliographie der Sekundärliteratur bei Guthke
und Wolff, *Das Leid ...*, S. 119. Vgl. Kapitel V ebda. Zitate nach
der Erstausgabe, Berlin 1949.

177 *Hebbel :* Vgl. K. S. Guthke, „Hebbel, Hauptmann und die Dialektik
in der Idee", *Hebbel-Jahrbuch* 1961.

178 „*Auf Widerruf*" : R. Fiedler S. 123.

179 *Dem Willen der Götter :* Th. v. Stockum, *Medelingen d. Koningl.
Nederlandse Ak. van Wetenschappen*, Afd. Letterkunde, Nieuwe
Reeks, Deel 20, No. 9, S. 236 (= S. 4), Anm. 2.
Der Neue Christophorus : Behl, *Merkur*, VI (1952), 1116—1132. Die
Aussprüche GHs zu Behl nach *Zwiesprache*.

PERSONENREGISTER

REGISTER DER WERKE HAUPTMANNS

(Hauptstellen kursiv)

DIE KLEINE VANDENHOECK-REIHE

Jeder Band 2,40 DM, Doppelband 3,60 DM, **Sonderband** 4,80 DM

KARL S. GUTHKE

Englische Vorromantik und deutscher Sturm und Drang

M. G. Lewis' Stellung in der Geschichte der deutsch-englischen Literaturbeziehungen

1958. 231 Seiten, brosch. 24,80 DM (Palaestra, Band 223)

„. . . Die hervorragende Bedeutung, die Lewis als Vermittler einer Stil- und Zeitrechnung der deutschen Literatur an England zukommt, ist in dieser Studie zum ersten Mal erkannt und genau erforscht worden. Das Bild des Schriftstellers Lewis wird erhellt und seine Stellung in der Literaturgeschichte neu bestimmt. Damit hat Guthke einen beachtenswerten Beitrag zu unserer Erkenntnis der englischen Romantik geleistet." *Germanisch-Romanische Monatshefte*

Geschichte und Poetik der deutschen Tragikomödie

1961. Etwa 400 Seiten, Ln. etwa 28,— DM

Hier handelt es sich um die erste grundlegende Geschichte der deutschen Tragikomödie. Mit ihr tritt eine äußerst reichhaltige Formtradition ans Licht, die in der Geschichte des deutschen Dramas Eigenständigkeit besitzt. Diese Geschichte reicht vom Mittelalter bis zu Dürrenmatt und Borchert, und sie dürfte für alle Literaturhistoriker ein wichtiges Handbuch darstellen, da der Verfasser von ganz neuen Gesichtspunkten ausgeht und in einzelnen Teilen seiner Darstellung wissenschaftliches Neuland erschließt.

VANDENHOECK & RUPRECHT IN GÖTTINGEN UND ZÜRICH